JN294216

国際政治から考える
東アジア共同体

山本吉宣/羽場久美子/押村 高
［編著］

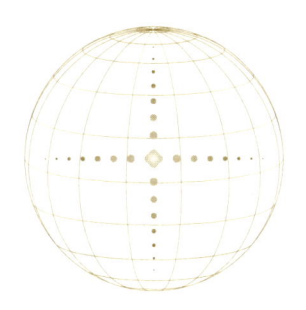

青山学院大学総合研究所叢書

ミネルヴァ書房

はしがき

　本書は,「東アジア共同体」およびアジアの地域統合に関する,国際政治から見た,本格的な共同研究を基礎としたテキストである。
　これまで,東アジア共同体に関する研究書は,この10年間で多数出されてきた。しかしこれまでの比較研究は,基本的には欧州連合 (EU) とアジアの「並列的な比較研究」が多く,ヨーロッパ研究とアジア研究が,地域も一方の機関あるいは一国家に限定しながら,並列して論じられることが多かった。とりわけ,アジア研究においては,地域統合の研究者がまだ多くはないことから,どうしても,地域統合といいながら,一国史ないしは,米中,日米,日韓など,バイの関係で,論じられることも多く,十分に統合をめぐる比較研究がなされてきたとは言い難い状況にあった。
　本書は,そうした旧来の在り方に対して,編者の方針として,少なくとも各章が,ヨーロッパを踏まえつつアジアの問題を国際政治の各専門分野から語る,ということを原則としてお願いしてきた。それゆえ,各執筆者は,ヨーロッパ統合とアジアの地域機構双方を踏まえて,各専門の立場から本格的に比較研究を行うべく,格闘している。
　その結果,本書は,学術的な色彩も持ちながら,きわめて面白く,充実した内容となった。
　すなわち,東アジアの地域統合と東アジア共同体をめぐって,理論と制度的諸問題,歴史的地域主義の意義とグローバル時代の地域「間」統合,統合における国家主権の意義と役割,法制度と共同体憲章,また,東アジア共同体をどう作るかについて,東南アジア諸国連合 (ASEAN),朝鮮半島,中国を軸とした具体的提言,バルカンに見る歴史共同教科書作りの提言,アジアとヨーロッパにおける多元的安全保障枠組みの比較 (中国のメガリージョン認識,ドイツとアメリカ,ロシアのリアリズム),地域統合の課題と限界,2国間自由貿易協定 (FTA) から多国間協調へ,アジアと欧州の人の移動,欧州とアジアのアイデンティティ比較,分断と統一に関するドイツと東アジアなど,多彩な珠玉の各

章を結集することができた。

　これらは，全体として，各章が，密接に相互に関連し合い，結果的に一つのオーケストラのように，欧州とアジアの地域統合の特徴と課題，問題点を洗い出している。

　全体として，国際政治から見た東アジア共同体，アジアの地域統合を多元的な角度から検討し，考え直す作業を，この1冊の中で，不断に行い続ける書となった。

　アジアの地域統合，「東アジア共同体」の構想自体が，冷戦終焉後から21世紀にかけて多様に変遷してきた。21世紀においてアジアに存在する10以上の地域機構・地域統合体を見るときそれは共同体を超えて多元的・重層的な形で，アジアの地をも超えてアメリカや，EUとも結びながら，グローバルなネットワークとして世界ともつながっている。

　編者の要請に沿って，超多忙中，優れた力作を寄せていただいた各分野第一線の執筆者の方々には，心から感謝申し上げたい。

　本書が成立するまでには，ここ10年以上にわたる，それぞれの地域統合への関心と研究の蓄積と深化があった。それらを基礎に，一つは青山学院大学総合研究所のプロジェクト「拡大ヨーロッパと東アジアの地域再編──地域統合・安全保障・社会政策の比較研究」（2008～2011），今一つは，文部科学省科学研究費基盤研究（A）のプロジェクト「国際政治に見る欧州と東アジアの地域統合の比較研究──規範，安全保障，国境，人の移動」（2008～2013）の基金（研究代表者・羽場久美子）を得た。今回の研究書は，青山学院大学の総合研究プロジェクトの研究成果として，総合研究所からの出版助成を得て，刊行されたものである。

　青山学院大学・総合研究所には，研究助成および出版助成について心より感謝したい。この4年間，研究プロジェクトとして，執筆者の方々との地道な共同研究，および各国から地域統合研究者を招聘（しょうへい）しての国際会議と研究の積み重ねがあった。国際会議は，1年目は人の移動，2年目は冷戦終焉と地域統合，3年目は理論と制度化に焦点を当て，それぞれ和文，英文の報告書を提出した。

　これまで出した和文報告書は3冊，英文の Proceedings は2冊である。これらを踏まえて今回，青山学院大学総合研究所の出版助成を得て，和文と英文で，著書を出版することになった。英文書は，アイケンベリー，キャメロン，カミ

ンスキの協力を得て，*Regional Integration and Institutionalization Comparing Asia and Europe* (edited by G. John Ikenberry, Yoshinobu Yamamoto and Kumiko Haba, Research Institute, Aoyama Gakuin University, Shoukadoh, Kyoto, 2012) として出版された。これにも心より感謝したい。

　本書が，欧州統合を踏まえながら，21世紀のアジアにおける「東アジア共同体」からアジアの地域統合の問題をどうとらえ，いかに発展させていくかについて，理論，制度，主権，法制度と共同体憲章，そして具体的な各地域における諸提言，安全保障の過去・現在・将来，さらにFTA・経済連携協定（EPA）・世界貿易機関（WTO），人の移動とアイデンティティ形成，さらにまだ分断を続ける朝鮮半島をどう変えていくか，中国という大国を地域としてどう扱うか，取り込めるのか，というそれぞれの大問題に本格的に取り組んだ，読み応えのある書物として，各読者にお届けできることは，編者として，非常に大きな喜びである。

　本書は，相互の章が，きわめて密接に関わっているため，できれば是非，前から通し読みしていただくことをお勧めしたい。各専門分野の領域から，旧来の研究に対して多元的かつ根本的な問題提起が出されており，非常に読みごたえがあるとともに，各章は，分析手法がそれぞれに異なり，別の章の枠組みを一見否定するような論理枠組みを提示しつつも，その「違い」の提示によって，現実の特徴，課題，問題点をより重層的，多元的に浮き上がらせているからである。

　その結果，各章は互いに補完し合い，あるいは別の角度から問題点を提示し合っているために，結果的に，東アジア地域統合の理論，本質，特徴，問題点，限界，突破口，今後の課題，政策化などを提示することで，21世紀のアジアの地域統合の特徴を，きわめて多元的，創造的，政策提言的に，浮き上がらせている。

　ぜひ，読者の方々からも，通し読みをいただいた後の感想やコメント，ご意見をお寄せいただければありがたい。我々の多くは，困難ではあれ，アジアの緩やかな地域統合が様々な形で実現していくことを，将来のミッションと考えているからである。

　不十分な点は，研究をさらに世に問い続けることで，責務を果たしていきたい。

本研究については，アジア・ヨーロッパの地域統合に関する各分野で第一線の研究者として活躍されている方々にプロジェクトの共同研究員と執筆をお願いしたため，原稿を集めるのは至難の業であった。それをひたむきに全力で達成していただき，叱咤激励しながら短期間で出版にこぎつけていただいたミネルヴァ書房の赤木美穂さんのご尽力には，お礼の言葉もないほど感謝している。赤木さんの精力的なご努力がなければ，本書はこのように優れた水準で早期に完成することはなかったであろう。心から感謝の意を表したい。
　本書が多くの方々に読んでいただけ，アジアの地域統合の礎（いしずえ）となることを祈りたい。

　　2012年3月

　　　　　　　　　　　　　　　　　　　　編者を代表して　羽場久美子

国際政治から考える東アジア共同体

目　次

はしがき

第Ⅰ部　国際政治と東アジア共同体

第1章　地域統合の理論化と問題点……………………………山本吉宣…3
　1　地域統合の理論と比較地域統合研究　3
　2　統合理論の歴史と現状　5
　3　統合の段階と統合へのダイナミックス　14
　4　制度と行為者──アプローチをめぐって　19
　5　理論化と問題点──東アジアとEU　24

第2章　アジアの地域統合とアメリカの関与……………羽場久美子…35
　　　　──「東アジア共同体」からTPPの諸問題──
　1　地域統合をめぐる理論的問題　35
　2　グローバル化と新興国の成長とアメリカ　41
　3　アジアの地域主義と「東アジア共同体」構想の変遷　44
　4　アメリカの対アジア・対欧州地域への戦略的関与　50
　5　「東アジア共同体」構想のふたつの流れ　51
　6　アメリカの政策とアジア地域統合の未来　53

第3章　地域統合と主権ディスコース……………………………押村　高…62
　　　　──EU事例と東アジアへの適用──
　1　EUと主権論争　62
　2　主権概念の戦略的な組み換え　63
　3　統合と主権についての理論的説明　69
　4　東アジアにおける統合と主権　73
　5　統合による主権の強化？　76

第4章　東アジア共同体と憲章草案……………………………中村民雄…81
　1　東アジア共同体構想の必要性　81

2　「東アジア共同体」の設計　90
　3　東アジア共同体憲章の提案（2007年 CREP 案）　93
　［東アジア共同体憲章案（論議のための研究者試案）　99］

第Ⅱ部　東アジア共同体をどうつくるか

第5章　ASEAN に見る
　　　　　いびつな鏡に映したヨーロッパ統合 ………… 山影　進 … 113

　1　統合の観点からアジアとヨーロッパは比較可能か　113
　2　不戦の誓い　115
　3　自由貿易地域から地域共同体へ　118
　4　機構改革　121
　5　域外関係と広域秩序　124
　6　東アジア統合と地域共同体の行方　127

第6章　東アジア共同体と朝鮮半島 ………………………… 李　鍾元 … 131

　1　地域主義と朝鮮半島　131
　2　韓国にとっての「地域」　133
　3　東アジア共同体と韓国　136
　4　北東アジアという難問　141
　5　競合する東アジアと韓国外交　143

第7章　アジア太平洋国際関係と地域統合の新機軸 …… 天児　慧 … 147

　1　アジア太平洋の国際構造認識　147
　2　デファクトとして進む「越境的」地域協力・統合　150
　3　中国の「超」大国化　152
　4　中国とアジア地域統合の関係　153
　5　デファクトから制度化をめざすアジア地域統合　155
　6　アジア地域連携の未来と目標　158

第8章　バルカンにおける地域史の試み……………………柴　宣弘…162
　　　　──東アジアとの比較──
　1　バルカン11カ国の共通歴史副教材　162
　2　地域とは何か　165
　3　東アジアという地域概念　167
　4　地域史としての東アジア史　169
　5　東アジア共同体を考えるために　171

第Ⅲ部　安全保障と東アジア

第9章　アジアの地域安全保障制度化と中国……………高木誠一郎…177
　　　　──1990年代～2007年──
　1　地域的安全保障制度の萌芽と中国　177
　2　対抗的制度化　180
　3　9.11アメリカ同時多発テロ以降の展開　187
　4　暫定的結論──地域安全保障制度化への中国の関与　193

第10章　EUと東アジアの安全保障における
　　　　アメリカの役割……………………………………森井裕一…196
　1　安全保障と地域統合　196
　2　EUの安全保障とその変容　201
　3　東アジアの安全保障　204
　4　アメリカの安全保障と地域秩序　207

第11章　「東アジア共同体」への疑問……………………袴田茂樹…213
　　　　──ロシア研究者の視点から──
　1　「東アジア共同体」への疑問　215
　2　冷戦後の無政府状態　218
　3　アメリカの一極支配とその後退　220
　4　表面化した欧州共同体の矛盾　222

5　ロシア専門家の国際認識――アメリカの肯定的役割の評価　223
　6　地域の不安定化を強める東アジア共同体構想　230

第Ⅳ部　FTA・人の移動と東アジア

第12章　日本とモンゴルの経済連携協定……………………岩田伸人…235
　　　　　――鉱物資源エネルギーをめぐる交渉――

　1　モンゴルのFTA・EPA　235
　2　鉱物資源大国モンゴルのFTA・EPA交渉　236
　3　日本を含む近隣諸国との関係　238
　4　タバントルゴイ石炭鉱床をめぐる交渉　241
　5　TT石炭鉱床と日モEPAの関係　243

第13章　地域統合と移動するマイノリティ………………宮島　喬…245
　　　　　――ヨーロッパとの比較における東アジア――

　1　地域統合への一視点　245
　2　ヨーロッパ統合と人の自由移動　246
　3　アジアにおける人の移動　249
　4　グローバル化への適応と内なる統合　254
　5　東アジアの展望　256

第Ⅴ部　欧州からのまなざしと東アジア統合

第14章　地域統合とアイデンティティ………………………吉野良子…261

　1　アイデンティティから何が見えるか　261
　2　統合の進展と共通のアイデンティティ形成　262
　3　ふたつのアイデンティティ　267
　4　東アジア・アイデンティティ？　273

第15章　戦後ドイツと地域統合 …………………………………… 清水　聡…277
　　　　――西ヨーロッパと東アジアの国際政治――
　1　西ヨーロッパの統合とドイツ中立化構想　277
　2　西ヨーロッパ統合構想と冷戦　279
　3　ドイツの中立化構想と冷戦　282
　4　冷戦の終焉と「ヨーロッパのなかのドイツ」　286
　5　西ヨーロッパと東アジアの国際政治　290

索　引　297

第 I 部

国際政治と東アジア共同体

第1章

地域統合の理論化と問題点

山本吉宣

　地域統合は，経済，社会，安全保障，政治の諸分野で進展するものであり，それぞれの分野そして分野間の関係をいかに考えるかによって，異なる理論が構築される。それらは，古典的な新機能主義や社会交流理論から，合理的選択に基づくもの，さらに歴史的制度主義など多岐にわたる。また，国家間の協力や制度づくりという観点からは，アドホックな協力から，国際レジームや国際組織，さらには，ひとつの国家の形成など多様なレベルの地域統合を考えることができる。どのようなレベルの統合が形成されるかは，それぞれの地域での政治過程の結果であり，またそれは地域の事情（地域の国々の政治・経済体制，経済発展の程度，力の分布とその変化など）に影響される。
　以上のことを明らかにし，地域統合の理論の全体的な構図を捉え，とくにアジア太平洋／東アジアとヨーロッパを比較する視点を得ようとするのが本章の目的である。

1　地域統合の理論と比較地域統合研究

　世紀末から今世紀に入って，東アジア（本章で「東アジア」とは東南アジアと北東アジアを含んだものである）においては，ASEAN＋3や東アジア首脳会議など，経済，安全保障などの分野において東アジア全体を包摂する枠組みがつくられ，地域協力が見られるようになった。また，東南アジア諸国連合（ASEAN）は，その凝集力を高め，経済共同体，安全保障共同体，社会文化共同体を形成しようとしている。
　他方，東アジアだけではなく，アメリカ，カナダ，メキシコ，チリなどを含むアジア太平洋経済協力（APEC）も，ボゴール宣言（1994年）で決められた先

進国が2010年までに貿易や投資の自由化を果たすという目標を達成するようさまざまな努力を行っている。アジア太平洋自由貿易圏（FTAAP）とか，それを達成しようとする環太平洋経済連携協定（TPP）とかである。

　また，それと平行して，東アジアそしてアジア太平洋全域において，二者間の自由貿易協定（FTA）が数多く結ばれ，複雑なシステムが形成されるようになった。そして，二者間のFTAをいかに収斂させていくかが将来の問題として重要視されるにいたっている。

　他方，ヨーロッパにおいても，欧州連合（EU）は，中・東欧に拡大し，共通の外交安全保障政策を展開強化しようとしている。さらに2011年からのユーロ危機を受けて，統合の深化を図る動きも顕著である。このような流れのなかで，世界の二大地域である，東アジアと拡大EUを比較検討し，共通項と違いを明らかにすることは，現在の国際政治の特質の一端を明らかにすることになると考えられる。とはいえ，東アジアとEUは，きわめて異質なところがあり，りんごとオレンジを比べようとするようなところもある。すなわち，それぞれが，固有のものであり，比較することはできない，という考え方もあろうし，あるいは比較するにあたってきわめて慎重でなくてはならないということもあろう。

　本章の目的は，地域統合の理論的な枠組み（とくに，国際政治学からのそれ）を明らかにし，その観点から東アジアの地域統合をEUとの関連で検討しようとするものである。以下，次節においては，きわめて伝統的な地域統合の理論を概観し，そこで，地域統合を語る場合に，経済統合（機能的協力），価値の統合（社会統合），安全保障共同体，そして，政治統合という4つの異なる領域が取り上げられ，またそれらの間の関係が検討されていることを示す。そして，ヨーロッパにおいては，新機能主義が経済統合から政治統合への道筋を描き，社会交流論が価値の統合をベースとした多元的安全保障共同体を考えていたことを明らかにする。これに対して，東アジアでは，主として経済統合（機能分野での協力）とそれをベースとした多元的安全保障共同体の形成を考えているといえる。もちろん，直接に多元的安全保障共同体を形成しようとする試みもあるし，ASEAN憲章に見られるように，社会文化共同体さえも形成しようとする動きもある。

　第3節では，地域統合の類型や段階と統合の進展のダイナミックスについて

の理論的な検討を行う。さまざまな地域を見ると，①その地域に何のルールも規範もなく，各国が国益に即して独立に行動しているというノン・レジーム，②いくつかの分野で協力のためのレジームが形成されている段階，③国際組織が形成される段階，そして④政治統合が進み，国家に近似する形態となるような段階，という類型や段階が見られる。東アジア全体としては①→②の段階であり，EUは，議論はあろうが，③→④の段階である。

　第4節は，地域統合に対するアプローチを制度と行為者という観点から考察する。制度（地域統合の制度）と行為者（国家）との関係を見るとき，行為者に主をおくものと，制度に主たる関心をおく理論が存在する。行為者に重点をおくものは，国家は，国益，経済的利益などに基づいて行動するものと仮定する。これに対して，制度を重視する理論にはコンストラクティビズムや社会的，歴史的制度主義がある。

　第5節は，結論部分であり，東アジアの地域統合を考える場合の理論的な可能性と問題点を考察する。

2　統合理論の歴史と現状

（1）古典的な地域統合の理論

　地域統合の理論は，もともとは1950年代末のヨーロッパ統合を契機として構築されてきたものである。それには，バラッサを嚆矢とする経済的な統合論の系譜と（Balassa, 1962），それと内容的に近いハースを中心とする新機能主義的な政治統合論が存在した（Haas, 1964）。新機能主義は，経済などの機能的な分野での協力／統合を発展させていけば，それは，単に他の機能分野に広がるだけではなく，政治統合の分野に必然的にあふれ出る（スピル・オーバー）という仮説を提示するものであり，最終的には政治統合を措定するものであった。もちろん，政治統合の形態にはさまざまなものが考えられよう。

　それと並行するように，価値（後で述べるように，国内的なリベラルな価値であり，国家間の関係を律する価値／規範とは区別されよう）の統合に焦点を当てたドイッチュの社会交流論があった（Deutsch et al., 1957）。社会交流論は，価値の統合が進んだ場合，そこには，政治的な統合だけではなく，分散的な多元的安全保障共同体も存在しうることを指摘した。ドイッチュのいう政治統合は，新

第Ⅰ部　国際政治と東アジア共同体

```
                安全保障共同体
                  ↑↓
         ↗              ↘
    政治統合 ←——————————→ 経済統合
         ↘              ↗
                  ↑↓
                価値の統合
                社会統合
```

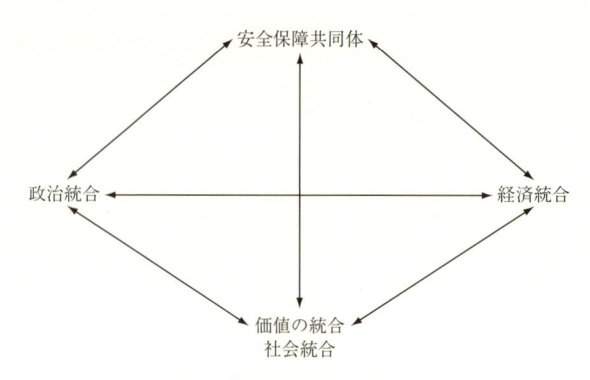

図1-1　地域統合の諸次元
出所：筆者作成。

機能主義者のいう政治統合と同じであり（ただし，ドイッチュは amalgamation という用語を使っている），もともとは異なる政府の存在した地域にひとつの政府が成立することを意味する。また，多元的な安全保障共同体は，ある地域に複数の政府が存在するが（すなわち，多元的），それらの国の間には紛争解決のために武力が行使される可能性はない，という状態を示すものである。そして，ドイッチュの議論の特徴は，そのような多元的安全保障共同体の成り立つゆえんは，その地域の社会に基本的な価値の共有が存在することであるとすることである。また，このような基本的な価値の共有が生起するためには，貿易，人の交流などの社会的コミュニケーションが密になることが条件となる。社会交流論といわれるゆえんである。

　もちろん，ドイッチュのモデルのなかに，ある地域で価値の共有がまったくなく，むしろ対立的であり，また複数の政府が存在する場合も存在する。たとえば，冷戦期の米ソ関係や，東西に分かれたヨーロッパがその例である。そこでは，国家間の対立が見られ，紛争があれば，それを解決するために武力行使の可能性は高い。まさに，多元的安全保障共同体の対極にあるものであり，国際政治の原点的なものである。ドイッチュのいまひとつのモデルは，ある地域にひとつの政府が存在するが，その内部で基本的な価値が共有されておらず，国内での武力行使が行われる可能性があるものである。

　このように見ると，地域統合論は，経済統合，政治統合，価値の統合，さらに安全保障分野での安定・統合という4つの分野が考えられてきた（図1-1）。

以下，一つひとつを考察しよう。

（2）経済統合

ひとつは，経済統合である。ここでは，単に経済だけではなく，環境とか，その他の機能分野を含むと考えてもよい。経済統合とは，貿易とか通貨，さらには金融という分野を含むものである。一番典型的には，貿易関係で，一定の地域に，自由貿易協定や関税同盟が形成され，地域内の関税がゼロになることである。ついで，域内の生産要素である資本（カネ）や労働（ヒト）が自由に移動する制度をつくることである。これを経済共同体（より正確には共同市場）という。モノ，ヒト，カネが自由に動くと，さまざまな基準，福祉政策，通貨政策などの調整や統合が必要になる。さらに進んで，通貨の統合，それに伴う地域の中央銀行の創設などが起きる。これを経済同盟という。いわば，当該の地域は，経済体としては，ひとつの統合体となる（ひとつの「国」）。ここで，注意しなければならないことがいくつか存在する。

ひとつは，自由貿易協定と関税同盟との違いである。自由貿易協定は，域内諸国の対外経済政策（少なくとも関税政策）を独立のものとするが，関税同盟は，共通の経済政策を前提とする。したがって，経済共同体や経済同盟への進展を考えれば，自由貿易協定は，薄い統合しか達成しえない。もちろん，近年の自由貿易協定は，域内の資本の移動を許すものがほとんどであり，また，貿易だけではなく，知的所有権の保護，金融協力，開発協力など参加国の必要に応じた取り決めを同時にしており，これを経済連携協定（EPA）という。相手国にあわせて柔軟に内容を決めることができるものである。とはいえ，自由貿易協定は，経済同盟や，ましてや政治同盟への移行を目標とするものではない。これに対して，関税同盟は，もちろん失敗する例も存在するが，経済共同体，経済同盟，さらには政治同盟へ移行する可能性のあるものである。

いまひとつは，経済統合といった場合，実質的な経済統合と制度的な経済統合が存在する。実質的な経済統合とは，国境を越えた貿易，企業活動が盛んであり，域内で経済分業が進むことである。制度的な経済統合とは，国家（政府）間で，意図的に，実質的な経済統合を進めるために，自由貿易協定とか関税同盟を創設することである。実質的な経済統合と制度的な経済統合との間には，タイポロジー的にいえば，4つの関係が存在する。ひとつは，制度的な経

済統合の枠組みがあり，また実質的な経済統合も進んでいる場合である。たとえば，ヨーロッパ統合がその例であろう。いまひとつは，制度的な経済統合は進んでいないが，実質的な経済統合は進んでいる場合である。これは，東アジアやアジア太平洋に対応しよう。たとえば，東アジアにおいては，投資，企業活動に関しては，大いに分業，相互依存が進んでいる。しかし，APECや多くのFTAが存在するが，制度的な統合枠組みはそれほど強くはない。3つには，制度的な経済統合の枠組みが存在するが，実質的な経済統合は進んでいない場合である。これには，過去に，アフリカやラテンアメリカで多くの経済統合の枠組みが創設されたが，実質的な経済統合は進まなかった例が挙げられる（地域経済統合の失敗）。また，経済規模の小さな国，それもとくに開発途上国の間の経済統合の枠組みは，それが創設され存在しても，域内の経済統合は，あまり進まないことが多い。たとえば，ASEAN自由貿易地域（AFTA）は，域内の貿易依存度は，30％に届かない（AFTAの現状に関しては，たとえば，Yue and Soesastro, 2007）。

　4つには，経済統合の文脈で，また経済統合を離れて，金融／通貨，環境，開発などさまざまな機能的な協力が地域内で行われることがある。たとえば，北米自由貿易協定（NAFTA）が形成されたとき，アメリカ，カナダ，メキシコは，通貨の安定を図るメカニズムをつくろうとした。また，97年のアジア通貨危機を経て，2000年，チェンマイ合意が行われたが，これは今や，東アジアと東南アジアの国々をネットワークで結んだスワップ協定の網の目のシステムとして形成され，また独自の基金をもつものになっている。さらに，東アジアにおいては，アジア開発銀行，またメコンの共同開発に見られるように，具体的な問題に関して，開発協力も行われている。これらは，経済統合というよりは，むしろ経済協力と呼んでよいものであるが，地域の機能的な協力やシステムを考えるうえで，重要な役割を果たすものである。

　経済統合という観点から見れば，ヨーロッパはすでに，貿易，投資，ヒトの移動，通貨など高度に統合が実質的にも制度的にも行われており，ひとつの経済単位と考えてよい面が多い（ただ，マクロの財政政策などは個別に行われている）。それに対して，アジア太平洋なり東アジアにおいては，ASEANがEUタイプの経済共同体の形成をめざしているが，地域全体を覆う経済統合の制度は，APECというきわめて弱い制度しかなく，また二国間，二者間（たとえば，中

国とASEAN，韓国とASEAN）のFTAが結ばれている。さらに，多数の機能分野において，大小さまざまな協力が行われているものの，アジア太平洋なり東アジアにおいて，EUスタイルの経済統合へ進む可能性はきわめて小さい。このようなことを前提として，アジア太平洋の，そして東アジアの経済統合，機能的な協力のあり方を探ることが必要である。

（3）社会統合（価値の統合）

ドイッチュ的にいえば，すでに述べたように，価値の統合とは，当該の地域の人々の間に基本的な（リベラルな）価値が共有されていることを意味する。民主主義的な価値，人権の尊重などであり，自由な市場経済的な価値もこれに含まれよう。もちろん，基本的な価値といってもリベラルな価値に限定されるものではないかもしれない。たとえば，社会主義とかイスラムという価値も考えられよう。そして，いかに測定するかは別として，そのような基本的な価値が共有されている地域があれば，それは，価値の統合がなされている地域である。ただ，ドイッチュ的にいえば，すでに述べたように，価値の統合を基底とした，複数の国からなる地域は，国家間の紛争処理に武力が行使されることが考えられない多元的安全保障共同体であるとされる（後述）。したがって，社会主義を共有する地域においては，歴史的に見れば，東ドイツ，ポーランド，チェコ，そして中ソなど，武力行使を伴った紛争があり，多元的安全保障共同体とはいえなかった。これは，イスラム地域にもいえるであろう。論理をひっくり返していえば，リベラルな価値を共有する地域こそ多元的安全保障共同体なのである。これは，ドイッチュが多元的安全保障共同体の例として，北欧，北米，西欧などを挙げていることによってもわかろう（Deutsch et al., 1957）。現在の用語でいえば，民主主義の平和につながるものである。

価値の統合は，当該の地域の人々のアイデンティティの基礎となるものであろう。そして，価値の統合は，経済的な交流，人的な交流，情報の密なる交換などの社会的な交流（social transaction）によって進もう。ここでは，なぜ価値の共有が起きるのか，そのメカニズムを明らかにすることが必要であろう。これには，後に述べるコンストラクティビズムが考えられる。また，価値の統合は，EUやNATOへの新規加盟国が，民主主義や人権などの基本的な価値を保持し，またそれを保障する制度をつくることを求められる，など意図的な行

為によっても促進されよう。

　価値の統合は，個々の人々のレベルだけではなく，国家の政治体制，また地域の社会的な統合にもつながっていこう。リベラルな価値は国家の体制や制度でいえば，民主主義体制や市場経済体制である。そして，すでに触れたように，多元的安全保障共同体は，民主主義国家から成り立つものであり，したがって，繰り返していえば，ドイッチュの議論は，「民主主義の平和」につながるのである。さらに，地域統合（とくに政治的な統合）を考えるとき，その成功は，同質（リベラル）な国家間に成り立つという初期の新機能主義の議論につながる。いわば，ドイッチュの理論は，ウォルツ的にいえば（Waltz, 1954），第1イメージ（個人のレベル）に基礎をおき，それをもとに，第2イメージ（国家の政治体制など），さらには，後に述べるように第3イメージ（国家間関係）へ議論をつなげていくものである。

　ただ，1980年代半ばから90年代にかけての第2の波の地域経済統合を見ると，その特徴はメガリージョナリズム（大陸規模の地域統合）であり，南北横断的であり，またさまざまな政治，経済体制をもつ国を包含するものである。たとえば，APECを見ると，アメリカやカナダ，オーストラリアという民主主義，市場経済の最も進んだ国もあり，中国など，経済では市場経済をとるが，政治体制は権威主義的な体制を維持している国も存在する。さらに，90年代末からの，二国（者）間FTAを中心とする第3の波においても，日本と湾岸協力会議（GCC）などのFTA，AFTAなどの開発途上国からなる地域経済統合は，政治体制できわめて異質な国々を含んだものであった。

　地域の社会統合（社会的共同体）は，いくつかの観点から考えられるであろう。ひとつは，すでに述べた，個人レベルの価値の共有が進んだ状態であり，それに基づいて，地域がひとつの所属体であるとのアイデンティティが生まれることである。もちろん，地域が唯一の，あるいは最強のアイデンティティであるということではない。いまひとつは，それとは別個ではないが，国境を越えた相互のヒトの交流が密となり，単に労働だけではなく，（国際）結婚などが多く現れ，国境を境とした人々の間の距離が心理的に近くなることを表すこともあろう。そのなかから，当該の地域の市民という概念も現れてこよう（ヨーロッパ市民，あるいは，ASEAN市民）。また，個人と国家，地域との間に，多様な非政府組織（NGO）のネットワークができることも，社会的統合のひと

つの形態であると考えられる。
　このような観点から見ると，EU は，少なくとも他の地域に比べれば，十分な価値の統合，社会統合を果たしているといえる。

（4）多元的安全保障共同体（国家間共同体）

　多元的安全保障共同体とは，繰り返していえば，ある地域において，複数の国家が並存し，それらの国の間に係争が起きても，それを解決するために武力行使が行われる可能性がない状態（それが長く続く状態，さらには，不可逆的な状態）をいう。多元的安全保障共同体をどう同定するかは別として，多元的安全保障共同体がなぜ形成されるかについては，3つの考え方が存在しよう。

　ひとつは，ドイッチュ的な多元的な安全保障共同体であり，それは，当該地域内において人々の間にリベラルな価値が共有され，そのことによって，共通の理解が促進され，また紛争解決に武力行使が適当ではないという規範が作動して，当該地域の国家の間には武力行使が起きる可能性がないというものである。これは，リベラルな価値に基づいた国家の政治体制は民主主義であることから，まさに「民主主義の平和」である（ラセット，1996）。これは，ウォルツ的にいえば，第2イメージの多元的安全保障共同体である。ただし，すでに述べたように，ドイッチュは，個人なり，社会のレベルでの価値の共有（統合）を出発点としているため，第1イメージの議論をベースとしたものである。

　いまひとつは，人々の間での価値，規範の共有，あるいは国家の民主的な体制に基づいたものではなく，国家間の関係を律する規範に基づいた多元的安全保障共同体である（この点，たとえば，Acharya, 2001）。国家間の規範としては，内政不干渉，紛争の平和解決，さらには対話の習慣，参加者が快く感ずる交渉のスピードなど，いわゆる ASEAN 方式などが挙げられよう。このような国家間関係についての規範は，それが何度も繰り返され，長年続けば，国家の指導者（やエリート）の間に内面化し，国家間関係のパターンとなろう。それは，勢力均衡などのリアリズムのパターンとは異なるものである。そして，上に示した規範に従えば，定義により，国家間で武力が行使される可能性は著しく低くなる。また，そのような国家間関係の規範を共有することによりひとつのアイデンティティが形成されよう（ASEAN アイデンティティ）。このアイデンティティは，地域の人々の間で共有される価値に基づくものとは基本的に異な

るものである。

　また，このような国家間関係についての規範に基づく多元的安全保障共同体は，そのメンバーとして民主主義体制をとらない国も存在しよう。ある意味で，「非民主主義の平和」である可能性がある。これは，この多元的安全保障共同体が，民主主義国のみで成り立っていないという意味と（この点，たとえば，Wendt, 1992)，一般の人々ではなく，政策エリートの間に持たれる共通の規範に基づいている，というふたつの意味をもつ。この多元的安全保障共同体は，ウォルツ的にいえば，第3イメージの共同体である(3)。ただし，ASEAN を考えても，単に国家間関係を律する規範を共有するだけではなく，近代化や国家建設という（国家レベルに帰着する）共通の価値を共有し，それに基づいて，当該の国家間関係の規範が成立するとも考えられる。ただ，それは，第2イメージのレベルであり，ドイッチュ的な個人や社会のレベルでの価値の共有ではない。

　ドイッチュ的な多元的な安全保障共同体と国家間関係についての規範の共有に基づく多元的安全保障共同体は，理念型としては別のものであるといってよい。しかしながら矛盾するものでもない。人々がリベラルな価値を共有する複数の国家からなる地域において，国家間関係についての規範を発達させ，多元的な安全保障共同体を形成することがあろう。ただ，民主主義国同士の場合，国家間関係の規範は，内政不干渉の原則ではなく，経済問題でも，安全保障の問題でも，相互に浸透し，透明性を保つという規範が形成される（たとえば，EU はその典型である〔クーパー，2008〕)。それは，多元的な安全保障共同体を超えて，政治的な統合体への移行の可能性さえ示唆しよう。

　また，民主主義や人権を普遍的な価値として，それを他の国に移植しようとする動きも存在してきた（たとえば，山本，2006，305頁以下)。ブッシュ（子）前米大統領の中東民主化政策に見られるように，もし中東諸国が民主化すれば，そこに「民主主義の平和」が成り立ち，安定した中東が形成される，と議論される。しかしながら，その手段を見ると，国家間の通常の規範（内政不干渉，武力の不行使）を超える（破る）ものである。そうすると，個人なり，人権，民主主義体制など国家レベルの規範と，内政不干渉，紛争の平和的解決など国家間の規範との間に矛盾が生ずる。現在の国際政治においては，リベラルな規範の拡散というグローバリゼーションが進行し，地域のなかには，外からの民主

化,地域内の民主化が求められているものも多い。したがって,地域において,個々の国,また,地域全体で,国内の規範の変革に対応しなければならないことが多い。国家間の規範と国内規範を調整するメカニズムとして,国家間の規範に則って,合意により,国内の規範を変化させていくことが重要な点となる。たとえば,ASEAN が ASEAN 方式を維持しつつ,合意により域内の国の民主化を図っていく,ということである。これに近いことは,すでに触れたように,EU の東方拡大についてもいえるであろう。より一般的にいえば,ウェストファリア体制においては,国家主権が絶対であり,内政不干渉が基本的原理であったといわれるが,現在では,内政不干渉を一要素とする国家間関係についての規範と,国内規範との調整が必要となり,いわば,ネオウェストファリア体制と呼んでよいようなものとなっている。そして,この調整を行うのが地域の制度の役割のひとつということになる。

多元的安全保障共同体の3つめの形成要因は,経済統合の進展であり,制度的な経済統合だけではなく,主として実質的な経済統合の推進により,国家間の平和が促進されるというものである。これは,貿易などの経済交流が進展し国家間で経済関係が密になると,相互利益が大きくなり,それを崩すような紛争,とくに戦争の可能性は小さくなる,という商業リベラリズムという考え方である。しかし,地域においても,その地域での制度的,実質的な経済統合が進めば,安定した国家間関係が見られることになろう(最近のものとして,Brooks, 2005)。

以上,多元的安全保障共同体に関して,その基盤となるいくつかの要因を検討した。まずは,ドイッチュ的な,価値の統合をベースとした多元的安全保障共同体があり,次に,国家間関係の規範をベースとした多元的安全保障共同体であり,3つには,実質的な経済統合に由来する多元的安全保障共同体である。

よく,国家間関係に焦点を当てたリベラリズムには,共和主義(価値)リベラリズム,制度リベラリズム,商業リベラリズムの3つが挙げられるが(Keohane, 2002),図1-1の経済統合,価値の統合,安全保障共同体の三角形は,まさにこのリベラリズムの三角形を示している(Russett, 1998)。そして,ついでにいえば,これら3つの要素は,お互いに影響しあうものである。たとえば,経済統合が進めば安全保障共同体も進むであろうし,逆に安全保障共同体が進めば,

経済統合も進むであろう（ASEAN がその例であろう）。経済統合が進めば，価値の統合や社会統合も進む可能性があり，価値の統合や社会統合が進めば，経済統合も進もう。価値の統合や社会統合が進めば，多元的安全保障共同体も進化しようし，多元的安全保障共同体，とくに，国家間関係規範に基づくものが進展すれば，価値の統合が進む機会が増大しよう。

EU を見れば，すでに多元的安全保障共同体になってから久しい。

3　統合の段階と統合へのダイナミックス

（1）政治統合へ？

多元的安全保障共同体は，複数の国家をベースとするものであった。これに対して，政治統合とは，ある地域に複数の国家が存在した場合，それらの国家がひとつの国家に統合されていく，ということである。過去の歴史でいえば，ドイツ関税同盟からドイツ統一が行われた例が挙げられよう。

ある地域を考えそこに複数の国が並存している場合，政治統合という観点からは，いくつかの段階が考えられよう（表 1-1）。

ひとつは，各国が独自の行動をとり，その相互作用で地域のシステムが成り立っている場合である。これは，リアリズムの世界であり，極端な政府間主義 (inter-governmentalism) である。

ふたつめは，特定の分野に国家間のフォーマル，インフォーマルな約束事ができ（国際レジーム），その約束事（条約や合意）に沿った行動が見られるようになることである。国際レジームができる問題領域は，経済，環境，安全保障などさまざまである。国家は，約束事ができた問題分野において，約束に従った行動をとるが（もちろん，遵守された場合），その分野に関しても，約束がなされた事項以外では，独立に行動する。また，約束に従うといっても，さまざまな選択肢があろう。また，フォーマル，インフォーマルな約束事は，政府間の合意によるものであり，政府間主義の結果である。

3 つめの段階は（これは，ふたつめの段階に含めてもよいが），地域に多くの問題領域で，レジームが成立し，地域でガバナンスと呼ぶことができるものが見られるようになることである。これは，政府なきガバナンスと呼べる段階である（「governance without government」）。

表1-1 地域統合の段階（類型）

①単独行動，勢力均衡	ノン・レジーム，極端な政府間主義
②国家間のルール，約束事（特定の分野）	レジーム
	政府なきガバナンス
③国際組織	政府的な要素を伴った統治，国家なき政府
④（主権）国家，軍事力の独占，外交	国家

出所：筆者作成。

　4つめの段階は，ある機能分野に組織ができ，その組織が，当該の問題領域で，国家（少なくともいくつかの国々）から離れた機能をもつようになるという段階である。国際レジームは，国家間の約束事（ルール）であるが，国家はその約束事に基づいて，モニター，事務処理などを行う組織をつくる。その組織には，国家間の約束（ルール）が組み込まれ，さらには，政府間での決定によって組織に一定の権限と機能を委譲することも見られる。これは，国家が本人であり，組織が代理人という本人-代理人（principal-agent）関係で一般化されるものである（Hawkins *et al.*, 2006a）。そして，当該地域に属する国家は，組織にさまざまな形で権限を委譲する。それは，きわめて厳格な範囲であることもあり（たとえば，モニター），特定の範囲であるが，裁判所のように裁判員に広い，独自の権限を与えることもある。また，組織は，それ自身のルールをもつようになり，人事，活動に関して，構成国を離れた独自の活動をするようになることもある。このような組織が形成されてくると，その組織は，当該の分野に関して，権威をもち，政策を立てるようになり，その分野では，ひとつの政府に擬せられるものとなる。この分野に関しては，「分野によって政府を伴った統治」ということになる。このような段階は，いまだ次に述べる国家の段階ではないので，「国家なき政府」ということになる。

　次の段階は，マックス・ウェーバー的な国家である。これは，域内で，階層的な権威をもち，また，暴力装置を正統的に独占し，また対外的に外交を独占的に行う。先に触れたように，プロシャは，関税同盟を出発点として，ドイツ統一を果たした。しかし，現在，最も統合が進んでいるEUを見ても，共通の外交，安全保障政策を標榜しているものの，軍隊のコントロールは国家単位である。安全保障の分野に関しては，NATOという国家間同盟が主であり，メンバー間の協力もあり，ルールも存在するが，主権国家の集まりである面が

強い。ただ，ウェーバー的な国家は，ヨーロッパの地域統合のひとつの将来的なイメージではあろう（早くヨーロッパ統合の将来のあり方として，超大国があることを指摘したものに，Galtung, 1973）。

（2）協力の類型

　以上の議論をまとめたのが，表1-1であるが（山本，2008），表の一つひとつのカテゴリに関しては，そのなかでもさまざまなタイプのものがあり，レジームの濃さや広がり，また組織化も異なったものであろう。また，ある地域を見れば，ある分野ではノン・レジーム，他の分野ではレジームが，そしてさらに他の分野では組織化が進んでいるというケースも見られよう。

　表1-1を若干異なる形で表したのが図1-2である。

　図においては，まず，国家がとる選択肢として，単独主義をとるか協力するかがある。次に，協力した場合，一時的なスポット的な協力をするのか，あるいは継続的なものとするのかという選択がある。協力しても，設定された特定の目的が達成されたらそこで終わるのが，有志連合である。継続した場合，それを非公式なものとして継続するのか，あるいはルール化をしていくのかという選択がある。協力を続けても，ルール化（制度化）をしないのは，先進国首脳会議とか，あるいは今のところのASEAN＋3などであろう（サミット方式）。

　ルール化を進めると，それはレジームとなる。ルール化してレジームが形成されたあと，レジームの目的に沿って権限を委譲して国際組織をつくる場合もあり，つくらない場合もある。その国際組織は，レジームの目的の範囲内で，プログラムやモニターの実行機関にとどまる場合もあり，（程度の差はあるが）自立的な組織となる場合もある。図1-2をまとめていえば，国家間の行動のパターンとして単独主義か協力があり，協力のなかに制度化の程度に応じて，有志連合，サミット方式，レジーム，そして国際組織が存在する。

　図1-2は，表1-1にほぼ対応するが，実際の地域を見ると，図1-2に示された行動や，協力の程度が，さまざまな形で混在している。たとえば，レジームが存在し，また組織化が進んでいても，そこにはある問題をめぐっては有志連合が見られることがあろう。また，単独主義が支配的であっても，ある領域に関してはレジームが成立していることもあろう。いわば，異なる行動や制度の分布が見られるのである。

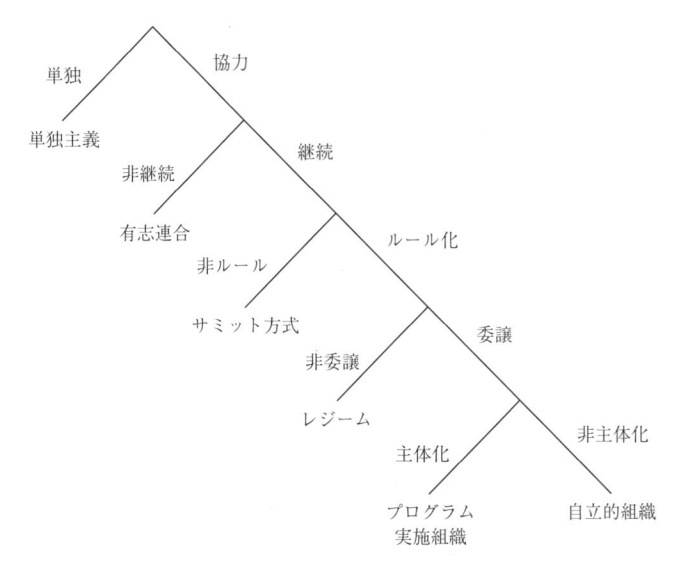

第1章　地域統合の理論化と問題点

```
                              協力
         単独         ─────────┬─────────
          │                     │        継続
         単独主義          ─────┴─────
                         非継続         │
                          │          ルール化
                        有志連合    ────┴────
                                  非ルール      │
                                    │         委譲
                                  サミット方式 ──┴──
                                            非委譲    │
                                              │    主体化
                                            レジーム ──┴──
                                                  主体化  非主体化
                                                    │      │
                                                  プログラム 自立的組織
                                                  実施組織
```

図 1-2　協力，有志連合，サミット方式，レジーム，国際組織
出所：Hawkins *et al.* (2006b) p. 11 をもとに筆者作成。

図1-1と表1-1（および図1-2）の関係をいえば，最終段階の国家は，理念的には，そのなかで経済は統合されており，価値の統合，社会統合は著しく進んでいる。そして，多元的安全保障共同体の枠組みからウェーバー的な主権国家へ移行したものといえよう。また，価値の統合は進んでいないものの，経済統合や安全保障に関しては，レジームがつくられていたり，また国際組織が形成されている場合もあろう。

（3）統合のダイナミズム

図1-1と表1-1をもとに，地域（統合）を比較するときの若干の手がかりを考えてみよう。

まず，図1-1からいえば，ひとつは，経済統合，価値の統合（社会統合），安全保障共同体，政治統合のシークエンスに関する仮説である。経済統合が深化し，スピルオーバー効果を伴って，政治統合にいたる，というのが，先に述べたように，新機能主義の基本であった。もちろん，その間，安全保障共同体がつくられ（たとえば，ヨーロッパ統合における独仏関係の安定），また，価値の統合が進み個人のレベルでの地域に対するアイデンティティが進む。ただ，ヨー

ロッパ統合の歴史を見ても，また，最終段階（これがあるのかどうかも問題であるが）は，政治統合とはいってもさまざまな形態が考えられ，一義的には決められない。

しかしながら，比較地域統合という観点から見ると，政治統合を目的とすること（自然にそうなることを含めて）は，例外的なことである。通常は，国家主権を完全に委譲する政治統合は心のなかにはなく，政治的には，せいぜい国家主権を維持したまま，(4)多元的安全保障共同体をつくりあげることである。そして，多くの場合，地域の実質的な経済統合を進め，それをさらに進めたり，安定化させるために，地域の経済制度をつくりあげることである。そうすると，多くの地域において，基本的な目的は，経済統合（あるいは広く，機能分野における協力）と多元的安全保障共同体の形成にあるといえる。この点からいえば，新機能主義的なイメージは，きわめて限界のあるものである。

表1-1（図1-2）からいうと，世界の地域には，表に示されたさまざまな状態が見られる。ある地域は①のノン・レジームの状態にあり，基本的には，国家の国益に基づいた相互作用の見られるものである。たとえば，中国，北朝鮮，韓国，日本からなる北東アジアは，これに近いであろう。また，ASEANは，国家間に多くのレジームがつくられており，国家間関係の規範（ASEAN方式）に強いアイデンティティをもつ。しかしながら，ASEANは事務局はあるが，国際組織というものはきわめて弱い。表1-1の②にあたろう。この②にあたる地域は，かなり多い。NAFTAもそうであろうし，APECも然りであろう。

これに対して，EUにおいては，欧州司法裁判所（ECJ），欧州委員会，欧州議会など，権限を委譲された，いくつかの国際組織が見られる。表1-1でいえば，③に属するものである。そして，共通の外交，安全保障政策が追求されており，④の状態へ移る契機をもっている。

ここで，先の議論との関連でいえば，表1-1に関して，①→②→③→④という発展段階（これは，ひとつの仮説であり，地域によっては，せいぜい，②の段階までが目的となる）を考えれば，

- ①から②へのジャンプ（ノン・レジームからレジームへ），
- ②から③へのジャンプ（レジームから国際組織の形成と強化），そして，

- ③から④へのジャンプ

はなぜ起きるかが問題となろう。ただし本章では，発展段階の逆の方向，すなわち，レジームが崩れてノン・レジームになること，国際組織が機能不全になること，国家が内戦に陥ることなどは，現実には存在するが，考察の対象としない。そこでは，新機能主義者がいうようなスピルオーバーなどの大きな流れや環境（各国内，地域，あるいは地域を取り巻く環境）などが影響すると同時に，各国間の交渉（政府間主義）が大きな役割を果たそう。

　表1-1のいまひとつの見方は，各地域が表に示された段階が異なるとして，どのような要因でそのような違いが生ずるかを明らかにすることである。そこでは，地域の経済的な相互依存の程度，地域における各国間の力の分布の違い，成長率の分布，政治体制や各国のもつ価値や規範の分布状況，域外大国の関与のあり方（たとえば，Katzenstein, 2005）など，多くの要因が作用しよう。たとえば，東アジアと西欧を比べれば，東アジアでは，力の分布も大いに異なり，中国というグローバルな大国が存在し，成長率も大いに異なり，国家間の相対的な力は大きく変化する。また，東アジアとEUを比べる場合，現在のふたつを比べるのか，あるいは，EECが形成される50年代後半のヨーロッパと，現在の東アジアを比較するのか（もちろん，どのように比較するのかを含めて），研究のデザインをいかにするか，考慮することが必要である（後述）。

4　制度と行為者——アプローチをめぐって

　以上述べてきた地域統合の議論は，基本的には，制度に関するものであった。しかし，一般的にいえば，制度（レジームと組織）と行為者（国家）は，相互作用をしている。国家は，制度のルールのもとで行動し，また国家は，その目的に沿って行動し，制度を変えたりつくったりする。しかし，制度と行為者をどのように考えるかは，地域統合を考えるうえでも大きな論争点のひとつであった。すなわち，（国家を超えた）制度を重視して考えるのか，国家の行動を重視する政府間主義をとるのか，ということである（このような観点からの整理に参考となる論考として，Pollack, 2001）。

　一般に，制度と行為者との関係は，理論的には3つのタイプが存在する。政

府間主義,制度主義,そして融合モデルである。

(1) 政府間主義

ひとつは,行為者をベースに考え,制度をあまり考えないものである。国際政治学の文脈でいえば,ひとつは,表1-1の①にあるように,レジームがない(薄い)場合,定義により,国家は国益に基づいて独立した行動を行う(図1-2の一番上の単独主義)。いわば,リアリズムである。そして,リアリズムは,制度が存在する場合でも,それを力や利益の派生物であると考え,基本的には国家の行動は,制度にかかわりのないものであると考える。さらには,制度やレジームが存在しても,国益がかかるときにはそれを破ったり無視したりする。あるいは,制度を国益に沿っていかに使うかを考える。たとえば,グリエコは,小国は,制度をつくり大国の行動をコントロールしようとするとか,あるいは,発言の機会をつくりだそうとする,と論じている(Grieco, 1996)。また,逆にアイケンベリーは,大国は,制度をつくり,単に小国をコントロールするだけではなく,自分自身をルールに縛りつけ,他の国々の猜疑心を弱め,もって国際システムの安定を図る,と論じている(アイケンベリー,2004)。また,既存の制度のなかで,あるいは既存の制度を組み合わせて国益の増進を図るという制度的リアリズムもこのカテゴリーに属そう(He, 2009)。

いまひとつは,制度(レジーム)は存在するが,制度化をさらに進めようとするとき,参加国は国益をかけて多国間交渉に臨む。そこでは,制度に拘束されない(当該の問題に関する制度が存在しないので当然であるが),独立した行動をとろう。いわば,政府間の交渉(政府間主義)が支配的なものとなる。この点,モラフチークがEUを念頭に提示した,リベラルな政府間主義(自由主義的合理主義)が有名である(Moravcsik, 1993)。モラフチークは,二段階のゲームを考える。第1段階では,ある国の選好が,国内の個人なり諸集団の選好から集約されてくる。第2段階は,そのように決まった国家の選好に基づいて多国間の交渉が行われ,その結果,新しいルールや集団的な決定が行われる,というものである。いわば,国内と国家間の2-レベル・ゲームである(のち,彼は,このふたつのレベルに加えて,EUレベルの制度の役割や影響を取り入れている)。このような2-レベル・ゲームは,国際的な制度づくり,あるいは制度内の行動に広く見られるものである。たとえば,FTAを結ぶとき,各国は,自国の内

部のさまざまな利益集団の選好を集約した政府としての選好をもち，それをもとに他の国と交渉する。そして，その交渉の結果，具体的な自由貿易協定の内容（たとえば，例外品目）が決まるのである。個々の行為者の相互作用によって制度がつくられるという観点は，いわゆるネオリベラル制度主義にも見られ，社会的ディレンマの解決を図るために，協力の制度やルールが形成されるというのはそのひとつであろう。さらに，すでに触れた本人―代理人関係のモデルで国際組織がつくられたり，国際組織の形態が決まってくる，というのも政府間主義モデルであると考えられる。

（2）制度主義

このような，政府間主義や合理的選択論に対して，制度そのものを重視する制度主義が存在し，いくつかの種類がある。

ひとつは，合理的選択論的な制度論である。ここで，制度はゲームのルールと捉えられ，そのなかでの個々の行為者の合理的な行動がいかなる結果をもたらすかということを分析しようとするのがその例である。ゲームのルールとはいくつかのものが存在し，たとえば，集団的決定のルールが挙げられる。全会一致，コンセンサス，多数決などの決定のルールは，参加アクターの間の力の分布（集団的決定に与える影響力）を決め，また同じ問題で，行為者が同じ選好をもっていても，集団決定の結果が異なってくる。このことから，どのような集団決定のルールを選択するかも，研究の大きな課題となる。たとえば，アジア太平洋や東アジアにおいては，集団決定のルールは，コンセンサスである。これに対して，EUにおいては，コンセンサス，加重投票制，など分野や組織によって，いくつかの異なる集団決定のルールが見られる。また，合理的な制度論からは，制度は情報を共有するメカニズムを提供し，取引コストを低下させる役割をするとされる（Keohane, 1984）。

いまひとつの制度論は，コンストラクティビズムである。これにもいくつかのものがあり，その焦点とする分析のレベルも異なる。コンストラクティビズム的な制度論のひとつは，制度に組み込まれた規範とかルールが個々の行為者の行動だけではなく，目的や，さらにはアイデンティティなども変えていく，というものである。たとえば，1990年代，ベトナムはASEANに加盟したが，それはベトナムのアイデンティティを変え，ベトナムの対外政策を安定化させ

たといわれる (Minh, 2009)。このことは，拡大 EU における中・東欧の国々にもいえるであろう。また，コンストラクティビズムは，規範の伝播，学習を通して，ひとつの国際的な制度が形成されることを示唆する。たとえば，ASEAN 方式は，すでに述べたように，内政不干渉，紛争の平和的解決，対話の習慣などの国家間関係の規範から成り立つ。そして，そのような規範に基づいて繰り返し国家間関係が実践されてくると，その規範が定着し，内面化し，安定した地域が生成される。このように，コンストラクティビズムは，個々の政策決定や集団的決定ではなく，長期的な制度や地域統合の流れ（そして，個々の集団的決定の背景）を分析することに適していると考えられる（この点，たとえば，Drezner, 2007）。

　また，コンストラクティビズムは，アイディアやイディエーショナルな側面を重視する。地域統合（あるいはより一般的に国際制度）同士は，相互に影響を与え，それは政治的な影響もあり，経済的な影響もある。たとえば，関税および貿易に関する一般協定（GATT）／世界貿易機構（WTO）の多角的な交渉において，より広い地域統合のほうが交渉上優位に立てる可能性があり，ある地域に地域統合が進むと，他の地域にも地域統合が形成されたり，強化されたりする（リアリズム。たとえば，Bergsten, 2007）。また，ある地域に経済統合が進めば，域外国はそれから排除され不利に立つため，他の経済統合を形成することによって，利益を確保しようとするであろう（経済的利益を中心とするリベラリズム。たとえば，Baldwin, 1993）。それとともに，他の地域の統合のやり方を見て，それを参考にして，自己の地域の統合を考えることもあろう。たとえば，ASEAN で，安全保障，経済，そして社会の共同体をめざすとき，それは EU を参考にしていることは間違いないことである。さらに，FTA が世界的に一般的になると，それがひとつのモデル（通常のものという意味での normal, norm）となり，多くの地域や国家間で採用されることになる。

　制度主義のいまひとつの種類は，社会的，歴史的なものである。これにもいくつかのものが存在するが，ひとつは，時間をかけての制度のあり方とその変化（形成，維持，変容など）を考えようとするものである。新機能主義とか社会交流主義というのはそれにあたろう。たとえば，新機能主義は，繰り返していえば，機能分野の協力・統合が進めば，他の機能分野にも波及し，さらに政治の分野へもあふれ出て，最終的には政治統合にいたる，というものである。社

会交流主義は，社会的なコミュニケーションが進むと，当該の地域において，個々人の間に基本的な価値が共有されるようになり，それに基づいて，国家のレベルで多元的安全保障共同体が形成されると論ずる。新機能主義も社会交流主義も，もちろん，個々の国家や個人がなぜそのような現象を引き起こす行動をとるかというマイクロ・ファウンデーションが欠けている，と論ずることができよう。そして，新機能主義は合理的選択論によってそのマイクロ・ファウンデーションを与えられるかもしれないし，社会交流主義は，コンストラクティビズムによって，マイクロ・ファウンデーションを与えられるかもしれない。しかし，新機能主義も社会交流主義も，マクロの（検証される必要はあれ）地域統合の方向性を示しているのである。

この第3の制度論には，制度そのものが経済，社会の実体にどのような機能や役割を果たしているかを明らかにしようとするものが存在する。たとえば，地域の統合の諸制度の実体がどうなっているか，そしてそれが，地域の経済なり安全保障にいかなる効果を与えているかを考察しようとするものである。いわば，地域のガバナンスに地域の制度やレジーム，さらには国際組織がいかなる役割を果たしているか，ということである。EUをマルティ・レベル・ガバナンスのシステムと捉えるのはこの範疇に属そう。アジア太平洋や東アジアに関しても，経済，環境，安全保障などの分野で，さまざまな多国間の，また二国間の協力や制度が形成されてきており，そのような重層的な制度がいかに地域のガバナンスに貢献するかを明らかにすることがひとつの研究課題となっている。ただ，EUと比べて，制度化が進んでいないアジア太平洋，東アジアにおいて，地域ガバナンスのあり方は異なるであろうし，独自の理論枠組みが必要であると考えられる。

（3）融合モデル

いずれにせよ，地域統合の理論には，制度に重点をおくマクロ的なものと，行為者に重点をおくミクロ的なものが存在する。EU研究においては，EUの統合が高度に進展したこともあり（図1-1でいえば，経済統合，価値の統合，多元的安全保障共同体のすべてにおいて，他の地域と比べると著しく進んでいる），EU内の政治そのものに焦点をあわせるミクロ的なものが多く，地域統合に関する，また地域統合を比較する，大きな枠組みを論ずるものが少なくなっているよう

な気がする。すなわち，EU では，地域統合が著しく進んだために，地域統合の理論的な枠組みそのものの必要性が薄れ，他方，東アジアではそれが必要であるが，ヨーロッパの経験がどこまで妥当かわからない，ということになる。ひとつのディレンマであるといえる。

　ここで，マクロ的な面とミクロ的な面を融合させるようなモデル（fusion model）が，地域を比較するために必要であると考えられる（融合モデルに関しては，Wessels, 1997）。融合モデルとは，一方で制度の発展があり，他方では国家間の政府間主義的な行動が見られるというふたつの異なる方向（要素）を融合しようとするものである。すなわち，ヨーロッパ統合の発展を見ると新機能主義のようには直線的ではないがその統合は高まっており，制度化が進んでいる。そして，現在では，欧州委員会など国家を超えた組織も形成されている。しかしながら，EU においては，ときに各国が，国家として相互作用しあう。たとえば，リスボン条約の批准に関して，それぞれの国家は国内の政治などに基づいて，独自の行動を示す。融合モデルは，このような制度と各国の独自の行動との関係を，制度化が進み，あるジャンプをしようとするとき，国家間の違いが出てきて，それに基づいて国家間の政治が顕在化し，しかし，それが解決し制度化が進むと，国家間の政治よりは制度や組織が支配的になる，ということを繰り返す，というものである。そうすると，制度の進展，制度のもとでの行動と，国家間の政治とは必ずしも矛盾するものではない（このような現象は，地域的な制度だけではなく，国際通貨基金〔IMF〕などのグローバルな制度にも見られる）。ただし，このように制度がジャンプするときに，国内の政治に基づくような国家間の政治が見られることは，地域統合や制度の進展があらかじめ決まった方向へ行くのではなく，さまざまな方向がありうることを示している。さらにこのことは，EU があるときには，制度（組織）として見え，あるときには主権国家の集合体として見え，EU がきわめて定義しがたい存在であることを意味する。

5　理論化と問題点——東アジアと EU

　以上の議論から明らかなことは，地域統合の理論化は主としてヨーロッパの地域統合を念頭に行われてきたといってよい。したがって，東アジア（アジア

第1章　地域統合の理論化と問題点

太平洋）の地域統合を考える場合，単に個別の理論だけではなく，地域統合の方向性もかなりの程度異なっていることを前提にして考えなければならない。たとえば，東アジアにおいては，ASEAN を例外として，地域的なレジームはそれほど発達していない。地域全体として，APEC があり，また ASEAN ＋3 は（実質的には）1997年から，また，東アジア首脳会議は2005年からもたれている。東アジア首脳会議は，2011年からアメリカとロシアをメンバーとするものになり，アジア太平洋全体をおおうものとなった。東アジアやアジア太平洋全体を包摂する枠組みが形成されていることは評価しなければならないが，しかし，それらの協力は，ルールの形成や拘束力は強いものではなく，いまだ薄い協力といってよい（表1‐1の①）。したがって，東アジアにおける，とくに安全保障上の，実質的な動きは，きわめて伝統的なリアリズムであるといってよい。そして，そこでの関心事は，構造的には，中国の軍事的，経済的な台頭であり，焦眉の問題は北朝鮮の核問題である。そのようななかで，安全保障を含めての地域的な協力が唱えられている。

とはいえ，経済や環境の分野では，地域的な協力関係，また部分的に地域経済統合が進んでいる。多くの二国間 FTA が見られ，また金融通貨のレジームづくりも進んでいる。図1‐1に従っていえば，東アジアにおいては，経済をはじめとしてさまざまな機能分野の協力・統合が求められており，それを基盤としての多元的安全保障共同体の形成がめざされているといえる。もちろん，多元的安全保障共同体とはいえないまでも，安全保障関係の安定は，機能分野での協力を促進しよう。東アジアは，個人レベルの価値や規範，また国家の政治体制が異なる国から成り立つ。したがって，共通の（リベラルな）価値に基づいた価値の統合は，「アジア・アイデンティティ」などの掛け声はあっても，可能性としては低いと考えられる。そして，東アジアのなかで ASEAN を含めて，政治的な統合を目的とし，その駆動力となるような制度や国は存在しない。

繰り返していえば，東アジアにおいては，経済統合／機能的協力↔多元的安全保障共同体，ということが中心的な課題となろう。したがって，ヨーロッパ統合をもとにして発達してきた統合理論（新機能主義，社会交流論）は，東アジアにあてはめる場合，大きな限界が存在する。また，法制度化や本人―代理人モデルによる地域における国際組織の創設と運営なども，東アジアには直接に

応用できるものではない（ただ，たとえば，ASEAN 人権裁判所のようなものが創設されるようになれば別である）。図1-2でいえば，単独行動（単独主義）ではなく協力にいかに移行するか，そして，協力をいかに長続きさせるかが問題となる。東アジアの地域統合を考える場合，一番の特徴は，表1-1でいえば，①→②へのプロセスなりジャンプをいかに分析していくか，ということである。すなわち，基本的には独立の行動をとり，また（超）大国・中国を含む地域において，いかに安定した地域レジームを形成していくかが問題となっている。すなわち，（超）大国は，地域統合になじむのかどうか，あるいは，急速に国家間の相対的な力が変化するとき，現状維持を基本とする地域統合が可能なのかどうか，という一般的な設問である。

　地域統合は，小国のグルーピングであり，大国は自国の行動の自由を制約されることを嫌うために地域統合には参加しない，あるいは参加しても，自国が主導権をとり制度をつくっていくことに主眼をおこう。大国は主導権をとりやすい制度には参加するが，そうではない制度には参加しないか，きわめて慎重である（たとえば，この点，中国に関して，示唆的な論文として，Takagi, 2008）。

　もちろん，例外的な事例は多々ある。アメリカは，1994年 NAFTA を形成したが，これはそれほど深い統合ではない。また，アメリカは，現在では，中南米のいくつかの国，またシンガポール，オーストラリア，イスラエル，モロッコなどさまざまな国と FTA を結んでいる。しかし，これらは，制約が弱い FTA であり（関税同盟ではない），二国間のものが多い。また，「（近隣諸国の）地域統合」という概念から，大きくずれるものも多い。近年においては，FTA は，「地域統合」とは異質の次元（経済的，政治的，安全保障上の理由）で結ばれることが多々ある（たとえば，日本に関していっても，GCC やスイスとの FTA）。もちろん，覇権国が制度をつくり，それに自己を縛りつけて，他の国の猜疑心を取り除く，というものも存在しよう。そうすると，東アジアにおいては小国からなる地域統合が形成されるが（たとえば，ASEAN），大国を含んだ包摂的な統合はなされない，あるいは大国の主導権のもとに始めて包摂的な地域統合が形成される，ということになる。たとえば，近年一部で盛んになっている，中国を中心とした秩序形成などは，東アジアの（将来の）覇権国である中国を中心にした制度，地域統合が行われる可能性を論じているともいえる（たとえば，Kang, 2007）。

さらに，大国が地域統合になじまないいまひとつの理由は，大国は，その定義により，世界のさまざまな地域に物質的，またイデオロギー的な関心，関与をもっており（このような大国の定義については，たとえば，Buzan, 2004），その大国が属する地域に収まりきれないものがあるということである。これは，ある国の地域への埋め込まれの程度，あるいはその潜在性といえよう。たとえば，中国を考えてみると，中国は多くの国，地域と物理的に接している。ロシア，カザフスタンなどの中央アジア，北朝鮮，韓国，日本などの北東アジア，ASEAN という東南アジア，南アジア地域協力連合（SAARC）という南アジアである。したがって，中国は，それら個別の地域に対して，さまざまな地域政策を展開する（中国の地域政策に関しては，毛里，2004；2005）。

そのなかには，中国を含んだ地域統合の枠組みがあり（たとえば，上海協力機構〔SCO〕），他の地域統合との調整の枠組みがあり（SAARC へのオブザーバー参加，ただし，日本，韓国，アメリカなども SAARC のオブザーバー），そしてそれらの組み合わせが存在しよう。一番最後の例は，中国と ASEAN との関係がそれに当たろう。すなわち，中国と ASEAN は，FTA を締結し，相互作用のあり方の枠組み（のひとつ）をつくり，かつ ASEAN＋3 という（中国と ASEAN の両方を含む）枠組みに参加している。これらのことは，中国が中国それ自身をなかにおくただひとつの地域主義をもつものでないことを意味する。このような意味では，中国に地域主義というものはないのかもしれない。たとえば，ASEAN＋3 や東アジア共同体を考えても，それは，中国にとってひとつの地域主義（あるいは，地域政策）であるかもしれないが，唯一の地域主義ではない。中国は，ASEAN＋3 や東アジア共同体に深く埋め込まれることはないのである。したがって，中国の観点からは，ASEAN と SCO をどう関連づけるかなど，地域政策の一環として考えることになる。

中国についていえることは，アメリカについてもいえる。アメリカは，近隣のカナダ，メキシコから，さらに中米，そして西半球全体で北米自由貿易地域（FTAA）を1994年から追求している。さらに，アジア太平洋にも APEC を通して，また個別の FTA を通して，地域統合，それも経済的な統合，を進めようとしている。アメリカもまた，中国と同じように，近隣諸国との統合のなかに自己を埋め込むことが少ないのである。

地域への埋め込みの程度は，当該の国の地域への経済的，安全保障的な依存

度，政治体制や経済発展度の均質性，価値の共有性などで測られようが，一般的にいえば，大国ほど埋め込みの程度は低く，小国ほど，埋め込みの程度は高いといえよう。

　また，地域統合（そして，国際制度一般）は，相対的な力や利得が将来変化しないことを前提とするといわれる。東アジアでは，相対的な力が将来大きく変わると考えられる。そうすると，東アジアでは地域的な制度は形成されても，力の大きな変化に適応するためにきわめて柔軟なものとなる可能性があり，深い統合は，相対的な力の変化が収まったとき初めて進展する，というような仮説が考えられる。このような角度からEUと東アジアとを比較しようとすると，50年代のヨーロッパと現在の東アジアを比べ，当時の国際政治・経済環境，地域内の力関係などいくつかの観点から分析が行われてしかるべきであろう。たとえば，安全保障上の関係でいえば，当時は冷戦期であり，アメリカがNATOを介してヨーロッパに関与し，また経済的にはヨーロッパは戦争で疲弊し，アメリカと比べれば，圧倒的な小国であった。また，ヨーロッパにおいては，EECとともに，そこからはじき出された国々から構成されるEFTAが存在した。また，相対的な経済力の変化として，もちろん西ドイツの高度成長はあったが，それは今日の中国の台頭とは比べ物にならないであろう。現在のアジア太平洋を見ると，アジア太平洋全体を含むAPECがあり，アメリカを排除したASEAN＋3があり，もちろんASEANがある。比較したら，興味ある成果が得られるかもしれない。

　このように，ヨーロッパ統合をもとにした地域統合の理論は直接には東アジアの地域統合には適用できない。とはいえ，東アジアと拡大EUを考えた場合，直接的に比較可能な事象も存在しよう。ふたつの例を挙げよう。

　ひとつは，拡大のメカニズムである（拡大のメカニズムに関しては，たとえば，Mansfield and Milner, 1997）。地域統合が新しいメンバーを加えるとき，地域統合体側の事情と，新規加盟国側の事情がある。その事情は，経済的利益とか安全保障上の必要という要因もあり，コンストラクティビズム的な，規範やアイデンティティという要因も存在する。EUは，数次にわたって拡大したが，その折々で，EU（EC）側の要因，新規加盟国側の要因が働いた。2004年の中・東欧への拡大は，EU側では，「ヨーロッパ」の包摂性の追求，民主主義の拡大などの要因があり，新規加盟国側では，ヨーロッパ・アイデンティティの獲

得・強化，経済的な利益（EU側にとっては負担の増大）などが考えられよう。東アジアにおいては，たとえば，ASEANのベトナム，ラオス，カンボジアへの拡大があり，あるいは東アジア全体に関しては，ASEANの広域地域主義，日中韓の思惑などがあり，またオーストラリア，ニュージーランド，インドへの拡大がある。東アジアは，領域として確定したものではなく（ただ，ASEANは，きわめて明確な領域設定をもつ），また機能分野によっては，適切なメンバーシップは異なるものである。拡大のメカニズムを明らかにすることによって，東アジアの特徴を明らかにすることができるかもしれない。

ふたつには，地域統合と国内政治との関係である。地域統合を進めるにあたって，国内の政治経済がどのような役割を果たすか，今までも研究がなされているが，より一般的な理論が必要であろう。すでに述べたように，モラフチークは，EUを念頭において，EUの集団的決定において，国内の人々の選好を集約して国家の選好が決まり，それに基づいて諸国間の交渉が行われ，その結果が集団的な決定となる，というモデルを提出した。もちろん，日本を考えてみても，たとえば，FTAを結ぶ交渉を行うとき，国内の選好の分布は重要な役割を果たす。しかしながら，東アジアにおいては，国によって異なろうが，国内の選好の集約は，主としてエリートの範囲に限られ，その選好に基づいて国家間の交渉が行われることが多いと考えられる（モラフチークの自由主義的な政府間主義に対して非自由主義的な政府間主義か）。もちろん，東アジア各国のエリートの選好は異なり，それは，たとえば，国家の発展段階によって規定されるところが大きいものであろう。また，国内政治と多国間交渉との関係を考える場合，国内，国際におけるさまざまな利益集団の相互作用や連携形成などに大きな役割を果たすであろうし（Solingen, 1998），また国内における拒否権集団（たとえば，日本の議会制度のもとでの農業団体）のありなしなどが地域的な制度形成に，大きな要因となると考えられる。このような国内政治と多角的な集団決定の関係を，東アジアとEUで比較することも，東アジアの特質を明らかにするひとつの方策であると考えられる。

理論的な観点からいえば，より一般的なものにするためには，単にEUと東アジアだけではなく，他の地域統合の研究を考慮すべきであり，地域統合の理論的な一般化をも念頭におく研究を進めることも必要であろう。

第Ⅰ部　国際政治と東アジア共同体

＊　本章は，日本政治学会（2008年10月，秋季研究大会）の「部会：東アジアと拡大EU」に提出したものを加筆修正したものである。

■　■　■

◉注
（1）　筆者は，第二次世界大戦後の地域統合（とくに経済統合）には，3つの波があったと論じている。第1の波は，50年代末のヨーロッパ統合に始まり，70年代まで，ラテンアメリカやアフリカに広がった地域統合である。第2の波は，80年代の半ば過ぎから始まったものであり，それは，ECの単一市場の動きと拡大，APECの成立，NAFTAの形成に現れる，大地域主義の波である。第3の波は，90年代末からの二国間FTAの波である。これらの波は，後から来た波が前の波に覆いかぶさるように進展している（山本，2007）。そして，現在から将来にかけては，第3の波で形成された数多くのFTAをいかにまとめていくかという第4の波が来ることが予想される。
（2）　近年の多元的な安全保障共同体の議論に関しては，たとえば，Adler and Barnett（1998a）。ここで，先取りしていえば，アドラーとバーネットは，国家間で武力行使の可能性がない地域を多元的安全保障共同体としているが，そのもとに，価値の共有があるものを「堅固な（tightly coupled）安全保障共同体」，それがないものを「緩やかな（loosely coupled）安全保障共同体」と呼んでいる（Adler and Barnett, 1998a）。
（3）　ウォルツは，国際政治を見るときに，個人レベルで見るものを第1イメージ，国家のレベルに着目するものを第2イメージ，そして，国家間関係を中心に見ていくものを第3イメージと呼んだ（Waltz, 1954）。しかし，ウォルツは，第3イメージにおいては，国家は対立的であり，勢力均衡や同盟が支配するものとして描いた（Waltz, 1979）。しかしながら，第3イメージでも，国家間の関係が対立的ではない可能性も存在し，それが，ここでいう，国家間の規範に基づいた多元的安全保障共同体である。この点，Wendt（1992）。
（4）　ここで，主権をいかに捉えるかが問題であろう。地域統合を考えるとき，主権を全体的なものと考え，1，0的にそれがあるかないかという発想では，取り扱いが困難であろう。主権は，それを分割して，国際的な約束や組織に委譲することができるものと考えなければならない。この点，たとえば，Lake（2008）。

（5） 力の分布と制度の形成のされ方の違いに関しての仮説としては，たとえば，Schweller and Press（1997）。彼らは，力の分布が単極のときは，制度が覇権国によって「強制（imposed）」される可能性があり，二極（対立）のときには，自然発生的に制度がつくられる可能性があり，多極のときには，交渉によって制度が形成される可能性があると論じている。また，クローンは，ある国が圧倒的に大きなときには制度はつくられにくく，ある程度力が均等化すると制度はつくられやすくなると論じている（Crone, 1993）。

（6） あるいは，80年代後半から90年代にかけて，アメリカが地域主義を採用したことは，経済的にその力を相対的に低めたからである（すなわち，大国ではなくなった）と説明されよう。たとえばクローンは，地域統合をレジーム形成と捉え，レジームは覇権的な国によってつくられる，という仮説を取り上げる。しかしながらクローンは，覇権国が本当に他を圧しているときにはむしろレジームは形成されにくく，覇権的な国は存在するものの，「力の分布」がある程度平等なほうがレジームは形成されやすい，という仮説（レジーム形成のための「最適な力の分布」仮説）を提示する（Crone, 1993）。

●参考文献

ジョン・アイケンベリー（2004）『アフターヴィクトリー』NTT出版。

ロバート・クーパー（2008）『国家の崩壊』日本経済新聞社。

毛里和子（2004）「グローバリゼイションと中国——移行期の観察」『早稲田政治経済学雑誌』第354号，14-20頁。

毛里和子（2005）「"東アジア共同体"と中国の地域外交」山本武彦編『地域主義の国際比較』早稲田大学出版部，65-82頁。

山本吉宣（2006）『「帝国」の国際政治学』東信堂。

山本吉宣（2008）『国際レジームとガバナンス』有斐閣。

ブルース・ラセット（1996）『パクス・デモクラティア』鴨武彦訳，東京大学出版会。

Acharya, Amitav (2001), *Constructing a Security Community in Southeast Asia*, London: Routledge.

Adler, Emanuel and Michael Barnett (1998a), "A Framework for the Study of Security Communities," in Adler and Barnett (eds.), *Security Communities*, Cambridge: Cambridge University Press, pp. 37-48.

Adler, Emanuel and Michael Barnett (eds.) (1998b), *Security Communities*, Cambridge: Cambridge University Press.

Balassa, Bela (1962), *The Theory of Economic Integration*, London: Allen and

第Ⅰ部　国際政治と東アジア共同体

Unwin.

Baldwin, Richard (1993), "A Domino Theory of Regionalism," NBER Working Paper 4465, Cambridge: National Bureau of Economic Research.

Bergtsten, C. Fred (2007), "A Free Trade Area of the Asia-Pacific in the Wake of the Faltering Doha Round: Trade Policy Alternatives for APEC," in Charles Morrison and Eduardo Pedrosa (eds.), *An APEC Trade Agenda? The Political Economy of a Free Trade Area of the Asia-Pacific*, Singapore: ISEAS Publishing, chapter 1.

Brooks, Stephen (2005), *Producing Security*, Princeton: Princeton University Press.

Buzan, Barry (2004), *The United States and the Great Powers*, Cambridge: Polity Press.

Crone, Donald (1993), "Does Hegemony Matter? The Regionalization of the Pacific Political Economy," *World Politics*, Vol. 45, No. 4, pp. 501-525.

Deutsch, Karl W. *et al.* (1957), *Political Community and the North Atlantic Area*, Princeton: Princeton University Press.

Drezner, Daniel (2007), *All Politics is Global*, Princeton: Princeton University Press.

Galtung, Johan (1973), *The European Community*, Oslo: Universitetsforlaget; London: Allen & Unwin.

Grieco, Joseph (1996), "State Interests and Institutional Rule Trajectories: A Neorealist Reinterpretation of the Maastricht Treaty and European Economic and Monetary Union," in B. Frankel (ed.), *Realism*, London: Frank Cass, pp. 262-305.

Haas, Ernst B. (1964), *Beyond the Nation-state*, Stanford: Stanford University Press.

Hawkins, Darren, *et al.* (2006a), *Delegation and Agency in International Organizations*, Cambridge: Cambridge University Press.

Hawkins, Darren, *et al.* (2006b), "Delegation under Anarchy: States, International Organizations, and Principal-Agent Theory," in Darren Hawkins, *et al.* (eds.), *Delegation and Agency in International Organizations*, Cambridge: Cambridge University Press, chapter 1.

He, Kai (2009), *Institutinal Balancing*, London: Routeledge.

Kang, David C. (2007), *China rising*, New York: Columbia University Press.

Katzenstein, Peter (2005), *A World of Regions*, Cornell: Cornell University Press.

Keohane, Robert O. (1984), *After Hegemony*, Princeton : Princeton University Press.
Keohane, Robert (2002), *Power and Governance in a Partially Globalized World*, London : Routledge.
Lake, David (2008), "The Role of Hierarchy in International Politics," *International Security*, Vol. 32, No. 4, pp. 171-180.
Lee, Jong-Wha, Innwon Park and Kwanho Shin (2008), "Proliferating Regional Trade Arrangements : Why and Whither?" *World Economy*, Vol. 31, No. 2, pp. 1525-1557.
Mansfield, Edward and Helen Milner (eds.) (1997), *The Political Economy of Regionalism*, New York : Columbia University Press.
Minh, Pham Quang (2009), "Teaching International Relations in Vietnam : n Chances and Challenges," *International Relations of the Asia-Pacific*, Vol. 9, No. 1, pp. 131-155.
Moravcsik, Andrew (1993), "Preferences and Power in the European Community : A Liberal intergovernmental Approach," *Journal of Common Market Studies*, Vol. 31, No. 4, pp. 473-524.
Pollack, Mark (2001), "International Relations Theory and European Integration," *Journal of Common Market Studies*, Vol. 39, No. 2, pp. 221-244.
Russett, Bruce (1998), "A Neo-Kantian Perspective : Democracy, Interdependence, and International Organizations in Building Security Communities," in Emanuel Adler and Michael Barnett (eds.), *Security Communities in Comparative Perspective*, Cambridge : Cambridge University Press, pp. 368-394.
Schweller, Randall and David Press (1997), "A Tale of Two Realisms : Expanding the Institutions Debate," *Mershon International Studies Review*, Vol. 41, pp. 1-32.
Solingen, Etel (1998), *Regional Orders at Century's Dawn*, Princeton : Princeton University Press.
Takagi, Seiichiro (2008), "The Chinese Approach to Regional Security institutionalism," in Martina Timmermann and Jitsuo Tsuchiyama (eds.), *Institutionalizing Northeast Asia*, Tokyo : The United Nations University Press, chapter 9.
Waltz, Kenneth (1954), *Man, the State and War*, New York : Columbia University Press.

Waltz, Kenneth (1979), *Theory of International Politics*, Reading : Addison-Wesley.

Wendt, Alexander (1992), "Anarchy is What States Make of It : The Social Construction of Power Politics", *International Organization*, Vol. 46, No. 2, pp. 391-425.

Wessels, Wolfgang (1997), "An Ever Closer Fusion? A Dynamic Macropolitical View on Integration Processes," *Journal of Common Market Studies*, Vol. 35, No. 2, pp. 267-299.

Yue, Chia Siow and Hadi Soesastro (2007), "ASEAN Perspective on Promoting Regional and Global Freer Trade," in Charles Morrison and Eduardo Pedrosa (eds.), *An APEC Trade Agenda? The Political Economy of a Free Trade Area of the Asia-Pacific*, Singapore : ISEAS Publishing, chapter 8.

第2章

アジアの地域統合とアメリカの関与
——「東アジア共同体」からTPPの諸問題——

羽場久美子

　21世紀に入り，グローバル化がますます進行する中，リーマン・ショック後，顕著になってきているのが，「Rising China, Rising India」に象徴される，アジア新興国の経済成長と，先進国の明らかな衰退傾向である。グローバリゼーションは，一握りの富裕層と多数の中産階級からの転落によって進行しているが，20世紀と異なるのは，それが「豊かなものはますます豊かに，貧しいものはますます貧しく」という，従属論の理論ではなく，じわじわと新興国が先進国を追い詰めていることである。なぜか。その原因は，グローバリゼーションにおける「競争」の原理にある。「競争」は，かつては，先進国間のトップ企業同士の競争であった。ところが現在は，先進国に新興国企業が「競争」を挑み，勝利している。国境を越えたグローバリゼーションは，当初は多国籍企業を有利にした。「安い労働力，安い商品，膨大な人口」を手に戦うことができたからである。しかしこの三原理が，今や先進国を追い詰めている。
　世界的影響力をもって成長しているアジアにおける地域統合，アメリカやEUをも巻き込んでの，国，地域，地域「間」の，三層の協力と統合による発展と繁栄，またそうした中，TPPを打ち出し，アジア太平洋の一員として，生き残りを図ろうとするアメリカの多様な利害について，分析検討する。

1　地域統合をめぐる理論的問題

　最初に，議論の前提として，地域統合とは何かということを，ヨーロッパの地域統合の広い歴史的文脈の原則から述べておきたい。
　それはいわゆる地域統合理論の議論では抜け落ちる問題をも含むからである。
　アジアの地域統合を検討する際，地域統合の原則から進められてきた欧州連合（EU）との比較が不可欠である。それは，違うからこそ，何がどう違うの

かの比較,「なぜその違いが存在するのか」の検討が重要であり,それによって,EUと,アジアの地域統合,北米自由貿易協定（NAFTA）,南米南部共同市場（MERCOSUR）の違いが,なぜ起こるのかを考える上で,有用な示唆を提供してくれるからである。先取りしていえば,欧州の地域統合との比較が重要なのは,そもそも戦後アメリカ外交において,アジアと欧州に対し決定的なスタンスの違いがあること,かつ欧州とアメリカの間にも,地域統合認識に関する根本的違いが存在するからである。その根本は,欧州の地域統合が,歴史的地域主義に根ざしているということであろう。

以下,第1に,地域主義とは何か,第2に,地域統合とは何か,第3に,「価値」の問題に触れる。

(1) 地域主義とは何か

地域主義とは,もともとは中世封建制における（狭い意味での）地域を中心とした運営主体を指す。すなわち,国家に対する地域の主権・自治（autonomy）の存在を重視するということである。これはヨーロッパでは,地域主義の根幹の原則である,「補完性原則（subsidiarity）」の問題と大きくかかわっている。

「補完性原則」とは,下級の地域機関への権限の委譲であり,中央（国家）は,地方レベルで行えることは管轄権を下に委譲する（下位の地域に委譲する）,下位の地域ができないことのみを国家が行う,ということである。これは,領邦制における地方自治の原則でもあり,地域が行えることは,国家よりも地域に権限が委譲されるということである。(1)

それは現代の広義の地域主義とどうかかわるのか。冷戦の終焉・グローバリゼーションによる,国境の解放,人の移動,情報やモノの移動,さらには地域紛争や民族問題などに関して,旧来は,「国境」の問題は国家が決めていたが,地域主義においては,地域（地方自治体）が,国境線の外の地域（地方自治体）との交流を独自に考察し決定する権利をもつ。ゆえに,地域主義とは,広義の地域主義も含めて,上位ではなく,「下位の地域に自治権と決定権が付与される」ということと大きく関わっている。

こうした補完性原則に基づいた地域主義は,それぞれの国に「自治の原則」が存在することが大前提になり,ロシアや中国のようにむしろ「自治」や地域の決定を最大限に抑えている中央集権国家がどの程度「地域主義」に関与でき

るかは難しいところがある。この点は，差異の比較研究を行う意味がある。しかしたとえ，集権主義，強権主義が機能しているように見えるロシアや中国でさえ，経済レベルでは地域の主権を拡大する，ないし自由度を高めることによって国益がもたらされるケース（たとえばメコン河経済圏，極東経済圏）が広がっており，地域の自主権は，経済分野に関する限り，今後アジアでも広がっていく可能性は高い。

補完性原則における，権力行使の重要な問題としてはふたつある。

①自治（Autonomy）が，地域主義の大前提にあること。国家への権力集権や，覇権主義の対極であり，地域主義とは，覇権のぶつかり合いや，勢力均衡論とは異なり，より小さな単位が主導権を確保するということである。

②いまひとつは，自治に基づく対等，が原則であり，地域の対等，国家と地域の対等，国家間の対等を前提とする。

いずれの場合も，地域主義とは，大国の主導や，覇権を「排除」するシステムであるということである。これが，通常アメリカやアジアの地域統合研究が，安全保障とパワーの観点から，地域統合における「覇権争い」を論じることと大きく異なっている。地域主義は，覇権を排除するものだからである。

（2）地域統合とは何か

「地域統合とは何か」と問うとき，そのあり方は，19世紀―20世紀―21世紀にかけ大きく異なる。それぞれの時代，地域に即した地域統合論がある。欧州の場合，いずれも「国家形成」の問題と密接に絡んで発展してきた。

欧州における地域統合は，先の歴史的地域主義の上に存在し，国境を超え，国家主権を超えて「地域」の問題が盛んに論じられた。たとえば19世紀末においては，地域統合とは経済同盟（関税同盟）であり，連邦主義や国家連合による帝国の再編であった。戦間期から第二次大戦後は，第1に「不戦共同体」(2)という安全保障共同体であり，独仏和解であり，また「価値の共同体」でもあった。冷戦終焉後から21世紀にかけては，経済統合と繁栄であった。これらはいずれも，国家間の対立が戦争や紛争を呼び込むことの反省と，統合による安定と繁栄を目的とした。統合形態としては連邦主義（United States of Europe）か，国家連合（European Union）化が論じられ，国家連合に決着した。また欧州憲法条約の議論では，国家主権の役割を減じない「政府間主義」が採用されたが，

これはいずれも国家主権への妥協でもあった。

　こうした中で EU は冷戦終焉後，東方に拡大し力をつけ，2007年にはアメリカを GDP でしのいだ。さらに通貨統合を進め基軸通貨に対抗したのだ。

　他方で，アジアでは，国家形態の議論より安全保障がより重視された。戦後国家主権を回復した国が多かったため，国家主権を制限するなど問題外であったからである。

　東南アジア諸国連合（ASEAN）は，当初から対ソ防衛として冷戦期に形成され機能した。冷戦終焉後は，東南アジアから提唱され，ASEAN と ASEAN ＋3 からなる，あるいはインドをコアとした地域統合が提案されてきた。

　それに対して，ほぼ同じ時期から，アメリカが入る「アジア太平洋」としての地域統合が，日本・アメリカによって提唱されてきた。このふたつの流れは，並行して進み，「アジアの経済統合」（ASEAN，ASEAN＋3，インド）が経済面，「アジア太平洋」が安全保障面をより重視する形で機能してきた。

　さらに，冷戦終焉後，東アジアでも地域統合の試みが進み，「東アジア共同体」構想は，マハティールから経団連，小泉首相まで多様な形で展開された。しかし鳩山政権下でピークを迎えた「東アジア共同体」構想は，アメリカの強い危惧の下で中断され，中国の軍事的台頭への牽制と，アジア太平洋経済協力（APEC）拡大，環太平洋戦略的経済連携協定（TPP）の方向へと向かい始める。このように近年の新興国の経済成長と，先進国の緩やかな停滞・衰退の始まりの中，TPP は，「アジア太平洋」地域の経済統合と安全保障を結び付ける形で，新たな地域「間」連携の試みとして出てきたのである。

　これらふたつの並行する地域統合，すなわちアジア・プロパーの統合と，アジア太平洋，さらにはアジア EU，ユーラシアとの統合という，複合的地域統合は，21世紀の地域統合の特徴，地域「間」協力として，重要である。なぜなら，グローバル化と地域の共同関係が，地域「間」の共同を不可欠にしており，環境，防災，経済，文化の面でも広がっているからである。

（3）「価値」と「理念」の問題

　第3は，価値と理念の問題である。EU を見てもわかるように，欧州は，キリスト教・自由主義・民主主義という「価値」の統合の側面が強い。EU の統合は，経済統合，安全保障の統合，金融統合として発展したが，にも拘わらず

政治統合は，未だ完結していない。筆者の見解では，政治統合は，現代のように大型化した地域統合にとっては必要ないか，むしろ弊害ですらあると考える。なぜならば，政治統合を行おうとするときには再び，どこがコアか，どこが権力の中枢を担うかが問題となり，（1）の地域主義，より下位における補完性原則に抵触し，周辺や下位に恒常的不満が鬱積する結果を招くであろうからである。

政治は，グローバル化時代においてさえ，グローバル化に対する国家の最後の砦である。なぜなら，政治の選挙権は，国家内の地域に限定され，地域利害，さらにより具体的には家族という小共同体と，個人の利害を守るために一人一票が投じられることが多い（選挙を行う際にマクロな利害を考えて投票する行動はほとんど多数派ではなく，その多くは自分の生活基盤と社会基盤に則って利害を考え，ミクロのレベルで政治家を選択するからである）。ゆえに，政治統合を進めようとすればするほど，フランスやオランダ，デンマークの国民投票で反対が盛り上がったように，広義の地域と国家との軋轢は，経済統合や安全保障に比べて，国家管理外の差が広がる。政治主義よりも「理念」・「価値」の統合の方がより有効に作用することが多い。

「理念」としての統合の根幹は，国家形成，経済発展，安全保障であり，実は民主主義ではない。民主主義だけでは，欧州統合は成り立たなかったであろう。ヨーロッパ共同体，欧州連合が，最初に，諸国家を統合しようとしたのは，平和，安定，「不戦共同体」であった。それによって欧州は，戦後の瓦礫の中から不死鳥のようによみがえり，戦後の繁栄を築いたのである。

「平和と安定，繁栄」という普遍的原則から出発したからこそ，統合は，戦後の瓦礫の山の前に呆然としている人たちの心をひきつけ，復興に向け再出発したのである。

その後「民主主義」「市場主義」という理念が，スペイン・ギリシャの民主化と欧州共同体（EC）加盟によって，第2の「基準」となった。しかし，欧州統合のそもそもの理念の基礎は，民主主義ではなく「平和と安定」「不戦共同体」であった。

政治主義でない，ということは，「民主化」に向けて，政治的な方向性に，地域の諸政府が介入するのではない，ということである。これも，「対等・平等」を原則とする，地域主義の根幹と重なる。欧州では冷戦終焉後，中・東欧

は，社会主義から民主主義への厳しい条件を飲んで参加した。

　しかし，アジアでは，「民主化」を地域統合関与の条件にする必要はないと思われる。なぜなら，アジアにとっては民主化は，アメリカ型の経済・政治・社会発展を遂げた国だけが実現しており，その結果「民主化」を価値の根幹に掲げることは最初から加盟国を限定し，排除することと同義であるからである。アジアでは，アメリカ型の民主化を実現している国自体がきわめて限られている中，価値は「平和，安定，人権，繁栄」というすべての構成員が長期的にめざせる課題に限るべきであろう。

　「民主化」を大前提とすると，そこに政治主義が入り，おのずから，排他主義が入ってくる。「地域主義」の前提は，その地域に住む構成員がすべて何らかの形で関われるという，排他主義とは対極の，包摂主義を原則としなければならない。

　以上を踏まえて，アジアの地域統合を地域主義の比較の中で考えるとき重要なことは，マクロな歴史の広がりで見る必要性であろう。なぜなら，地域主義の原則は，きわめて古く，古代・中世から存在するマクロな枠組みの中で考えるべきであるからであり，ここ200年間の近代の理念と制度の中からだけでは，地域主義を理解する探すことはできないからである。否むしろ，19～20世紀の「近代化」を超えたところに，グローバル時代の地域主義・地域統合は息づいており，中世のポリセントリック（多中心主義的）帝国の理念とも深くつながっている（Jan Zielonda, Europe as Empire）。

　オランダのマクロ経済学者，アンガス・マディソンの統計，西暦1年から2030年まで2000年間のマクロな経済成長を経済統計で分析した。アンガス・マディソンの経済統計の骨子は，次の通りである。すなわち，世界の経済力，文化力，影響力などを総合して国内総生産（GDP）で表したとき，1820年には，中国とインドを中心とするアジアが世界のGDPの5割強を占めており，残りは欧州や中東であった。2030年には，中国とインドを含むアジアの経済力が，5割を超えるとされるが，それは1820年の世界の経済力・文化力などの総体を見ると奇跡でも驚くべきことでもない。むしろ200年前までは普通のことであった。200年前のアメリカはほとんど何でもなかった。彼によれば，21世紀の新興国の成長は，歴史的なマクロの経済指標で見れば新しい現象ではない。長期的経済統計を西暦1～2030年のマクロの統計で作成すれば，むしろ近代が

「例外」であった。世界の経済発展は，マクロに分析する必要がある。経済のアジア回帰は，マクロの経済成長から考えて，当然の結果である，ということを明らかにしている (Maddison, 2007)。

　新しい酒は新しい革袋に入れよ。21世紀，グローバル時代にあって，国際関係における20世紀を中心とした（あるいはとくに第二次世界大戦後の高々65年を基礎とした）きわめて短期的な視点から価値を図り，他を排除するのではなく，よりマクロな視点から，21世紀のベクトルを正確に方向づけていく必要があるのではないか。それが，地域主義を考える際の大前提にあるべきであろう。

　以下，アジアの地域統合とアメリカの関与の問題を，東アジア共同体からTPPへという観点から，分析していきたい。

2　グローバル化と新興国の成長とアメリカ

　21世紀の国際政治における第１の，かつ最大の特徴は，アジアの時代の幕開けであるとともに，アメリカによる，アジア回帰を明確な目標に据えての，世界秩序再編の時代であるということである。

　日本は，そのアジアの地域統合と日米同盟の「はざま」にあって，腰を据えて，何が歴史的・長期的に日本の国益と市民益にかない，何が地域と世界の安定と繁栄に向かう礎(いしずえ)となるかを，しっかりと見極めていかなければならない。基本はどちらも外すことはできず，両者をどう生かし，日本の生きる道を探るかということである。

　背景にある，深刻で重大な特徴として，「グローバリゼーションの結果」としての，先進国米欧日のゆっくりとした衰退傾向と，新興国の急激な成長がある。

　これは，歴史の最大の誤算であろう。20世紀において最高の強者となったアメリカは，自らが作り出し促進してきた「グローバリゼーション」（資源・環境・経済・情報の世界化）の結果，資源・エネルギー・経済・情報をめぐる世界的「競争」が始まり，その「競争（competitiveness）」において，圧倒的優位であったはずのアメリカは，今やグローバル化時代の「競争」の「最重要条件」を満たせず，競争に勝てなくなってきている。

　「競争力」とは，「安い商品，安い労働力，膨大な市場」である。これらを植

民地・経済植民地によって供給してきていた米欧は，新興国が力をつけ始めると，新興国自らによる「安い商品，安い労働力・膨大な市場」に徐々に押され始める。

今や世界中に100円ショップ，1ドルショップ，1ユーロショップが乱立し「安かろう悪かろう」から瞬く間に，自国製品を上回る品質と安さで，先進国の生産市場を圧迫し，さらに近年は自動車・ハイテク・レアアースなどの資源や核を含む「高品質」「高技術水準」「高学歴」という競争においても，先進国は新興国に徐々に負け始めている。その結果，先進国における非正規雇用者の増大，正規雇用者の解雇，さらには大卒労働者においてさえ，中国・インド・中東の高学歴の若者に負け始める時代が到来しつつある。

ハーバード大学もマサチューセッツ工科大学（MIT）も，中国系・インド系・アフリカ系の学生であふれかえっている。彼らは実によく勉強する。卒業後に，自国および世界の頂点で活躍することが，ほぼ約束されているからである。

そもそも50年前には「貧困」と植民地の別名であった「人口の多さ，低い賃金，低い商品価格」が，「国境」を越えたグローバル化の進行と競争の激化により，「高い商品，高い労働力，一握りのエリート」という近代化が進行した先進国を脅かす「競争力」として立ち現れたのである。

それを促進する役割を果たしたのがリーマン・ショックに始まる金融危機である。金融危機は，先進国に圧倒的に打撃を与え，成長する新興国はほとんど影響を被らなかった。その結果，2009年以降，加速的勢いで，「中国・インドの興隆（Rising China, Rising India）」とともに，「アメリカの衰退（Declining America）」「日本の衰退（Declining Japan）」が始まり，さらにギリシャの金融危機により，「EUの衰退（Declining EU）」と，先進国米欧日三拍子そろって経済停滞を加速させる結果を招いた。

21世紀の国際政治の第2の特徴は，グローバル化の進展の下でのナショナリズムの揺り戻してある。

ナショナリズムの出方も，グローバル化の中でねじれの構造になっている。ナショナリズムが国家の側から出てくるのでなく，グローバル化の中で国家が否応なく開放されていく過程の中で出てくる社会的矛盾（移民の流入，労働市場の開放と失業，社会保障の削減）などに対して，「市民の側から外部に対して」，

ゼノフォビア（外国人嫌い）や市民益擁護などの形で，ナショナリズムが現れてきているのが現在だといえる。国家が，グローバル化によって国民を守る盾となりえない状況になっているとき，極右政党やポピュリスト政党が国民の不安感・恐怖感を代弁する姿勢をとると，多くの不満票がそうした政党に集まり議席数を伸ばす，あるいは選挙でなければ，国際的な流れにさおさす形で，ゼノフォビアや差別が起こる。こうした傾向はグローバリゼーションが社会に結果的にどのような影響を与えているかを認識する上で，ナショナリズム分析はきわめて重要である。

第3は，3.11の東日本大震災と，福島の原発事故である。また，そうした自然災害による大事故に際して，国家を超えて周りの地域から，あるいは世界中から，暖かい共感と連帯の支援が寄せられたことである。

最初のふたつが，21世紀最初の10年間の重大な特徴であるのに対し，第3は，21世紀の次の10年を占い象徴するきわめて重要な将来に向けての指針であったといえる。

それは，ひとつには自然を超克することによって発展した「人類の近代史」が，200年の技術力をもってしてさえ，人間は「想定外」の自然の力の前にいかに無力であるかということ，自然災害・エネルギー・電気・社会とのかかわりなどあらゆる検討事項が21世紀に課されているということ，さらにこうした自然の大災害に際して，国境を越えた地域と世界の「共同」が，いかに重要であり必然であるかということである。

これは，主権国家の周りを取り巻くグローバル化の結果生じている「地域化」とも直接結びついている。19世紀にホッブズが論じた，主権を体現するリヴァイアサンたる「国民国家」は今や，資源，経済，環境，エネルギー，情報など，主権の重要な要素を，グローバル化および地域化により「上位」に委譲した。また「競争力」を強化するために，教育，文化，社会保障という「大きな政府」がもっていた機能を，「下位」に委譲し「小さな政府」に移行した。その結果，国家の主権は近代国民国家が体現していたものとは比較にならないほど縮小されてしまった。「近代化」が促進してきた富国強兵・殖産興業という武器が，21世紀には新興工業国の武器となり，冷戦終焉時に「資本主義の勝利」に見えたアメリカの覇権は，今やとりわけ強力な国家にとってなくてはならない「殖産興業」部門において，「Rising China, Rising India」の前に，色

あせ始めている。肥大化した軍事力に特化されていくアメリカの国家は，このままでは張子の虎になる恐れがある。

それに対しての起死回生の試みが，TPP である。

TPP をめぐって現在日本は真っぷたつに割れている。後に少し踏み込んで考えたいが，TPP は本来，小国の地域協力という立場から始められ，アメリカがこれに関与し始めて以降は，自国の輸出倍増計画，雇用創出と市場拡大計画をめざして周辺諸国に市場開放を迫っている。これは本来の相互の信頼と共同の発展をめざした地域統合とは異なる。さらに原則として，「例外なき」「関税・非関税障壁ゼロ」の完全な市場開放以外は認められないとされている。統合は，立場の平等と，相互の国益の防衛に対して寛容であるべき，という原則からすると，慎重に検討すべきである。またアメリカの中にも，例外なき関税撤廃に遜色を示している層が，少なからず存在するという事実もある。

3 アジアの地域主義と「東アジア共同体」構想の変遷

最初に，アジアの地域主義と「東アジア共同体構想」の変遷について，概観しておく。

アジアの地域主義については，文化的・社会的には深い歴史的伝統が存在する。しかし近代以降においては，アジアでは歴史的に「国家」中心主義が色濃く，基本的に「地域」としてのアジアが語られることは少なかった。おそらく現在においても，基本的にはそうであろう。

ASEAN は戦後冷戦体制の一環としてアメリカの支持の下に創設された。東アジアと異なり，アジアでも地域統合がアメリカの支持の下に形成された意義は大きい。これが冷戦後のアジア地域統合の核となる。

しかし冷戦が終焉し，鉄のカーテンが開かれベルリンの壁が崩れると，冷戦期に真っぷたつに分断されていた欧州で，1991年のマーストリヒト条約の批准・発効とほぼ重なる形でヨーロッパの「深化と拡大」が実行される。かたや東ヨーロッパでは広範な「ヨーロッパ回帰」の現象が起こり始める。こうした中，冷戦後欧州では，EU が，12カ国から15カ国，24カ国，27カ国へと拡大し，また制度的には，欧州憲法条約からリスボン条約，ユーロ導入の試みなど「深化」が進行し，2002年には現実通貨としてユーロが一斉導入された。

他方でアジアでは，冷戦終焉によっても，鉄のカーテンが開放されベルリンの壁が崩れて統一したドイツや統一欧州のような劇的な事件は起こらなかった。

逆に中国では，同1989年6月の天安門事件によって「民主化」は弾圧され断念された。また北朝鮮における拉致事件や核開発，ミサイル実験により，緊張は冷戦後にむしろ強まった。「アジアでは冷戦は終わっていない」とされるゆえんである。

（1）「東アジア共同体」構想

変化が見られ始めたのは，経済面からである。1990年のマハティールの「東アジア経済協議体（EAEC）」の提案に始まり，1980～90年代半ばの新興工業国（NICs），のちの新興工業経済地域（NIEs）の経済成長の中，EUとASEANで，アジア欧州会合（ASEM）が形成された。1997年タイのバーツ危機に端を発した金融危機の結果，アジアでも危機に対処する地域統合の機運が高まり，日本では経団連の奥田会長がアジアの経済統合を提案，当時の小泉首相がこれを受け，2002年にシンガポールで「東アジア共同体」に言及した。しかしこの矢継ぎ早の，政権からのアジア地域統合の提唱は，並行して起こった政治的対立，首相の靖国参拝や，中・韓におけるナショナリズムと反日の高まり，日米同盟とブッシュ・小泉関係の強化などによって，容易に進まなかった。

21世紀に入り中国の目覚ましい経済成長と，アジアでの「中間財」の域内貿易依存度がEUに次ぐ形で高まってくると，企業の側から経済同盟や自由貿易協定（FTA），経済連携協定（EPA）の締結の動きが議論されるようになった。アメリカ，EU，日本の企業は，競ってアジア（中国，インド，ASEAN）に進出し「アジアの時代」が喧伝されるようになった。

そもそも冷戦の終焉自体に，アジアの経済成長が関わっていたとされる。

中・東欧の雪崩を打っての社会主義体制の放棄の論理的基盤は，1960年代の社会主義経済の優位性の主張，1970年代からの社会主義と資本主義の収斂理論と異なり，1970～80年代の日本の経済成長，1990年代のアジアの成長神話により，「社会主義経済の正しさ」が1970年代頃より揺らぎ始め，理論的に優位性を立証できなくなってきたことに由来する（Maddison, 2007）。とくに旧植民地でもあったアジア諸国が，「貧しいものはさらに貧しく，富める者はさらに豊かになる」というマルクス主義の従属理論を覆し，旧植民地が宗主国の経済を

脅かすほどの成長を遂げ始めた事実は、第二次世界大戦前までドイツやオーストリアをめざす経済発展を遂げていた中欧の諸小国に、社会主義体制を放棄し「自由と豊かさ」を求めてヨーロッパに回帰するインセンティブを提供した。

NIEs 諸国の急速な成長、さらに中国の急激な経済成長は、旧東欧に次いで、西欧にも大きなインパクトを与えた。それは EU の拡大について、冷戦後模様眺めをしてきていた西欧諸国に、東への拡大を決定させるひとつの要因になった。ASEM が創設されたのも、この時期、1996年である。

こうした中で、アジアでも、20～21世紀の世紀転換期前後から、新しい地域主義の動きが醸成してきた。アジア地域主義の最も大きな特徴は「自前の」地域組織ができる前に、「外部の」強国（アメリカ）や地域組織（EU）がこれに関与し始めたことである。冷戦終焉の1989年に創設された APEC（1989年）、NIEs の成長と拡大 EU の深化と統合を勧めつつアジアに進出してきた ASEM（1996年）、リーマン・ショックとドル安円高の中で突如出された TPP（2010年）である。

欧州の EU、北米の NAFTA という地域統合組織と違うのは、冷戦終焉後、1989年 EU がアジアに接近して ASEM を作ったころ（1996年）、次々とアジア以外に住む国とりわけ、北米、南米、太平洋諸国、欧州、ロシアなどがアジアの地域組織に加わり始めたということである。

（2）多元的なアジアの地域組織──主要な2潮流の分岐

現在、図2-1に見るように、基本的にアジア・プロパーの3つの組織（ASEAN, ASEAN＋3：日中韓、南アジア協力機構〔SAARC〕）を除くと、ほとんどの組織にアジア「以外」の国が加わっている。

それは、大きくは、次の4つ

① アジアのみの組織（3）ASEAN, ASEAN＋3, SAARC
② アジア・太平洋（6）ASEAN＋6, ASEAN＋8（EAS）[*], ASEAN＋10[*], APEC, ARF（ASEAN 地域フォーラム）[*], 六者協議
③ アジアとロシア（2）ACD, SCO
④ アジアとヨーロッパ（3）ASEM, ASEAN＋10, ARF

（＊印は、アメリカの関与）

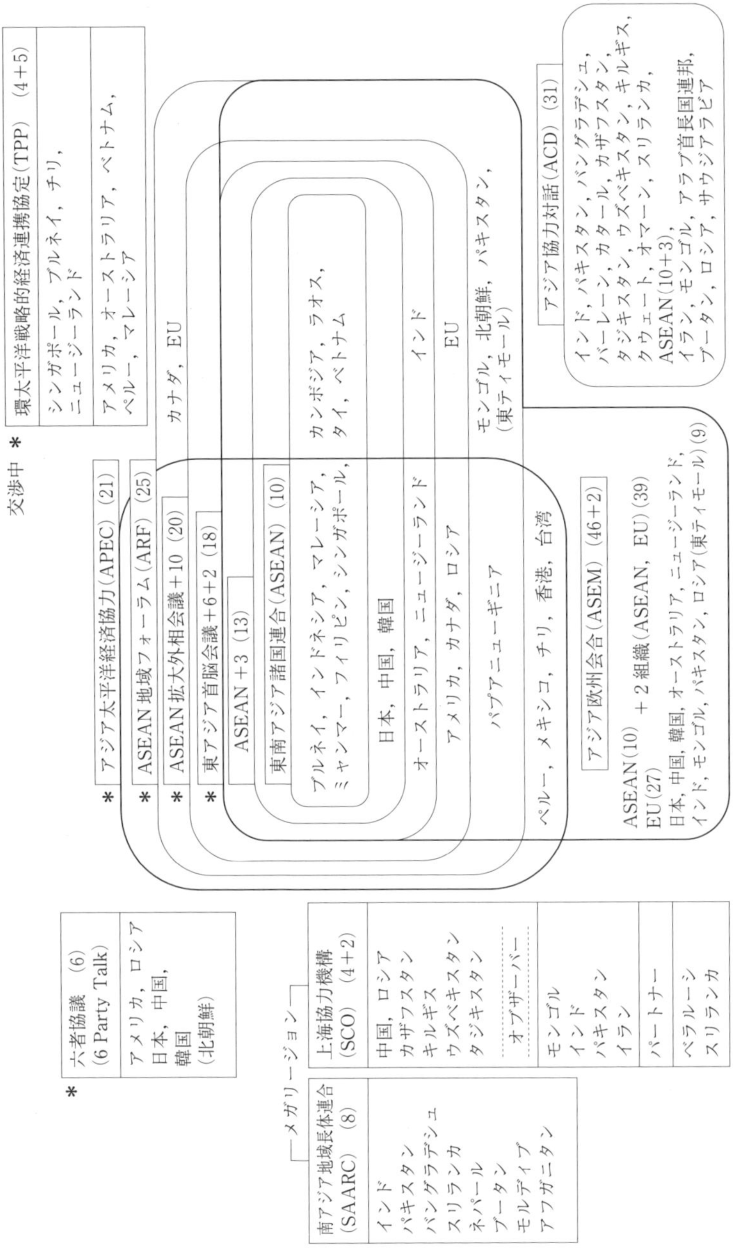

第 2 章　アジアの地域統合とアメリカの関与

交渉中 ＊

＊環太平洋戦略的経済連携協定（TPP）（4＋5）
シンガポール、ブルネイ、チリ、ニュージーランド
アメリカ、オーストラリア、ペルー、ベトナム、マレーシア

＊アジア太平洋経済協力（APEC）（21）
＊ASEAN 地域フォーラム（ARF）（25）
＊ASEAN 拡大外相会議＋10（20）
＊東アジア首脳会議＋6＋2（18）
　ASEAN＋3（13）
　東南アジア諸国連合（ASEAN）（10）

ブルネイ、インドネシア、マレーシア、ミャンマー、フィリピン、シンガポール、タイ、ベトナム、カンボジア、ラオス

日本、中国、韓国

オーストラリア、ニュージーランド、インド

アメリカ、カナダ、ロシア、EU

パプアニューギニア

モンゴル、北朝鮮、パキスタン、（東ティモール）

カナダ、EU

ペルー、メキシコ、チリ、香港、台湾

アジア欧州会合（ASEM）（46＋2）
ASEAN(10)＋2組織（ASEAN、EU）(39)
EU(27)
日本、中国、韓国、オーストラリア、ニュージーランド、インド、モンゴル、パキスタン、ロシア（東ティモール）(9)

アジア協力対話（ACD）（31）
インド、パキスタン、バングラデシュ、バーレーン、カタール、カザフスタン、タジキスタン、ウズベキスタン、キルギス、クウェート、オマーン、スリランカ、ASEAN(10＋3)
イラン、モンゴル、アラブ首長国連邦、ブータン、ロシア、サウジアラビア

――メガリージョン――

六者協議（6）
（6 Party Talk）
アメリカ、中国、日本、ロシア、韓国
（北朝鮮）

上海協力機構（SCO）（4＋2）
中国、ロシア、カザフスタン、キルギス、ウズベキスタン、タジキスタン
―――オブザーバー―――
モンゴル、インド、パキスタン、イラン
――パートナー――
ベラルーシ、スリランカ

南アジア地域協力連合（SAARC）（8）
インド、パキスタン、バングラデシュ、スリランカ、ネパール、ブータン、モルディブ、アフガニスタン

図 2 − 1　アジアにおける重層的地域機構

注：＊はアメリカ参加組織。
出所：筆者作成。

に分けられる。

　このように，アジアでは，アジア・プロパーの地域統合・地域協力組織に加えて，アジアの外との地域「間」協力が，重層的な形で，多数存在する。

　EU や NAFTA, MERCOSUR など，欧米の地域統合組織が比較的単純で，地域で主要な組織がひとつに収斂しているのに対して，なぜアジアではこのように複雑で重層的で多様な地域統合・地域連携組織，さらには地域を超えた地域「間」協力ないし地域「間」組織が林立しているのであろうか。

　2010年10月の APEC の会合で，にわかに出てきた，9か国交渉中の TPP を加えると，現在，アジアには 13 の地域統合・地域協力組織が存在し，そのうち実に 6 つに，アメリカが入っている。

　アジア「だけ」の組織がたった 3 つであるのに対して，世紀転換期から21世紀にかけて次々に，12～13 もの外部を含む地域協力組織が作られてきているのは，いくつかの理由がある。

　第 1 には，1990年代から21世紀にかけてアジアの急激な経済成長が，米欧亜の三極構造のうち，他の二極米欧，すなわち，近代の世界経済と世界政治を19～20世紀にかけて牽引してきた国々からの参加を誘っているということである。

　第 2 に，中でもとびぬけてアメリカの関与が目立つのはなぜか。

　アメリカは，アジアの国ではない。しかし「アジア太平洋」という形で，新たな拡大地域「間」協力と統合をめざして，アジアに接近してきている。もともとアメリカにとって，アジアは近代，冷戦期，冷戦終焉後を通じて，経済的にも安全保障上もきわめて戦略上重要な地域であった。アメリカはアジアおよび中東を支配することによって世界大国となったといっても過言ではない。とくに近年のみに注目しても，それはクリントン，ブッシュ，オバマの時代を通じて遂行されている。

　通常，共和党の方が対アジア政策に親和性があるといわれるが，オバマ民主党政権が積極的に「アジア太平洋の一員」を打ち出した要因は，より正確にいえば中国の排除ではない。アメリカの戦略は，「アメリカがアジア政策に関与し続けること」が第一目標であり，中国を排除するのではなくむしろ連携しようとしている (G2)。ただしアメリカの圧倒的優先性の下にであり，それを中国に拒否しつづけている。

第 2 章　アジアの地域統合とアメリカの関与

　オバマ政権は，いわばアフガン・イラク戦争による経済的疲弊に加えてリーマン・ショック以降のアメリカのドルの長期的衰退傾向，さらに財政の悪化，失業などこうした危機の時代の経済問題を解決するために，アメリカは，「アジア太平洋の一員」，という旗を掲げて，アメリカにとって最大の危機，試練の時代に入っている。自国の関与を既存のものとしようとしている。背景には，アジアの経済成長がある。アジアの時代においてアジアから利益を得ようとする発想は，19世紀以来一貫している。

　第 3 に，「中国への牽制」とは，より正確には，「成長するアジア圏の統合を阻む」という，米欧の戦略である。この間アメリカは中国への牽制と日本との連携，EU は，中国・韓国への接近と，それぞれがアジアを東西から誘い込む形で，積極的政策を展開してきた。これは，アジアが ASEAN＋3（日中韓）でまとまることに対する，アメリカの懸念であった。

　第 4 に，欧州のアジアへの接近である。ASEM は，一見アジア・太平洋に入ってくるアメリカに対して，遅ればせながら EU が参画してきている構図に見える。しかしより詳細に見れば，EU と中国，韓国，ASEAN，インド，日本との，経済関係・政治関係・軍事関係の強化であり，日米同盟への牽制によって，中国・インドと結び，経済関係を享受している。

　アメリカと EU は，アジアで単独の地域統合組織を作ることに好意的ではない。

　なぜか。中国の GDP が日本を抜いた2010年の世界 GDP は，国別では，1 位がアメリカ（14.7兆ドル），2 位が中国（5.9兆ドル），3 位が日本（5.5兆ドル）の順である。しかし「地域」別で計算すると，世界第 1 位はかろうじてNAFTA（17.2兆ドル）だが，2 位はすでに ASEAN＋6（16.7兆ドル），3 位はEU（16.1兆ドル），4 位は ASEAN＋3（13.9兆ドル）である。すなわち，誰も強調しないが，すでに2010年の時点で，ASEAN＋6 は EU を超え，ASEAN＋3 は，アメリカに並ぶ実力を備えているのである。金融危機以降，先進国（米欧日）は，軒並みマイナス成長だが，アジアの経済成長率は影響を受けず上向きである。すでに米欧は世界経済の三極構造においても，アジアに抜かれつつある。

　こうした中で，アジアの経済成長に依拠する形で，アメリカに少し遅れてEU が，アジアに進出してきている。それだけではなく，アジア・プロパーの

経済関係確立を分断する形で進出してきているのである。

　第5に，重要なことは，アメリカは中国への牽制と日中の分断を求めて，日米同盟の堅持とアメリカの経済政策への同意を日本に求めているが，アメリカ自体は，中国とインドに対しフリーハンドだということである。

　2011年10月，クリントン国務長官は「これからのアジア太平洋地域は，アメリカ・中国・インドの連携を最重要視する」と述べた。今後アメリカが，G2（米中），G3（米欧中），G20を重視し，旧来の主要国首脳会議G8（イギリス，ドイツ，フランス，イタリア，日本，ロシア，アメリカ，カナダ）は，徐々に影が薄くなっていく可能性もある。それに対し何をなすべきかを検討すべき時である。

4　アメリカの対アジア・対欧州地域への戦略的関与

　いまひとつ，アメリカの歴史的対アジア政策を，対欧州政策と関連して確認しておく。軸は，アメリカの，対アジアとヨーロッパの地域統合への関与である。

　近代においては，アメリカのアジアとヨーロッパへの関与の仕方は決定的に異なっていた。欧州へは，支配からの自由と独立であり，アジアへは，開国と介入，不平等条約の締結であった。アメリカの政策は，欧州とアジアは対極にあり，欧州に対しては自由を要求し，アジアに対してはイギリスと共に帝国的介入と植民地化を実行した。日本はかろうじて不平等条約を撤廃し殖産興業と軍国化により植民地化を免れたが，その代償は大陸をめぐる対立における，枢軸国としての参戦と敗戦，および戦後の出発であった。

　第二次世界大戦期のアメリカのアジアとヨーロッパへの関与の違い，欧州での対ソ連，アジアでの対ソ・対中・対北朝鮮の戦略の違いも，重要である（詳しくは，油井・中村・豊下，1994）。共産圏を排除するために，アメリカは対ソ・対中防衛網を作るが，欧州ではそれが最終的にドイツの東西分断と西欧の統合につながる。それに対し，アメリカは，アジアでは，東南アジアASEAN地域統合により，中ソの封じ込めと朝鮮半島の分断，朝鮮戦争をめぐる日中間の対立，という分断政策で臨む。その結果は現在にいたる違い，ドイツのEU指導国としての地位と，いまだ不信と歴史的対立軸を抱える，日中韓の差となる。

冷戦終焉後，アメリカは欧州に対して，中・東欧を EU に組み入れ，ロシアへも一定の融和政策を図った。トルコの EU 加盟にもいまだ積極的である。

他方で，アジアに対してはアジア独自の地域統合を認めようとせず，安全保障面では，日米同盟堅持のみならず，経済面でのアメリカの関与も実行しようとしている。

アジアと EU の地域統合の違い以上に，「アメリカの」アジアと欧州に対する関与の違いがきわめて大きく，それが，統合に大きな影響を与えていることがわかる。

1990年代および21世紀初頭，アメリカの対アジア政策は，APEC, ARF, ASEAN＋6 による間接的ないし緩やかな地域協力による関与であった。しかし，リーマン・ショック後の金融危機以降は，当初，アジア・南米の小国4カ国で取り決めた TPP の「例外なき関税障壁・非関税障壁撤廃」をすべてにあてはめるべく，9カ国で交渉を開始した。EU ですらいまだ実行していない，関税障壁・非関税障壁の「完全」撤廃を，関係国に迫り，国内法制度にも介入する勢いである。アメリカの，貿易締結国に対する威圧は，少なくとも欧州における地域統合の原則とは異なっている。

このアメリカの関与が，アジアの地域統合に大きな影を落としているのである。

5 「東アジア共同体」構想のふたつの流れ

こうしたアメリカのアジア戦略の歴史的変遷と関わる形で，「東アジア共同体」あるいは東アジアの地域統合は，結局のところふたつの潮流に，分岐される。

すなわち，アジア内部の地域統合と，アメリカが関わるアジア地域統合のふたつである（図2-2）。オセアニア，ロシア，EU，南米などとアジアとの関係は，上記の亜流と考えてよい。

第1の，アジア・プロパーのものは，ASEAN, ASEAN＋3，南アジア地域協力連合（SAARC）である。第2の，アメリカが関わるものは，APEC, ARF, ASEAN＋6（オセアニアとインドを入れて中国を牽制），ASEAN＋8, ASEAN＋10，六者協議である。歴代の自民党政府は，基本的に第2の路線で

第Ⅰ部　国際政治と東アジア共同体

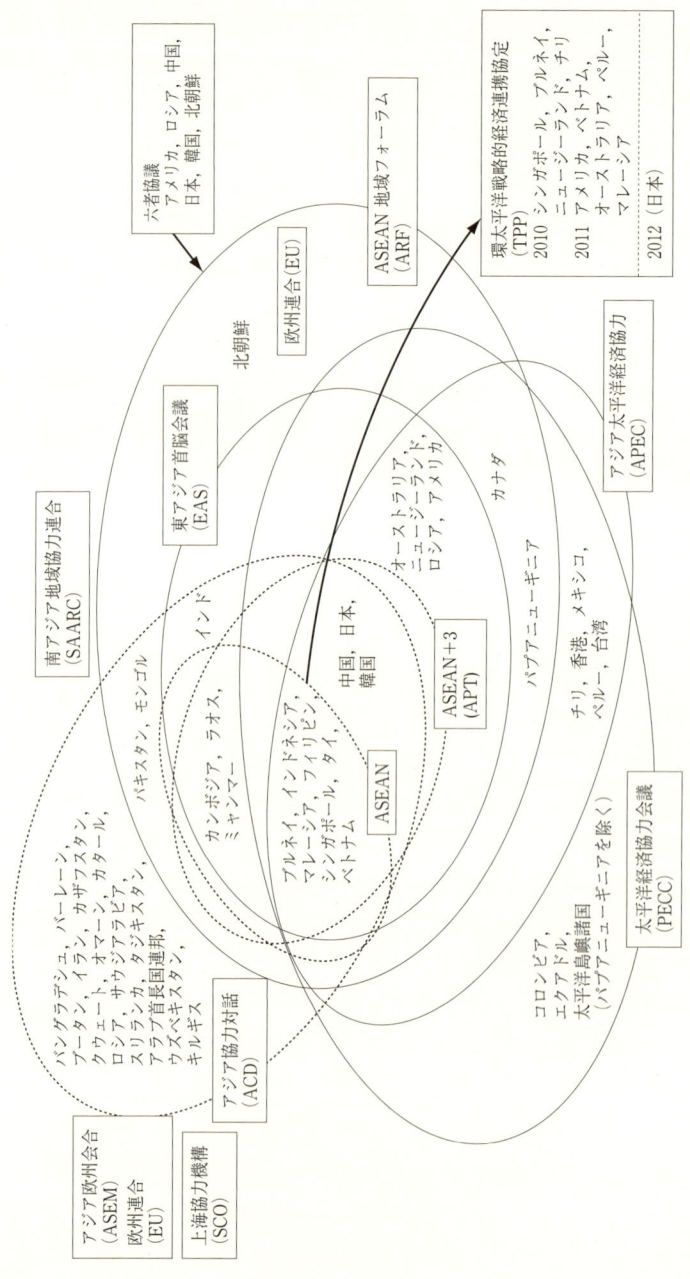

図2-2　東アジアを含む多元的地域「間」統合

注：実線はアメリカとロシア、点線はアジアのみ。
出所：Dent, Christopher M. (2008), *East Asian Regionalism*, London and New York: Routledge, p. 23 より筆者作成。

政策を共有してきたので，問題はなかった。

他方，1990年代のマハティールの東アジア経済協議体や，ASEAN＋3は，中国の覇権という以上に，アメリカが入れず，かといって日本がこれを主導できるわけではないという点から，制度が整っていない，規模が違いすぎる，価値が違いすぎる，文化が違いすぎる，ということで難色が示され続けた。

転機は，民主党の勝利と鳩山政権の誕生である。歴代の政権で初めて，政権党の基本戦略として，鳩山政権誕生直後に，鳩山首相は2009年10月「東アジア共同体」構想を打ち出した。またそれと並行する形で，アメリカとの「対等な関係」を申し入れ，アジアとりわけ中国への接近を打ち出した。アジア諸国は当初これを一様に歓迎した。しかし一方で，鳩山政権へのマスコミの批判が著しくなり，普天間問題で対案を準備できないまま，辺野古への受け入れを拒否する中，あらゆる批判が噴き出す形で，鳩山政権は短期の退陣を余儀なくされた。

ここには明らかにアメリカの対アジア政策の意図が働いていた。

2010年以降，大きく政局が変化する。日本の経済停滞で，アメリカはG20とG2へ，とくにクリントン国務長官が，中国へ接近する。一方で，「東アジア共同体」は，「鳩山政権のほとんど実体のない戦略」としてたたかれ，以後，民主党首相の短期交代劇が始まった。

鳩山政権の「東アジア共同体」とその後の著しい鳩山たたきは，アメリカをアジア外交戦略から外せば，日本のどの政権であれ，生き残ることはできないということを白日の下にさらした。フランスは，アメリカの安全保障戦略を切るだけの度量がドゴールにあったが，それでも国を挙げての命がけであった。鳩山民主党政権は，国民やメディアの支持基盤を固めることもないまま，アメリカ外交からの離反を行った結果，アメリカと国内双方からの総攻撃を受け，沈没することを余儀なくされたのである。

6　アメリカの政策とアジア地域統合の未来

こうした状況の中で，では21世紀の第2段階の10年に入ろうとするとき国際政治において，今求められるべきは何なのか，「中国の勃興，インドの成長」の時代に，なぜ，「アジアの地域統合」なのか，またアジアの地域統合におい

て「アメリカの位置」はどうあるべきなのか，さらにそれらを考える上で，ヨーロッパの地域統合との比較はどのような意味をもつのか。それらをアメリカの対日政策とTPPとの関連で分析したい。

とくに欧州通貨危機以降，ドル安以上にユーロ安が喧伝される日本とアメリカにおいては，「欧州統合の失敗」のイメージがここ1年ほどで急速に定着している。そうした「負の遺産」を超えて，なぜ地域統合なのか，を説明する必要もあるように思われる。

しかし，TPPにも象徴されるように，グローバル化の中，各国は否応なく国を開いてFTA，EPA，地域協力，地域「間」協力を進めてきている。それはどの国に関わらず，時代の要請として立ち現れている。

TPPは，日本にとって以上に，アメリカにとって死活の経済回復の手段として「アジアの地域統合への関与」を打ち出したものである。もともと南米とアジアの小国による自由貿易協定であったTPPは，「例外なき」関税障壁撤廃，非関税障壁撤廃を旗頭としてきたが，これにアメリカが加わる目的は，いくつもの複合的要素が絡んでおり，日本にとっても容易に白黒つけられるものではない。明白なことは「日本の開国へ向けての，世界での生き残り」以上に，アメリカの「生き残りをかけた戦い」であることである。

アメリカの目的は，第1に，輸出倍増と200万人雇用創出を，TPPを基礎に行おうとすること，第2は，日本を誘うことによって1の達成を有利に進めようとしていること。第3に，ただし「例外なき」関税・非関税障壁撤廃は，相互的であるため，アメリカにも手ひどい打撃を与える要素もあり，それが，日本への参加呼びかけにもかかわらず，日本やあるいは将来アジアの諸国の加盟の懸念要因となっていることは事実である。アメリカが本気で生き延び「輸出を倍増」させるためには，インド，中国に手を伸ばす可能性が少なからずある。また理論的には，アメリカにとって利益でない，と判断する場合には，「例外なき」という条項に何らかの手を加えたり，また最悪の場合抜ける可能性もゼロではない。ただし抜ければ逆にアジアの成長と繁栄に加われなくなる。次の手として，中国やインドに不平等FTAを仕掛ける可能性もある。TPPはアメリカの世界戦略にとっても，きわめて矛盾に満ちた，先行き不透明な条約である。にもかかわらず，世界覇権国アメリカがもはや一国では戦えず，「アジアの地域統合の一員」に名乗りを上げざるをえなくなってきたという状況が，

現代なのである。

　好むと好まざるとにかかわらず進行している「デファクト」な地域主義は，グローバリゼーション下での必然的な方向性として，アジアでもさらに進行していくであろう。

　それは，アメリカ・EU・日本など，衰退する先進国がむしろ，自国の経済水準や繁栄を維持するために，欠くべからざるものとして現れる。むしろ我々日本人は，これまで棚上げにしてきた地域主義に，どのように対処すべきかを早急に考える必要がある。

　二国間関係と，冷戦の二極関係が長く尾を引いてきたアジアにおいて，今こそグローバル時代に，どのように，この地域を，世界を再編していくか，どのような新しい秩序を作っていくかを考える時代に入っている。

　メルクマールは，経済発展，社会の安定と繁栄，さらには自然との共生であり，若者に未来を託し，新しい未来のアジア・アイデンティティの根源となるべき，地域共同の「シンクタンクの強化」，若者の共同大学院の強化である。それらは，現実の国家主権と国家利害のぶつかり合い，混迷する安全保障，共同できずナショナリズム対立に明け暮れる現代政治の混沌を再構築しなおすためのカギとなろう。

（1）アメリカのアジア関与と，「制度論」の変化

　アジアでは地域統合と呼べるような組織は，ASEAN 以外はまだ存在しないとよくいわれる。その背景にはバラッサの地域統合の段階論がある。

　ハンガリー出身の国際経済学者バラッサは，地域統合を5段階に分けている。それは，①自由貿易協定，②関税同盟，③共同市場，④経済同盟，⑤完全な経済統合の5つである。

　それに依拠すると，ヨーロッパは⑤の最終段階に入り，アジアはまだ①②の初期段階にあるとされてきた。しかし果たしてそうだろうか。

　見てきたように，すでにアジアには欧州を超える数の地域統合・地域協力・地域「間」協力組織が存在する。そして，アメリカも，EU も，APEC，ASEAN＋8，ARF，ASEM，さらには TPP など，地域「間」協力を推進しつつある。21世紀は，むしろアジアに見られるような，重層的地域統合・地域協力・地域「間」協力が，主流になっていくといえるのではないだろうか。

その際の，地域統合・地域「間」協力において，旧来の「覇権」と混同されるべきではない。あくまで，「地域統合」ないし「地域間協力」とは，次の基本的原則が踏襲されるべきであろう。

1. ひとつは，地域統合組織は原則として，諸国家関係はパリティ（対等平等）であり，地域統合組織内部に，格差や主従関係をつくってはならない。
2. 「例外なき」関税障壁撤廃は，結局，いずれかの国の国益に反する。それぞれの国の重要品目を守ることは国益にとって必須の条件と考えられ，とりわけ農業については，EU の中の共通農業政策（CAP）のように，農家への直接支払や農家の負担への補償など，その国の農業を守り調整する制度を先に作る必要がある。そうしないと個々の品目の農家が壊滅的な打撃を被った後問題を修復することはほとんど不可能になるからである。
3. 1，2 ともつながるが，地域統合は，「地域の共同の発展と繁栄」を原則とするために，形成されるものである。一国だけの多大な利益や他国を踏み台としての経済発展は，地域統合の原則にそぐわない。

ASEAN を中心に模索されてきたアジアの地域統合や，EU の統合は，相互の信頼と層との発展という原則のもとに進められてきた。今後 TPP あるいはアジア自由貿易経済圏も，上記の原則のもとに進められるべきであろう。

筆者は，原則としてグローバル化時代の現在，アジアにおいても自由貿易・地域統合を推進すべきと考えているが，今アメリカが進めようとしている TPP は，バラッサの地域統合でいえば，自由貿易協定と関税同盟の段階から，一気に⑤の段階に，医療・農業・保険も含めて，各国の合意や共同のコンセンサス形成を醸成することなく，急ぎ強行しようとするものである。上記 3 つの地域統合原則は基本的に無視されている。

農業・医療は一国にとって最重要課題である。EU では，農業保護について，CAP のような補助金制度を設けそのかなりの部分を農業保護に充てている。そうした補助金により農業を相互に保護する制度をアジアでも考えるべきである。また社会保障については，原則それぞれの国の独自性を保証するとして，ソーシャル・ヨーロッパ（社会的ヨーロッパ：社会保障のヨーロッパ）を謳いつつも，共通の社会保障制度を導入しているわけではない。TPP を進めるにあ

たっては，あくまで，国益保護，社会保護，相互の繁栄と信頼の下に，慎重に段階的に進めるべきである。日本には国民投票による問題別のチェックなどの歴史制度は浅いが，今後のアジア地域統合を進める上では，ひとつには農業や産業保護制度，いまひとつには政策決定過程の透明化，国民との話し合いを進め，重要懸案事項については，国民投票制度の導入など，今後構築していくべき課題は多い。

（2）シンクタンクの強化と，アジア共同大学院大学

見てきたように，アジアでは，経済だけが突出しており，機構・制度化が不十分である。そしてまさにそれゆえに，その制度の緩やかさを突くような形で，TPP が，より戦略的にかつ二国間・協定間ベースで，より徹底的な「非関税障壁」を一般の貿易活動だけでなく，農業・医療・保健ベースにまで広げる形で，遡上に上ってきた。これは旧来のアジアの緩やかな合意と相互の主権を最大限認める慣例に対し，アメリカ型の，それも EU でさえ慎重な社会保障制度や CAP に守られている農業問題を，合意形成と国益保護の制度化の保証なしに急速に導入しようとするものである。

現状では，それぞれについて具体的な内容の議論もなされないまま，賛成反対の議論に終始し，他方で政権の判断はほぼ固まりつつある，という状況である。

経済行為や地域間関係は，継続的・発展的なものでなければならないし，何より，対等で，相互繁栄的で，域内共同的なものでなければならない。それぞれの議論を始めさせてくれたという点では，TPP 論議が始まったことは，マイナスではない。

今，日本およびアジアに最も欠けているものは，アジアにおけるシンクタンク形成と実質的な相互議論の展開である。制度も，法律も，シンクタンクも，若手研究者やリーダーの養成も，欧州やアメリカに完全に後れをとっているなか，急ぐべきはしっかりした制度化以上に，アジア共同のシンクタンクの形成であろう。

そうした自由かつ責任をもったシンクタンクは，これまで日本では戦争に加担した言論界の反省もあり，タブー視されてきた。それがグローバル化時代にあっては，戦後の日本の対外戦略を，官主導，政追従，産独自，学象牙の塔

留まったバラバラのものとし，他のアジアに比してもきわめてお粗末なものとなってきた。

　日本は歴史的に，とくに近代初期においては，優れた指導者と集団的頭脳を輩出してきた。グローバリゼーションの中では，3.11の大震災に見られるように，自然科学においても，地震，津波，エネルギー，原子力発電，電気などあらゆる要素からの分析が必要とされ，加えて，それらに特化してしまうと，地域や社会や，老人や子供たち妊婦の視点が欠けてしまうように，ひとつの大事件に対してさえ，あらゆる視点からの研究と対策が早急に必要とされる時代でもある。

　現在ようやく震災を含めての総合的な取り組みが，政府・官僚・経済・学術会議や各大学の共同としても始まったところである。が，アメリカ，欧州並みに，常時それぞれのテーマについて，数千人規模での研究とその成果の公開・交流を行う場，政策化を進める場を早急に作っていくこと，またそれをアジアで共有していくことが必要であろう。

　共同大学院大学については，そうした個々の場での専門性がアジアという地域全体で必要なとき，大学生の数万人規模での交流も重要であるが，それに加えて専門の大学院生に特化したPhDを与える百人規模での共同大学院の設置により，次世代の共同のリーダーを養成し，あわせて若者の共同交流と研究教育により，アジア・アイデンティティを作る基礎が形成されよう。

　アジア諸地域の大学院生を集めた共同大学院は，欧州のエラスムス計画のように，各国の大学院が共同でディプロマを出すという制度として機能することも含めて，アメリカ・欧州への留学だけでなく，教育・研究においても，明確にアジアの次世代の知的リーダーを育てるという目標をもってアジア内に若者を呼び込み，共同で研究開発するシステムが早急に必要であろう。そうした現実と切り結んだ政策化への関与をたとえば政府・学術会議が共同で行っていくべきであろうと考える。

　アジアの研究・教育・政策化レベルでの，内部強化と外部との多面的な連携と交流のネットワークを形成すること，これを1～5年の目標で実現していくことが急務である。

（3）アジア地域統合の未来に向けて

　最後にあらためて，2011年からの第2の10年，21世紀の人類の未来に向けて，何をなすべきかをまとめておきたい。

　21世紀はアジアの時代である。アジアの経済発展と繁栄，安定と平和が，世界にとっても大きな意味をもつ。とくに中国，インド，ASEAN の発展，日本の安定を，一国の覇権の拡大や軍事力の拡大でなく，アジア全体の地域の発展，地域の共有財産としていくことが，求められている。

　TPP で重要なことは，①不平等条約にはしないこと，②自国の利益を守りつつ共同の発展を検討すること，③地域協力は覇権を認めない，どの国も対等であること，④アジアの地域統合である限り，アジアの主導権と対等性は維持すべきであることである。

　さらにそれぞれの場でシンクタンクを構築し，すべての分野で，賛否両論の幅広い議論を開始する。統一的でなく多様であること，排他的でなく包摂的であることが，今後さまざまな「想定外」の事象が予想されるグローバル時代には，重要である。予想外の新しい問題に対処するためには正反対の論理を包摂しうる学問の広がりが必要であるからである。

　戦後間もなく1950年代に戦争で荒廃した欧州で，地域統合が産声を上げたときには，アジアの地域主義は，いまだ存在もしていなかった。それが今や欧州を超える幾層もの広がりをもつ組織体として成長し，統合せずとも米欧を超える経済力を持ち始めている。

　ネットワーク型の穏やかな地域組織をもつアジアの地域主義は，制度が弱くとも驚異的経済力をもつアジアにおいて，世界とつながる地域主義，地域「間」協力，地域「間」統合のベクトルをもつ，21世紀型の地域統合である。これを支援し発展させる。

　アジア主導による，アジア地域の安定・発展・平和を基礎とし，米欧ともしっかり連携した，経済・社会・防災や環境など自然科学的課題の共同が急務である。それは，世界第3の GDP をもちこの地域で安定・平和・発展を達成した，日本の使命でもあろう。

　　＊　本研究は，2000年以来12年に亘る，EU と東アジア地域統合の比較研究の一部をなす。合わせて章末参考文献の拙著・拙稿（1994～2012）を参照されたい。

第Ⅰ部　国際政治と東アジア共同体

●注
（1）　欧州における補完性原則の重要性については，たとえば，Estella（2002），Gelauff（2008），Bausili（2002）。
（2）　羽場（1994）。より詳細には，羽場（2011；2012）。
（3）　ハンガリー科学アカデミー経済研究所，Ozsvald Eva の言（1995）。ハンガリー・ブダペシュト体制転換国際会議。および，NIES諸国の成長が，社会主義体制の転換に栄養を与えたとする，1995～56年の OECD 報告。

●参考文献
進藤榮一監修・中川十郎協力・国際アジア共同体学会編（2011）『東アジア共同体と日本の戦略』桜美林大学北東アジア総合研究所。
羽場久美子（1994）『統合ヨーロッパの民族問題』講談社現代新書。
羽場久美子（1998）『拡大するヨーロッパ　中欧の模索』岩波書店。
羽場久美子（2004）『拡大ヨーロッパの挑戦』中公新書。
羽場久美子（2007）「拡大 EU の教訓と東アジア共同体」『海外事情』第55巻第6号，27-51頁。
羽場久美子（2009）「拡大 EU，東アジア共同体への示唆」「東アジア共同体と拡大 EU」『学術の動向』第14巻第5号，14-19頁。
羽場久美子（2011）「多層化するソフトな地域統合」特集「仲間づくりの国際政治学」『学術の動向』第16巻第6号，42-51頁。
羽場久美子（2012）『グローバル時代のアジア地域統合』岩波書店。
油井大三郎・中村政則・豊下楢彦（1994）『占領改革の国際比較』三省堂。
Aris, Stephen (2011), *Eurasian Regionalism, The Shanghai Cooperation Organization*, Basingstoke Palgrave Macmillan.
Armstrong, David *et al.* (eds.) (2011), *Civil Society and International Governance*, London and New York : Routledge.
Bausili, Anna Vergés (2002), "Rethinking the Methods of Dividing and Exercising Powers in the EU : Reforming Subsidiarity and National Parliaments, New York," NY : NYU School of Law.
Dent, Christopher M. (2008), *East Asian Regionalism*, Routledge : London and New York.

Estella, Antonio (2002), *The EU Principle of Subsidiarity and Its Critique*, Great Clarendon, Oxford ; New York : Oxford University Press.

Gelauff, George, Isabel Grilo and Arjan Lejour (eds.) (2008), *Subsidiarity and Economic Reform in Europe*, Berlin : Springer.

Ikenberry, G. John, Yoshinobu Yamamoto and Kumiko Haba (eds.) (2011), *The Regional Integration in Asia and Europe, Theoretical and Institutional Comparative Studies and Analysis*, Tokyo : Aoyama Gakuin University.

Maddison, Angus (2007), "The World economy in 2030," *Contours of the World Economy, 1-2030 AD, Essays in Macro Economic Hostory*, Oxford : Oxford University Press, pp. 335-372.

第3章

地域統合と主権ディスコース
―― EU 事例と東アジアへの適用 ――

押村　高

　本章の主題は，「EU のような地域統合は国家に主権の委譲を迫る」という通説の検証である。そのため本章ではまず，欧州統合の推進者たちが，「国家主権の喪失」という不安に基づく統合反対論や，「国家の独立かそれともブリュッセルへの従属か」という極端な二分法をどのように克服したのかが検討される。
　さらに本章は，EU 構成国が主権の共同管理と共同運用というアイディアを採用することで，これまでとは違った意味において「主権を強化した」と解釈することができる点を指摘する。
　最後に，EU の国家主権解釈を東アジアへ適用することによって明らかとなる東アジア地域統合の課題について，言及してみたい。

1　EU と主権論争

　一般に欧州連合（EU）は，主権国家の爛熟(らんじゅく)を経験した欧州自身が主権のあり方に根本的な修正を加えた事例と解釈されている。しかしながら，EUの誕生や深化の過程で国家主権がどのように変質したのか，あるいはしなかったのかについての論争には，いまだに決着がついていない。
　EU をめぐる主権論争が収束に向かわない理由のひとつに，主権の概念整理が容易ではなく，しかも各国の歴史事情を反映する形で，主権ディスコース（言説）が多様に用いられてきた点があるだろう。たとえば，フランスにおいては一枚岩的な主権が指向され，主権は共和国主義，中央集権国家，国家法人説などを連想させる。
　これに対しイギリスでは，一般に国民主権という言い方は敬遠され，「議会

主権」が好まれている。なお，連邦主義を EU のモデルに据えようと試みるドイツには，フィッシャーのように主権を国内で分割可能と捉える者がいた。

いっそう厄介な問題は，欧州統合のプロセスにおいて，主権ディスコースが EU 懐疑派（Eurosceptics）によって好んで用いられてきたという事実である。彼らは，「主権があるかないか」，「国家の独立かブリュッセルへの従属か」という極端な二分法をもとにこの概念を使い回すことによって，実務的な議論を阻んでさえいる。

さらに，主権についての検討をより困難にしているもののひとつは，主権というタームが EU の実務書類や条約文書でほとんど用いられていない点かもしれない。統合プロセスにおいて，統合推進者はむしろ主権の議論を慎重に回避してきたといったほうが，適切であろう。

本章では，紛糾している主権の議論をディスコース分析を使って選り分けながら，統合や深化の過程で EU が国家主権の問題とどう折り合いをつけたのか，あるいはつけなかったのか，また，EU はアメリカ合衆国に類似した主権的なユニットになりうるのか，さらに EU の経験をアジアをはじめとする各地域が共有することはできるのか，このようなリサーチ・クェスチョンを設定して，地域統合のなかでの主権の行方について展望してみたい。

そののち本章では，EU 構成国が，主権の共同管理と共同運用というアイディアの採用によって，むしろこれまでとは違った意味において「決定権を強化した」と解釈することができる点をも指摘する。そして最後に，EU 主権ディスコースの東アジアへの適用によって明らかとなる東アジア地域統合の課題とは何かが検討される。

2　主権概念の戦略的な組み換え

（1）連邦主義者と懐疑論者

かつて欧州統合を構想した者たちが，それを「主権を制限するような共同体」だと考えていたことには疑いの余地がない。というのも彼らは，第一次，第二次世界大戦という主権国家間の敵対とその悲劇的な結末に衝撃を受け，これを繰り返さないための手段として統合を提案していたからである。

非戦論者によると，戦争は国家主権への過度なこだわりによって生み出され

る。したがって，欧州が全面戦争から逃れる唯一の途は，主権の行使を相互に制限するような統合である。そのため，各ユニットが決定権限の死活的部分を保有するが，それ以外を委譲するような連邦が構想された。

　統合ならびに共有資産の適切な発展のための，政治的および経済的な共同行動を達成すべく，欧州諸国が主権の一部を委譲および融合させるべきときがきたことを，ここに宣言する (Hague Congress ; Political Resolution, 1948)。

　もっとも，「連邦」という言葉が明らかにしているように，戦後の最初期に欧州統合を構想した彼らは，必ずしも単一 (unitary) の欧州国家をめざしていたわけではなかった。なぜならば連邦主義者によれば，戦争の原因は，主権拡大への野望とともに欧州単一主権の樹立を目論む帝国主義的な野心でもあったからだ。

　そこで彼らは，かつて欧州が神聖ローマ，スイス連邦，ネーデルラント連邦の形で実験したことのある連邦モデル，そしてアメリカ合衆国という連邦国家を模範として，国家主権を克服する方途を探し求めたのである。

　そのような連邦では，中央機関や中央議会が設置され，各国の主権の一部が委譲されている。さらにそこでは，欧州民衆の意思が支配する代表制議会が，欧州内外の安全保障問題で各国政府より上位に立って主権的意思を表明する。

　やがて議会を砦（とりで）とした諸国民が民主的エートスを共有するにいたり，国民を越えた連邦的なヨーロッピアン・デモスが生み出されるであろう。いずれにしても，主権国家の確執こそが大戦の惨禍を生んだと考える連邦主義者にとって，欧州が迫られている真の選択とは「アナーキーか，それとも連邦か」なのであった。

　フランス官僚モデルの影響下にいて，機能主義的，エリート主義的な統合を構想したジャン・モネが，欧州石炭鉄鋼共同体 (ECSC) における高等機関 (Haute Autorité) の性格について連邦主義的なイメージを抱いていたこともまた，別段意外ではないだろう。

　国家主権そのものが克服されない限り，国家間の対立が悪化することは不可避なのです。……しかし今日，6 カ国の会議は入念な討議ののち，圧倒的

多数により，最初の欧州共同体の創設を決定しました。これにより各々の国家主権の一部は統合され，共同の利益の下に付託されるのです（モネ，1952年8月10日のルクセンブルクでの演説；遠藤，2008，274頁）。

　もし，統合を連邦主義者の意味で解釈するならば，それは各国に主権の委譲を迫るものということができる。今日にいたるまで，欧州統合のイメージに，主権の委譲，制限，喪失という一種の強迫観念がつきまとうことになったゆえんである。
　そして，このような喪失の恐れをかきたてることによって，自国の欧州経済共同体（EEC），欧州共同体（EC），EUへのコミットメント拡大を阻止し，統合そのものにブレーキを掛けようとしたのが「懐疑論者」であった。
　たとえば，イギリスのEC残留の是非を問うた1975年の国民投票時に，残留反対で論陣を張った懐疑論者は，イギリスの「議会主権」の喪失という国民の不安感に訴えかけていた。1980年代に主権主義者としてひとり気を吐いたサッチャーもまた，「独立して主権を保有する諸国家の間の自発的かつ活発な協力こそ，欧州共同体を首尾よく建設するための最善の方法である」と述べ，各国が主権を保持するような共同体を提唱していた（Thatcher, 1993, p. 89）。
　さらに，フランスにおけるマーストリヒト条約批准の国民投票の際に，たとえばパスクアやセガンは，EUの始動により決定権がブリュッセルのEU本部やフランクフルトの欧州中央銀行に接収されると主張して，世論の支持を獲得することができた。
　これとは別に，社会民主主義者もまた，EUが政府や議会の自己決定権にダメージを与えることを警戒していた。彼らの観測では，金融統合によって財政，雇用，福祉などのマクロ経済主権が国家の手を放れることで，多国籍企業や金融資本の権力が解き放たれ，EU内で労働賃金の底値競争（race to the bottom）が熾烈化する。
　主権の低下を理由に統合や深化に反対するディスコースは，今でも各国世論の一定部分を占めており，欧州憲法条約の交渉のような機会に勢力を盛り返している。

　　憲法条約は，ブリュッセルによって統治される非常に中央集権化された連

邦の単なる地方という地位に加盟国を貶(おとし)める。憲法条約は，欧州外交政策，防衛政策，経済・財政政策，難民・移民手続きなどを創設するにあたって，多くの重要な分野において国の統治管理を無効とする（欧州議会議員有志，2005；遠藤，2008，699頁）。

2005年6月のオランダにおける欧州憲法条約批准のための国民投票でノーを投じたもののうち19％が，「国家主権の喪失」を反対理由（複数回答方式）に挙げていたが，これは「情報の不足」という反対理由の32％に次ぐ高率であった（European Commission, 2005, p. 15）。

いずれにしても，その立場が真っ向から対立していたにもかかわらず，連邦主義と懐疑論には主権解釈においてある種の共通点があったといいうるだろう。それは，主権を「外部から支配を受けない状態」と定義したうえで，統合が国家統治に制約をもたらすかどうかを議論する点であった。

（2）共同管理メタファーと懐疑論の後退

仮に，EU関連の条約に「主権の委譲」を強く匂わせる条文が存在していたならば，各国国内の反撥(はんぱつ)によってEUは挫折を味わっていたかもしれない。それと同時に，欧州以外の地域統合，東南アジア諸国連合（ASEAN）や南米南部共同市場（MERCOSUR），アフリカ連合（AU）においても，EUをモデルにするインセンティブは生まれにくいであろう。

しかしながら，「単一議定書」以降の欧州統合の歩みは，このような懐疑論ディスコースの妥当性を掘り崩す方向に進んでいった。たとえば，フランスにおいては，マーストリヒト条約批准までの左右の軸を越えた大論争ののち，1990年代半ばに主権論者は勢いを失ったのである。

その理由として，国際関係論の重鎮ホフマンは次の点を指摘している。すなわち，EUの政策が主権論者の強調するほど欧州委員会の官僚により立案，決定されていたわけではなかったこと，また，構成国はEU統合による主権の喪失を云々する以前に，グローバル化やアメリカの圧力により主権を奪われており，彼らにとって主権の維持よりむしろ回復が真の課題であったこと，などである。

さらに，加盟国が15にまで増え，新規加盟国の交渉を行っている段階で，

もはや「小欧州」を唱えても意味がなかったこと，冷戦後のアメリカの覇権に対抗するには，フランスの外交主権では不足であり，欧州共通外交政策に賭けるしかなかったことも，理由として挙げることができる (Hoffmann, 2001, p. 64)。

一方ドイツにおいては，1993年に連邦裁判所が「主権的なままであり続ける国家が存在し，その授権の上に成り立つのが，EU のような国家統合による高権的権限の行使である」という憲法解釈を下したが，この判断が，EU 関連条約の根拠が主権国家の同意にある点を確認することによって，「マルクとともに経済主権が喪失するのではないか」という不安感を和らげることに貢献した。

くわえて，統合推進者たちは1980年代後半より，上のような不安感の増殖を危惧して，EU が国家主権を上回る決定主体となることはありえず，国家の消失を導くものではないという安心感を与えるべく，スピネリが提唱し，覚醒させた「補完性原理」を基本条約に組み込むなどの努力を開始していた。

何よりも，懐疑論が説得性を失う最大のきっかけを提供したのが，EU が公式の文書その他において，主権の共同管理 (pooling) や共同保有 (sharing) というメタファーを採用したことであろう。たとえば今日の EU 関連の文書では，主権の所在について以下のように説明されている (European Commission, Directorate-General for Communication, 2007)。

すなわち，EU は，構成国が「独立の主権国家のままでいる」という意味で，連邦とは区別される。さらに，各国が主権を共同運用している点で，国家連合や政府間組織とも異なった性格をもつものなのである。しかも必要とあらば，各国は主権的な判断に従って共同管理からいつでも脱退することができる。

さらにその文書では，主権を共同管理する理由や目的として，各国家も個々に行動するときより「大きな集合的力や影響力を得る」点が掲げられていた。それはすなわち，EU 構成国が世界政治や世界経済のなかでより大きな発言権を手にしたに等しいのだと，説明されている。

このようにして，統合の進展は，主権を保持か喪失かで論ずるような状況そのものを変質させていく。その結果，「憲法条約」の交渉の際に主権主義の単発的な巻き返しはあったものの，21世紀に入って，欧州統合が各国に主権の委譲を迫ると解釈することは，いまや時代遅れと考えられるにいたった。

そのように単純な観点で主権を語ることは，主権についての近年のパースペクティブを無視することになる。近年のパースペクティブは，現下のグローバル化の進展状況を踏まえて，語られる主権が実際上のものかそれとも理論的なものなのかをまず問題にする（Watts and Pilkington, 2005, p. 115）。

　さらに，懐疑論ディスコースへの反論としては，主権を機能主義的に解釈し，行使の環境や効果を問題にするこのような議論が有効であることも明らかとなった。たとえば，今日イギリスにおいて通貨統合への加盟を支持する者たちが主権主義者に対して用いる議論は，まさしく機能主義である。

　彼らによると，実在論者のいうような経済主権は，いまや「幻想」にすぎない。もし経済通貨同盟（EMU）加盟を果たさなければ，イギリスは辺境に追いやられ，世界経済における主導的な地位，つまり主権を失ってしまうだろう。しかし，欧州中央銀行（ECB），EMUのメンバーに加われば，新たに世界金融への発言力というより大きな主権を手にすることができる（Scott, 2003, p. 81）。

　伝統的な主権が「あるかないか」「独立か従属か」などといったタームで観念論的に語られるのに対して，機能主義者の議論は，主権の実質を「国民が自らの運命に行使しうるコントロールの度合い」（Watts and Pilkington, 2005, p. 115）と解釈しつつ，その拡大を目標に定めるなどの柔軟さに特徴がある。

　このようにしてEUは，共同管理という概念操作によって「喪失」という恐れを取り払い，さらに，実在論を機能主義に転換することで，懐疑論をある程度まで斥けることができた。そして，欧州統合自体も，1990年代に経済・市場統合から金融・政治統合へと進むにあたり，主権を「機能的に分割する」というアイディアによって活路を切り開いていく。

　すなわちマーストリヒト条約締結以降の欧州統合は，経済・金融，安全保障，内務・治安，農業，環境，科学技術，文化教育などの「政策領域」を区分けしつつ，構成各国のこだわりの少ないもの，あるいは，合意が容易なものから主権を共同管理していくという方式を採用する。

　その際に，国益を機能主義的に代表する欧州連合（閣僚）理事会が，全会一致と特定多数決の使い分けによって利益調整に重要な役割を発揮し，政策分野ごとの実績を積み上げたのである。

3 統合と主権についての理論的説明

(1) 決定権限の機能的再編

　地域統合としての EU に関する解釈には，構成各国によるパワーゲームを重視する現実主義，市場統合のスピル・オーバー効果を指摘する新機能主義，政府間の妥協の役割を強調するリベラルな政府間主義，EU をひとつの政体 (polity) と見る比較政治学的な分析，そして地域ガバナンスという視点から統合を捉える見方など，さまざまな潮流がある。

　しかしながら，そのような多様な潮流のなかで，EU が「国家主権を決定的に低下させた」と解釈するものは少ない。ここでは，なぜ理論家たちが EU をして主権を掘り崩す存在と見ていないか，検討しておきたい。

　主権をグローバル化という文脈のなかで，つまり行使の環境のなかで議論しようとするのが新機能主義 (neo-functionalism) である。この見方に立てば，EU は結果でも目標でもなく，進行中のプロセスであり，それは伝統的な国家主権に対して「中立である」という解釈が導かれるであろう。

　新機能主義から見ると，欧州各国が通貨統合以前には主権をフルに行使できたが，統合の開始とともに主権の一部を失ったとする解釈は，現実を読み誤っている。というのも，欧州では，グローバル化によってすでに主権を取り巻くコンテクストが変化しており，単一議定書調印の「以前に」従来の意味での主権は機能不全に陥っていたからである。

　1980年代に，グローバル化，関税および貿易に関する一般協定（GATT）／世界貿易機構（WTO)による貿易や通商に関するさまざまな取り決めとそれに伴って発生する義務，国際機関と連動したアメリカの助言や圧力，マーケットパワーや格付け機関という国際的な私的権威体などが，すでに欧州各国の自立性を弱めていた。いや構成国は，「同意した場合を除き外部からの拘束を受けない」という意味における主権を統合以前に奪われていたかもしれない。

　主権の「運用可能性」に注目すると，政府が機能不全に陥っていくなかでは，政策の決定や執行は，多国籍企業や国際金融資本などのアクター，利益団体や NGO の国境を越えたネットワーク，そして他国政府の手を借りざるをえない。このような経済環境の変化に応ずるため主権国政府も，市場政策の協調とその

制度化のための超国家的な機関の設置への同意を余儀なくされる。

　もちろん理論上は，国家主権の側もこのような政策協調の圧力に対して，昔ながらの主権的意思によって「ブレーキを掛ける」ことはできるし，実際にそのような事態も起った。古くは1965年のハルシュタイン委員長に対するドゴール・フランスの反撥と抵抗がその例にあたるであろう。この点を強調するならば，伝統的な主権はなお意味を失っていない。

　しかしながら主権の機能を経過観察すると，政府エリートが一国主権主義の無意味さを学習する結果，政策は国を越えた協調の制度化を阻害しないものへと次第に収斂（しゅうれん）していくことがわかる（Niemann and Schmitter, 2009, p. 45）。国家を横断する規則の制定，各国家の影響からの規則の自立，規則の内部化を通じての各アクターとくにエリートの洗練された合理的選択が，このような収斂を後押ししたのであり，欧州委員会は，まさしくそのようなエリートたちの砦となった。

　さらに，政策協調の触媒ともいえるのが，新機能主義がキー概念に据える「スピル・オーバー（spillover）」である。スピル・オーバーとは，経済の相互依存やネットワークという非政治的かつ脱領土的な力が政治や社会に浸透し，地理的にも拡大していく過程を意味する。

　新機能主義はとくに，経済における相互依存が win-win 関係や脱政治化による協調ムードを醸成し，なお市民社会にいたるまでの「ヨーロッパ化」を進行させ，ほどなくそれが安全保障コストの削減につながって，各国が資源をより有効に活用できるようになる点に注目する。

　もし，市場統合が叶わず，スピル・オーバーが稼動しなかったならば，加盟国は相互に膨大な安全保障コストを払い続け，経済主権や財政主権のよりいっそうの低下を経験したに違いないことを考えると，経済，金融，市場政策での国を越えた協調と，その安全保障への波及効果の重要性が明らかになるであろう。

　機能的な統合であれば，新しい主権の創造を必要とするわけではない。そのような統合は，自らが非政治的たることをめざすわけではないが，共通の共同体の問題を脱政治化するという意味で政治を回避しようとするので，国家主権に対する直接の脅威となることもありえない。実際に，諸国家は明確

な統一体として存在し続けるのである (Chryssochoou, 2001, p. 20)。

(2) 地域統合による新たな決定権の獲得

一方，リベラルな政府間主義 (liberal inter-governmentalism) は，EU における国家主権の行方について異なったナラティブ（説話）を展開している。彼らによると，EU の進展は，まさしく国家が主権を用いて自覚的に統合を推し進めた結果でもあった。

欧州は統合プロセスにおいて，あるいは拡大を行うに際して，主権国家の正当な選挙代表としての政府閣僚や外交官が交渉にあたった。その各国の代表は，そこに利益団体が圧力を掛けており，彼らがその圧力を背に感じていたという意味で，経済利益をよく代表するものであった。

したがって，それぞれの政策分野で，国益という形に組織化された利益団体も納得できるような妥協のみを EU は追求してきた。裏返していうと，1980年代以降，欧州統合や EU の諸規則が国家のコントロールを離れたことはなかった。この意味で EU は，国益の自由な追求という意味での主権を「保護する」形に機能したのである。

モラフチークなどの政府間論者やミルウォードなどの国家間論者が機能主義者と決定的に異なるのは，このような政策協調が自動調整的に（たとえばスピル・オーバー効果などによって）稼動したわけではない，と前二者が考えている点であろう。

すなわち，欧州統合において，欧州連合（閣僚）理事会が牽引車として重要な役割を果たしたが，この理事会は，何よりも国益の調整の場であり，妥結の場として機能した。欧州委員会も，理事会の妥協できる案件を中心に政策アジェンダを組んでいた。

いうまでもなく，合理的な経済利益に沿って主権的に協調することが容易になり，政府間の協議による統合が叶った背景には，各国がネオリベラル方向に政策の舵を切り，政策アウトプットがコンヴァージュ（収束）しつつあった点がある。また，生産者相互の越境的ネットワークが，構成国政府に対し共通の政策の採用を働きかけた点も劣らず重要であろう。

さらに，これのコンヴァージュを，国家による正式な条約の調印と批准が後戻りできないようにさせていた。主権国家による交渉や取り決めは，政府がそ

れを持ち帰って国内立法で徹底させるという意味でも，統合に有効であった。

政府間主義から見ると，統合プロセスはその他にも，主権を強化させたといいうるようなさまざまな副産物を生んでいた。それまで弱体化していた各国家の対内的な主権についていえば，通貨統合時の加盟基準達成アジェンダのような「外圧」を通じて政府が通貨，財政，社会保障の改革を断行し，それによって主権国家の対内的な権限を回復，強化することもできた（Chryssochoou, 2001, p. 81）。

ミルウォードのいうように，統合された欧州は，国民国家に置き換わるべきものではなく，グローバル化へのなかで「国民国家を救済する」ものだった（Milward, 1992）。

さらに，EUという枠内での政府間交渉は，最終的にはレジームという形に結実するが，かつて全欧安全保障協力会議（CSCE，現欧州安全保障協力機構〔OSCE〕）のような枠組みが主権を安定させることにつながったのと同様，レジームは各国の国家主権の存続を保証するように作用する場合もある。EUもまさしくその事例となった。

これは安全保障主権においても同様であり，たとえば，もともと安全保障リソースがなかったといってもよいルクセンブルクのような小国は，EUのレジームが強化されるほど，国家としての独立性と自己決定空間が保障されたのである。

言い換えると，EUは，諸国家がその諸特権を共同管理に差し出すのと引き換えに，経済から安全保障にいたるまでの広範な領域で多元性や自由の保障を得るという，「主権と国家の新しい関係を築いた」システムとみなすことができよう。

統合による各国の政府，議会，選挙の「民主性の目減り（democratic deficit）」が指摘されて久しい。しかしEUの正当性も，それを交渉する国民国家の外交代表の正当性に由来していることを考慮に入れたとき，この問題の解決策は，欧州議会の権限強化や欧州的なデモスの育成よりむしろ，交渉主体である政府代表の民主的正当性を構成各国の政治プロセスのなかで強化，拡充していくことなのである。

4 東アジアにおける統合と主権

(1) EU理解の東アジア的偏差

　東アジア各国とASEAN加盟国の政策担当者の間で，統合欧州は，EMUに象徴されるような「経済主権の委譲を伴う共同体」と位置づけられることが多い。その結果，主権へのこだわりの強い東アジアは，「EUとは異なった道を歩むべき」と考えられている。

　たとえば，2008年に発効した憲章のなかで「主権の尊重」が原則のひとつとして謳われたASEANのピッスワン事務局長が，「ASEANにとってEUは創造的な刺激を受けるが，モデルではない。私たちは地域の連合は目指さない」（『朝日新聞』2012年1月5日朝刊）と語っており，また，日本の国際経済交流財団の会長も，欧州連合のような共同体では，場合によっては「加盟国が主権の一部を譲渡する」（『朝日新聞』2012年1月13日朝刊）と解釈していた。

　もとより，グローバル化に伴う主権国家の機能不全という問題は，EUのみならず東アジアにも妥当するだろう。さらに，東アジアにおける貿易の域内比率，海外直接投資の域内比率はEU，北米自由貿易協定（NAFTA）をもしのぐ勢いである。にもかかわらず，なぜEUは東アジアのモデルになりえないのか。東アジアの政策担当者の多くはこの点について，次のようなディスコースを共有している。

　東アジアの市場統合は，欧州のごとく戦争の再発防止のためのものでも，統合を政治的に意図した結果でもなく，マーケット・メカニズムを通じて「自生的」に達成されたものと見られる。

　そのような経緯を踏まえると，東アジアのゴールは政治統合ではなく，政治的思惑が自生的な統合プロセスを阻害しないような市場の脱政治化である。しかもそれは，EUのような政治的意思によってではなく，自由貿易協定（FTA），経済連携協定（EPA）の機能的かつ多角的な枠組みの整備によって達成されるであろう。

　実際に，ここ20年間のグローバル化や経済・金融危機への対応において，東アジアはEUとは別な道をたどっている。すなわちEUは，より密接な自由貿易を行い，また，他地域との競争に臨んで不安定要因を減らすために，域内

の為替レートの安定が必要であった。その結果として，金融統合というマキシマリストの解決策を採用した。

　しかしASEAN＋3にとって，対他地域との為替レートの安定が急務ではあったが，地域内の安定は差し当たっての関心事ではなかった。さらに，ASEAN＋3の指導者たちは，「規模の経済」に対する魅力や，域内農業を保護する必要性を，欧州各国ほど感じていなかった。

　もとよりEUは，統合を牽引し，紛争を解決する超国家的組織を樹立し，さらに為替レートの安定を予防的に行うEMSを設立し，EMUに進んでいる。しかるに日中韓とASEANの政策担当者は，1997年の危機以降，「危機の再発を防ぐための最低限の制度をつくる」というミニマリストの解決策を選択したのである。

　近年では，政治統合の不要を説くため，カナダがアメリカに対して，スイスがドイツに対して行ったような「経済主権の喪失を伴わない高度な経済統合」がASEANでは貿易協定や通貨介入によって可能であるとする見方も語られている（Bayoumi and Mauro, 1999, p. 13)。

　さらに政治と安全保障の対立が深刻な東アジアでは，政治的な対話が逆に経済的なスピル・オーバー効果を減殺するのではないか，という恐れが感じ取られている。このことが，EU型の統合を「めざしたくない理由」になっているといいうるだろう。逆から見ると，東アジアにおいては，スピル・オーバーが政治に及ぶことを「期待する」しか，打つ手がないのである。

　アジア版の機能主義者は，経済の域内循環構造がやがてwin-win関係をもたらし，歩み寄りが最も難しいとされる安全保障や領土問題にもプラスとなることを欧州以上に期待している。したがって，EUをいわばスピル・オーバーが政治的融和を促進するような共同体と解釈して，その限りでEUにならうことを推奨するのである。

　日本にとっても，このような考え方は短期的な国家戦略とよく合致するかもしれない。というのも，東アジアの政治的な統合，価値観の地域連合を目指すならば，日米の軍事的ないし経済的な同盟との整合性の問題が立ちはだかるからである。しかし，自生的な統合であれば，アメリカもこれに加わることが容易で，東アジア統合と日米関係を両立させることができる。

　実際に，東アジアの市場統合は，政治的スピル・オーバーを生むことはな

かったが，アジア太平洋に向かって地理的スピル・オーバー効果を生み出すことには成功している。そこで，東アジアに限定しないでアメリカやロシアにも開かれた，太平洋の他地域を巻き込むようなネットワーク型の統合が，現実的なロードマップとなるのである。

（2）政治的意思とハイ・ポリティックスの問題

しかしながら，政治的意思の力を借りることなしに地域協力の深化が可能であると考えるような経済決定論には，有力な異論が提起されている。ロンドン大学のヤフダの観察によれば，

　　中国と日本の緊密なかつ相当の経済的相互依存にもかかわらず，それに対応するスピル・オーバー効果が，社会，知的交流，安全保障面での両国関係において生まれてこない（Yahuda, 2006, p. 11）。

ヤフダはその要因として，経済交流の目覚しい拡大が，「互いの紐帯を政治的に強化しようというスタンスをもつ政治家や民間人」の台頭に結びついていない点を指摘している。

言い換えると，EUとは異なり，東アジアでは市場統合への政治サポートや大衆サポートが湧き起こらず，現在のところ，ハイ・ポリティックスやミドル・ポリティックスが市場統合と両立する（阻害しない）のは，安全保障などの複雑な議論が「表に出てこない時期」のみに限られる。逆説的ながら，政策担当者が政治的議論を忌避するがゆえに，EUで見られたような共同体議論の「脱政治化」がいつまでも起こらないのである。

政治的な関係強化が日程に上らない背景として，国家主権に対する東アジア特有の考え方の介在を見逃すことができないだろう。東アジア諸国，ASEAN諸国は，治安の不安定，政情不安，少数民族の異議申し立てなど，国内のレジームに問題を抱え，そのコントロール能力への不安から，他国の「政治的影響力」を被ることを極度に恐れている。

仮にEMUと類似の制度をアジアにおいて構想すれば，グローバル化で失いかけている経済決定権，つまりマクロ経済の主権のみならず，対内的な政治主権も低下して，政情不安や正当性の欠如へと導かれる恐れがある（Angresano,

2006, p. 127)。

したがって，国家拘束的なレジーム構築や超国家的な機関設立の提案がなされても，各国は，国外からの政治的影響力の行使と国内政治体制の脆弱化を恐れるあまり，消極的な応答に終始することになる。アジア通貨基金の挫折，チェンマイ合意の限界，アジアの経済金融サーベイランス・プログラムの難航にも，このような背景を読み取ることができよう。

このように対比していくと，同じ「主権喪失への恐れ」とはいっても，EUとアジアではその位相が異なる点が明らかとなるだろう。すなわち，強い国家を国内で築き上げていたEU構成国が内外における自己決定権の低下を恐れるのに対して，日本を除く東アジア各国は，ASEAN諸国も含め，対内的な統治が脆弱化し，体制混乱の原因となることのほうを恐れているのである。

裏返していうと，「主権を委譲する共同体」というEU像に，東アジア各国の「政治的な自信のなさ」が投影されていることは否めない。その意味で，東アジア政策担当者によるEUの見方や意義づけそのものが，アジアの問題点の「写し絵」であり，いやむしろ政治・外交の不作為の口実になっている。

欧州統合を見る限り，リベラルな政府間主義の見解を借りるまでもなく，EUはさまざまな工夫が奏功して，構成各国の対内的な主権の低下を引き起こすものとはならなかった。先程来見てきたように，むしろEUがグローバル化の過程で低下していた主権の権能を発展的に組み替えたと解釈する人も多くいることは，強調されねばならない。

単一議定書やマーストリヒト条約，EMUの樹立が主権の運用を拘束するようになったことに間違いはないが，個々人が国家に身をおくことで自由や自己決定権を奪われるわけではないのと同様，これまでのところ，構成国の自由や自己決定の主要部分が奪われたと見るに足る証拠は提出されていない。したがって，EUの特徴を「主権の譲渡や喪失」と解釈すること自体が，かなり一定方向に踏み込んだEU解釈なのである。

5　統合による主権の強化？

グローバル化と地域統合の進展という今日的な状況のなかで「主権」を語る際には，単に護るという防衛的な姿勢からではなく，主権行使の環境，過程，

制約，目的などの機能的な側面からも論ずる必要があるだろう。

　EUにおいては，各国の経済主権ならびに安全保障主権は，欧州という「より広域のレベル」での集団決定権の創設と，そこへの主体的参与によって，それまでとは違った形での強化が可能になった。

　翻って考えたとき，アジアでも，グローバル化，世界市場化による主権の機能低下が確実に起こっている。しかしながら，東アジアはASEAN加盟の一部国家を除き，一国家で主権を取り戻そうともがいているように思われる。

　とくに欧州にはないタイプの中国は，国内の政情不安という要因もあり，伝統的な意味での主権を梃子にしてグローバル・パワーを達成しようとしている。その結果，地域全体の脅威と捉えられ，資源，金融，安全保障などの面で他国との軋轢を生んでしまう。各国も，中国の姿勢に引きずられ，あるいは中国と対抗する必要もあってか，伝統的な主権の保守に拘泥せざるをえなくなっている。

　このような連鎖を断ち切るひとつの方法は，外交的不作為の口実である「主権の相互尊重」という呪文から解き放たれて，「相互に主権の実質を強化し合うような」統合へ進む可能性を，欧州統合に見ることではあるまいか。

　すなわちEUは，地域協力もしくはそのための超国家的機関の樹立によって，地域における経済・金融・通貨の決定権の再編を達成し，なおグローバル・プレーヤーとして対他地域の発言権を手に入れ，それは順に，構成各国の経済的なパフォーマンスの改善，対内主権の回復にも役立った。

　安全保障の面からいうと，「脅威ディスコースによる共依存関係」で膨大な安全保障コストを払い続ける日中を尻目に，EUという「非戦共同体」の成立によって対ドイツ防衛へ配慮する必要も，そこに予算を割く必要もなくなったフランスは，世界的な影響力の行使という点において，外交主権や安全保障主権を発展的に組み替えている。

　このことは，もし統合というプロジェクトが失敗に終わり，相互的な脅威を抱き続けていたら，独仏が世界的な影響力を殺がれ続け，なお経済・金融に関する決定権がグローバル・マーケット・パワーにシフトしていたかもしれないことを考えると，いっそう明確になるであろう。

　いずれにしても，今日，我々が主権を論ずる際には，「喪失か保持か」という二分法と決別する必要があるだろう。EUが訴えかけている主権についての

教訓とは，まさしくその点なのである。

■ ■ ■

◉参考文献─────────
遠藤乾編（2008）『原典　ヨーロッパ統合史』名古屋大学出版会。
押村高（1999）「機構改革と民主化に向けて」村田良平編『EU──21世紀の政治課題』勁草書房，65-107頁。
押村高（2007）「主権」日本イギリス哲学会編『イギリス哲学・思想事典』研究社。
押村高（2010）『国際政治思想』勁草書房。
押村高（2011・2012）「ディスコースとしての主権」（上）（下）『青山国際政経論集』85・86号，123-139・61-77頁。
Alesina, Alberto and Francesco Giavazzi (2006), *The Future of Europe*, Cambridge MA: MIT Press.
Angresano, James (2006), "ASEAN＋3: Is An Economic Community in Their Future," in Michael G. Plummer and Erik Jones (eds.), *International Economic Integration in Asia*, New Jersey: World Scientific.
Bayoumi, Tamim and Paolo Mauro (1999), *IMF Working Paper: The Stability of ASEAN for a Regional Currency Arrangement* (http://www.imf.org/external/pubs/ft/wp/1999/wp99162.pdf).
Bickerton, C. J., P. Cunliffe and A. Gourevitch (2007), *Politics without Sovereignty?* London: University College of London.
Bretherton, Charlotte and John Vogler (2006), *The European Union as a Global Actor*, London and New York: Routledge.
Euroepean Commission, Directorate-General for Communication (2007), *How the European Union works: Your guide to the EU institutions* (Manuscript completed in July 2007) (http://ec.europa.eu/publications/booklets/eu_glance/68/en.doc).
European Commission (2005), *The European Constitution: Post-Referendum Survey in the Netherlands* (http:ec.europa.eu/public_opinion/flash/fl172_en.pdf).
Hague Congress of 1948, Resolution (http://www.europeanmovement.eu/fileadmin/files_emi/oldsite-downloads/downloads_pub/Political_Resolution_1948.doc).

Hoffmann, Stanley (2001), "Two French Changes," in Anand Menon and Vincent Wright (eds.), *From the Nation State to Europe?* Oxford : Oxford University Press, pp. 60-65.

Medrano, Juan Diez (2009), "The Public Sphere and the European Union's Political Identity," in J. T. Checkel and P. J. Katzenstein (eds.), *European Identity*, Cambridge : Cambridge University Press, pp. 81-107.

Milward, S. (1992), *The European Rescue of the Nation State*, Berkekey, CA : California University Press.

Moravcsik, Andrew (1995), "Liberal Intergovernmentalism and Integration : A Rejoinder," *Journal of Common Market Studies*, Vol. 33, No. 4, pp. 611-628.

Morgan, Glyn (2005), *The Idea of a European Superstate*, Princeton and Oxford : Princeton University Press.

Niemann, Arne and Philippe C. Schmitter (2009), "Neofunctionalism," Antje Wiener and Thomas Diez (eds.), *European Integration Theory*, Oxford : Oxford University Press.

Oshimura, Takashi (2008), "The Function and Dysfunction of Identity in an Institutionalizing Process : The Case of Northeast Asia," in Martina Timmermann et al. (eds.), *Institutionalizing Northeast Asia*, Tokyo and New York : The UNU Press, pp. 118-130.

Roche, Maurice (2010), *Exploring Sociology of Europe*, Los Angeles : Sage.

Scott, Derek John (2004), *Off Whitehall*, London : I. B. Tauris.

Thatcher, Margaret (2001), "The Babel Express : Relations with the European Community, 1987-1990," in Ronald Tiersky (ed.), *Euroskepticism*, Lanham : Rowmann & Littlefiele Publishers, pp. 73-102.

Watts, Duncan and Colin Pilkington (2005), *Britain in the Europe Union Today*, Manchester : Manchester University Press.

Yahuda, Michael, "The Limits of Economic Interdependence : Sino-Japanese Relations" (http://www.isanet.org/archive/yahuda, 2006年5月25日アクセス), p. 11.

Yahuda, Michael (2006), *The International Politics of the Asia-Pacific*, Second and Revised Edition, London : Routledge Curzon.

Zurn, Michael and Jeffrey T. Checkel (2007), "Getting Socialized to Build Bridges : Constructivism and Rationalism, Europe and the Nation-State," in Checkel (ed.), *International Institutions and Socialization in Europe*, Cambridge :

第 I 部　国際政治と東アジア共同体

Cambridge University Press, pp. 241-274.

第4章

東アジア共同体と憲章草案

中 村 民 雄

　本章は，東アジア共同体は必要であり，法制度化すべきだと論じる。必要性を論じた後に法制度化の方法と方針を述べる。法制度化のモデルには，合意の形成から実施までを法で規制するEU方式もあるが，合意形成の手続を法で規制し実施は政治的に監視するASEANの方式もある。東アジア共同体の制度化は，大東亜共栄圏の反省に立ち，強制によらず合意を基礎とし，実現可能で，かつ世界ガバナンスを強化し補完するものでなければならない。これらをふまえたひとつの法制度構想として「東アジア共同体憲章案」を提示する。この案はASEAN方式を基礎にしつつ共同体の価値の遵守にはEU方式をさらに取り入れる。具体的政策課題の合意を共同体の法的準則と制度で繰り返し行い諸国と諸国民の連帯を強化することをめざす。共同体で協働することで，諸国民間に普遍的に共有可能な価値を掘り起こし，法として表現することを通して地域秩序を構築することをねらう。

1　東アジア共同体構想の必要性

　東アジア共同体論は，持続的に我々自身の長期課題として議論し続けるべき問題である。本章では，なぜそうなのか，どんな構想がありうるかを論じる。[1] 構想例として，筆者が起草に関与した「東アジア共同体憲章案」(2007) を説明する。[2]

（1）概念定義

　概念の定義と用語法の説明から始めよう。

　「マクロ地域 (macro region)」とは，地理的に隣接する諸国家の広がりである。

地理的に一国家より広く，また世界大（グローバル）規模よりも狭い。

　マクロ地域の「共同体（Community）」とは，マクロ地域の諸国と諸国民が関与する常設制度であって，当該地域の諸国と諸国民の共通の関心事となる諸問題について，一定の基本原則や共有価値に即して越境的な合意の形成と履行確保をめざす越境的制度をいう。

　ここで「越境的」といい，「国際的」といわないのは意図的である。「国際」は国家を国際社会の主体と捉え，国家間に形成される関係（に限定はされないがそれ）を主に指す。本章もそのように用いる。しかし「共同体」の主体は諸国だけでなく諸人民でもあって，民際＝諸国の人民と人民の間の関係も含む。その含意を表すために「越境的」と表現している。

　同様に，越境的な共同体と「国際組織」は異なる面がある。国際組織は特定の目的のために諸国家が自発的に組織を形成するもので（諸人民はその主体とされない例が多く），かつ加盟諸国は地理的隣国である必要がない（他方，マクロ地域共同体は隣接諸国と諸人民の組織に限定される）。

　「東アジア（East Asia）」とは，東南アジア諸国連合（ASEAN）10カ国と日本・中国・韓国を主として指すものとして本章では用いる。

（2）東アジア共同体構想が必要な理由

　以上に定義した意味でのマクロ地域の共同体が，東アジア諸国に必要であると筆者は考えている（不要論として，吉野，2006）。その理由は次の通りである。

　①一国単位でもグローバル単位でも解決が困難または不効率な，マクロ地域的な政策課題や懸案が，東アジア地域には多々ある。

　東アジア諸国は21世紀に入ってから当該諸国間での経済活動の依存度が他のマクロ地域との比較でも高まっている（Nakamura, 2009, p. 67；Fujita, 2007）。そこから出てくる越境的な，経済社会的政策課題がある。卑近な例では，2002年から03年にかけての鳥インフルエンザの感染拡大を通して高まった，東アジア産の食品の衛生基準管理への関心などがそのひとつである。共通の関心事項があることは，日本政府も（詳細は中村ほか，2008, 150-151頁），日本の東アジア共同体論者も（中村ほか，2008, 50-51頁），東アジア共同体反対論者も（吉野，2006）認めている。それどころか，すでに表4－1に示すように，既存のASEAN＋3などでも確認されている。

東アジアにおいて重要な点は，この越境的問題が経済問題にとどまらず，日本が東アジア諸国との関係で抱える戦争責任や歴史認識問題といった政治社会的問題としての負の歴史の遺産の克服にも及ぶ点である（森嶋，2001）。とくに日中韓の間にはいまだに国家間の定期的な対話が確立していない（それに向けた努力は持続的にあるが）。日韓基本条約の締結（1965年）や日中平和友好の宣言（1972年）や日中平和友好条約の締結（1978年）をした後も，日本の政治家の言動により日中の外交関係が悪化することを繰り返してきた（毛利，2006）。近隣諸国との永続的な和解，不戦，紛争の平和的解決を確約し，政府間の平和で安定的な定期会合と対話，諸国民間の信頼関係と交流を確立することは，戦後60年来の懸案であり，建設的解決が日増しに急務となっている（中村ほか，2008，48-49頁）。しかし解決は進んでいない。これを克服する思想と方策が求められている（「特集〈反日〉と向き合う」『現代思想』2005年6月号；孫・白・陳，2006）。

　これに対しては，たとえマクロ地域的問題があったとしても，関係国家間の話し合いや交渉でアドホックに解決すればよく，常設のマクロ地域的協力枠組みを構築する必要はないという反論もありうる。しかし，政治社会的な懸案に及ぶ東アジア地域の越境的課題は，個別の問題のアドホックな解決ではなく，持続的に協議の場をもち，相互の信頼関係を醸成して，解決していくことが不可欠である。

　②マクロ地域単位で解決するのが規模や効果からして最も妥当な問題が多い場合，その問題解決の場をマクロ地域単位で常設するのが効率的である。とりわけ問題が起きてからの事後的な解決だけでなく，事前の予防にも対応できるからである。東アジア地域の経済的相互依存が高まるほど，ますます東アジア地域単位の問題解決・予防的協力の需要は増すと相当確実に予測できる。

　しかも各国は，マクロ地域単位の協力を通して，越境的問題に対して，一国や二国間協力などでは十分に対応できない事態を改善できる（中村ほか，2008，74頁）。

　さらに各国政府のその時々の都合での外交行動に翻弄される度合いが減り，恒常的な諸国間交流が保障されるので，加盟国相互の信頼醸成が着実に進むであろう。信頼が醸成されるにつれて，永年の懸案についても，国家主権の相互の主張による解決以外の解決方法に向けた創意工夫の機運も出てきうる（中村ほか，2008，39-40頁）。

　以上の①と②から，一般に越境的政策課題や懸案の解決および問題発生の予

第Ⅰ部　国際政治と東アジア共同体

表4-1　東アジア共同体憲章案第2部の政策リストと東アジアの既存の政策アジェンダ
　　　　――公式文書のヘッドラインから

東アジア共同体憲章案	ASEAN＋3	日中韓三国間協力	東アジアサミット	ASEAN ビエンチャン行動計画
第7条：地域安保	非伝統的安保協力		朝鮮半島非核化	紛争防止(1.3) 紛争解決(1.4) 紛争後平和構築(1.5)
第8条：国際犯罪	海賊・違法薬物密輸・サイバー犯罪対策協力(3.1.14)			越境犯罪対策(1.3.4)
第9条：公衆衛生・自然災害	HIV/AIDS・結核・マラリア対策(3.1.13)	伝染病監視・査察・隔離 災害防止管理 公衆衛生衛生	鳥インフルエンザ 自然災害の影響緩和	公衆衛生意識喚起(3.1.6) HIV/AIDS 等感染症拡大防止(3.1.7) 災害管理(3.1.9)
第10条：食糧協力	地域海洋管理協力(漁業資源)(3.2.7)	漁業資源保護		食糧安保向上(3.1.8) 食糧・農業・森林部門(2.10)
第11条：発展格差解消・貧困対策	対最貧途上国一般特恵制度(GSP)確立(3.1.2) 対成長地域資源・インフラ拡張協力・民間セクターの参加による投資資金拡大(3.1.5) 優先四領域設定：インフラ・IT・人的資源・ASEAN経済統合(3.1.6) 貧困対策基金設立(3.1.12)		貧困撲減 ドーハ開発アジェンダ 経済開発・地域統合	発展格差縮小(ANNEX4) 限界生活状況住民の生活水準向上(3.1.1)
第12条：共通市場形成	東アジア自由貿易地域形成(3.2.1) 外資導入環境整備促進(3.1.3) 直接投資(3.1.3) 東アジア投資情報ネットワーク(3.1.4) 中小企業投資促進(3.2.2) ASEAN投資地域(AIA)拡張による東アジア投資地域形成(3.2.3)	ドーハ開発アジェンダ 自由貿易協定 投資ビジネス環境整備 税関業務協力 知的所有権保護 観光	ドーハ開発アジェンダ	ASEAN投資地域(AIA)(2.2) 物品貿易(2.3) サービス貿易(2.4) 経済統合の社会的側面の管理(3.2)
第13条：通貨金融協力	地域金融ファシリティ設立(3.2.4) 金融安定と経済発展のための地域為替相場のいっそう緊密な協調(3.2.5)	金融協力	金融	金融協力(2.5)

第4章　東アジア共同体と憲章草案

第14条：エネルギー協力	汎ASEANエネルギー・ネットワーク・プロジェクトを含むエネルギー政策・戦略・行動計画の策定(3.2.8)	エネルギー環黄海経済技術協力	エネルギー	エネルギー(2.9)
第15条：汎東アジアネットワーク	テレ・コミュニケーション・インフラ整備及びインターネット・アクセス改善(3.1.8)	流通輸送情報技術産業		運輸(2.6)テレコミュニケーション・情報技術(2.7)
第16条：東アジア共通統計				(共通統計指標設定のための)制度強化(2.11)
第17条：環境保護協力	地域海洋環境保護協力(3.2.7)	環境保護環黄海経済技術協力	エネルギー(環境保護の側面)	環境持続性促進(3.3)
第18条：研究・科学・教育の協力	技術移転及び協働技術開発(3.1.7)東アジア・シンクタンク・ネットワーク(3.1.9)包括的人的資源開発計画(3.1.11)東アジア一体性(identity)及び東アジア意識涵養のための文化教育施設間協力(3.1.15)東アジア芸術作品・文化遺産保護のための専門家ネットワーク構築(3.1.16)東アジア研究促進(3.1.17)	科学技術協力行政のための人材育成人材交流教育・文化・スポーツ環黄海経済技術協力	教育宗派間対話(Interfaith Initiatives)	科学技術(2.8)生活配慮社会(Caring Societies)の共同体構築(3.1)ASEANアイデンティティの宣伝促進(3.4)
第19条：人の移動				専門技能労働者の自由移動(2.4.1.3)
第20条：法務協力				公的部門・民間部門双方で、法の支配・司法制度・法制度インフラ・公務員行政サービス・最善統治を強化するための加盟国間相互支援計画の策定(1.1.3)

注：表中の( )内の番号はASEAN＋3およびASEANビエンチャン行動計画のテキストの段落番号。
出所：ASEAN＋3『東アジア研究グループ最終報告』ASEAN＋3首脳会議、プノンペン、2002年11月4日（http://www.mofa.go.jp/region/asia-paci/asean/pmv0211/report.pdf、2008年1月28日アクセス）。日中韓三国間協力『2005-2006年進捗報告書』三カ国委員会、セブ、2007年1月12日（http://www.mofa.go.jp/region/asia-paci/pmv0701/report070112.html、2008年1月28日アクセス）。東アジアサミット『第2回東アジアサミット議長声明』セブ、2007年1月15日（http://www.mofa.go.jp/region/asia-paci/eas/state0701.html、2008年1月28日アクセス）。ASEAN『ビエンチャン行動計画』（http://www.aseansec.org/VAP-10th ASEAN Summit.pdf、2008年1月28日アクセス）。

防のために，この地域限定の国際的協力枠組みをつくることは妥当であり必要である。

③いずれにせよ，日本をはじめ東アジア諸国は，すでにアジア太平洋地域および東アジア地域の，概ね定期的な，国際対話枠組みをいくつも形成して関与している（アジア太平洋経済協力〔APEC〕，ASEAN＋3，ASEAN地域フォーラム〔ARF〕，東アジア首脳会議〔EAS〕など。中村ほか，2008，1-14，82頁）。これに各国世論も反対していない。ゆえに，何らかの国際協力枠組みを東アジア地域またはアジア太平洋地域に設けることの「必要―不必要あるいは有益―無害（有害）」という論争軸は消える定めにある。[3]

（3）「共同体」制度を選ぶ理由

とはいえ越境的枠組みはいくつか選択肢がある。安全保障のための軍事同盟の形成，あるいは特定問題の解決を目的として国際組織をつくる方式（自由貿易，環境保護など個別問題ごとの国際組織の設立など），また組織にせず2カ国または多国間での協定の締結もありうる（近年の環太平洋戦略的経済連携協定〔TPP〕などの自由貿易協定〔FTA〕や日本がASEAN諸国やメキシコと交わした経済連携協定〔EPA〕など）。

なぜ「共同体」制度を選ぶ必要があるのか。その論拠は次の通りである。

まず軍事同盟はとれない。前述①の通り，歴史の負の遺産の建設的な解消として永続的和解・不戦・平和協力の達成とそれを世界にも示すことを必須の越境的利益と捉えるため，敵を想定する軍事同盟は理念的に選択できない。しかも過去に「大東亜共栄圏」が欧米列強のABCD包囲網に対抗して構想された東アジア固有の歴史に対する反省に立つなら，未来を建設的に築こうとする枠組みを，敵を想定した制度として構想することもできない（中村ほか，2008，16-17頁）。

次に，他の方式を選ばない理由は，前述①～③の理由に加え，次の理由もある。

④東アジアおよびアジア太平洋地域の既存の国際的な協力や対話の枠組みは，民際協力を取り込んでおらず，またとくにAPECは実績が極端に不十分である。とはいえ，東アジアおよびアジア太平洋地域の既存の枠組みは，それぞれが微妙な政治配慮から構築されている。ARFやAPECにアメリカやロシアが入っているのは，軍事・安全保障，また経済においても，東アジア地域がその地域だけで自己完結的になれない現実を示している。東アジア諸国の安全保障

はアメリカの「傘」が及ぶ国が少なくない（ARF）。経済は中国市場だけでなく，アメリカ市場も（またヨーロッパ市場も）取り込んで初めて成り立つ現実がある（APEC）。そういう現実を反映した既存の枠組みは，生かしつつも欠点を改善するほうが政治合意はとりつけやすい。具体的には，既存諸枠組みを連携させうる共通項となる枠組みを「共同体」として構想すれば，既存の枠組みの大部分を存続させつつ，政策合意・実施の実績を向上できるであろう。

では欠点とは何か。それは，ASEANを除き，それぞれが追求する長期目標の維持，目標に即した具体的政策の形成と実施のいずれの面でも際立った実績を挙げていないことである（Wesley, 2003）。既存の枠組みは，目的別の枠組みが無関連に林立しているから，分野横断的な政策問題に対処できない（貿易と環境保護の両立など）。また各枠組みは法的制度ではなく，各国の政治意思に運営を頼る枠組みであるから，実際の活動は時の各国や国際の政治の浮沈に左右される。

既存の枠組みは，政治的意思に頼る協力枠組みである。それは柔軟に実務を変更できる反面，長期的に一貫した実務を維持する保障がない。いずれも参加諸国政府の自発的な合意形成と履行に委ねられ，意思決定は公式または非公式の場での事前の討議とコンセンサスである（いわゆるASEAN-Way：Severino, 2006, pp. 1-40；東アジアの諸枠組みも同様：Solingen, 2005）。政策の形成合意も各国の既存政策との整合性を優先して最大公約数的な一般的抽象的合意が多く，しかも各国の自発的履行に頼り，履行の監視は政府間の相互監視が主であるため厳しくない（中村ほか，2008, 82頁；Nakamura, 2009, pp. 196-197）。何より越境的問題への新たな対応を国内政策に先だって国際的枠組みで共同開発するような積極的な政策形成合意は——それがあれば国際的枠組みの価値が高まるが——実際には例が少なく（たとえばAPECは1997年アジア通貨危機にまったく対応できなかった），あったとしても各国の履行は確保されていない（中村ほか，2008, 70-71頁；Nakamura, 2009, p. 197）。これは参加国間の政治的な意思の未成熟に起因するだけではなく，履行を確保する制度の未整備など，制度構造の欠陥にも起因する（中村ほか，2008, 71頁；中村，2000）。事実，ASEAN諸国は構造的欠陥を反省し，また1990年代以降の経済や政治問題のグローバル化に迅速かつ実効的に対応する必要性をいち早く共有して，2000年代に入りASEANを自発的・非拘束的な制度から一定の履行強制や法的拘束を認めるASEAN共同体の構想を始め，2007年末のASEAN共同体憲章の制定へと向かった（Severino,

2005, p. 6 ; Koh, Manalo and Woon, 2009, pp. 37-38, 122-123)。

そこで(1)現存の諸枠組みを長期的に実効のある国際的枠組みに改善するために、短期的政治情勢に左右されずに定期的に一定の手続や制度を通して関係諸国の合意形成を促し、かつ合意の確実な履行を実現する仕掛けを既存の各枠組みに組み込むか（そのために枠組みの法制度化も必要になろう），または，(2)そのような仕掛けをもった法制度を新たに構築することになろう。

しかし，選択肢(1)は後述⑥の理由によりさらに工夫を施すことが必要である。また選択肢(2)のうち，少なくとも加盟国の主権的権利の行使を法的に制限するEU型の制度は，次の⑤の理由により，現在の東アジア諸国間では合意できないであろう。

⑤東アジア地域やアジア・太平洋地域の既存の国際的枠組みが参加国の自発的合意と自発的履行を基本とする点は，裏を返せば，参加国が主権的権利の行使について国際的枠組みから法的制約を受けることを嫌う立場の現れである (Nakamura, 2009, pp. 201-202)。この立場はASEAN諸国にもAPEC参加諸国にも共通する。ASEAN諸国はASEAN共同体憲章（2007年）の起草の際，加盟国の主権的権利の行使を法的に制約する「EUは着想の源ではあるがモデルではない」(Koh, Manalo and Woon, 2009, p. 132) という立場から，ASEAN共同体が加盟国の主権的権利行使を法的に制約しないように図りつつ，これまでのASEAN実務よりも実効を高めるような法制度化に合意した (Koh, Manalo and Woon, 2009, pp. 98-101)。

ゆえに近い将来の政治的実現可能性を念頭におくなら，東アジアまたはアジア・太平洋地域の国際的協力枠組みは，加盟国の国家主権行使を法的に制約しないが，それなりに合意形成や履行に実効性を保障するような制度を構想することになろう。

その場合，EC/EU制度のなかでも，構成国の主権制限的な仕組みは参照できないが，それ以外の仕組みやEC/EUに見られる法の秩序構築的な役割の意義などは，参照価値を失わないであろう（中村ほか，2008, 49, 72-79頁）。たとえばコンセンサスで加盟諸国が共同行動計画を立案しつつ，各国別に具体的な実施計画を自主的に策定して実施する方式をとるが，各国実施を実効的に監視する制度を導入し，履行を確保するといった案である。

⑥今日の越境的な政策課題や懸案は，分野横断的な政策課題が多い（中村ほ

か,2008,78-79,95-97頁)。現に東アジア地域にはいくつもある(中村ほか,2008,96-97頁)。

たとえば低開発国での工業的手法での農漁業(大規模な森林・海岸・湖沼開発を伴う生産管理と大量生産・輸出)は,貿易と環境保護の緊張をもたらす。商品貿易の自由化は関係各国間の衛生基準や検査体制や方法の平準化を求めるようになり,高等教育を通した人材育成にも波及する(鳥インフルエンザ対策など)。欠陥商品の予防と事後処理は,関係各国の関連行政諸機関の緊密な情報交換を要請する。商品貿易の自由化は武器転用可能な商品にも及びうるが,するとテロ活動や海賊の防止など安全保障や警察問題にも関連する。

ところが,東アジアおよびアジア・太平洋地域の既存の国際的枠組みは,目的別に創設され,メンバーの重層性はあるが活動の相互関連はなく,単に林立するだけである。諸枠組みの相互無関連の結果,越境的問題を仮に各枠組みで同定したとしても,それぞれに合意する政策に重複や矛盾や欠落など整合性を欠くことになりうる(中村ほか,2008,96頁)。現実には越境的政策課題に対処する責任やリーダーシップをとる枠組みやリーダー国がどこかが不明確な状態が続いている。ゆえに相互関連のないまま既存の各枠組みに政治的合意を促し合意の確実な履行を図る仕掛けを組み込んでも,今日の政策分野横断的な越境的課題には実効的に対応できないであろう。

以上から,選択肢(1)(既存の各枠組みの改善)も枠組み個別に改善するだけでは適切な解決にならない。選択肢(2)(新制度の創設)においては,一方でEU型の主権制限的な制度は政治的な実現可能性が現状ではほとんどなく,他方で特定目的に限定して設立される「国際行政機関」を設立することは選択肢(1)と同等の問題を抱えるから,適切な選択といえない。

⑦アジア・太平洋地域全体のなかでも東アジア地域は,下からの地域化(民間主体の経済活動の越境化)と地域主義が,政府間の上からの地域主義よりも先行して模索されてきた(中村ほか,2008,14-16頁;Nakamura,2009,pp.204-205)。民間主体(ビジネス,NGOなど)や地方自治体など,中央政府以外の非国家主体が担い手となった越境的な(非営利的な)協力も多々試みられている。この特徴は東アジアの越境的協力制度の構築において活かしうる。また人々の参加を積極的に制度に組み込むことは,制度の透明性と正統性を高めるうえでも重要である。EUの経験に照らしても,越境的な制度の扱う事柄が政策分野横断的

になり，経済的利害を超えた政策判断を要するものに及ぶにつれて，当該制度を通した統治の透明性と民主的正統性がいっそう求められるようになっている。

現在の非国家主体の（主として非営利的な）越境的協力は，国家主体のそれ（たとえば政府開発援助〔ODA〕）との連携が乏しい。自治体の越境的協力も，国の越境的協力との連携が薄く，また違う国の自治体同士の越境的な協力関係は多数あるが，相互の関連づけはほとんどなく，それぞれの経験の共有を図る工夫も未発達である（Nakamura, 2009, pp. 204-205）。これは裏返せば潜在力であり，もしも先行する下からの地域主義の模索と上からのそれを組み合わせた官民合同の越境的協力枠組みを設けるならば，東アジア固有の要請に柔軟に応える能力が高まるものと期待できる。すなわち，既存の上からの地域主義を模索する方式である，地域経済統合や包括的連携協定だけでは不十分であり，東アジアの非国家主体の越境的協力の実績と潜在力を取り込む制度を新たに設計するほうが，越境的枠組みをつくる積極的価値も高まる。

以上の①から⑦までの理由・論拠を重ねあわせ，さらに ASEAN＋3 諸国が既存の諸枠組みのほぼ共通のメンバーとなっている点にも注目すると，既存諸枠組みの存続と改善をめざす選択肢(1)も，新制度の設立をめざす選択肢(2)も，その新制度の設計次第では両立可能であることに気づく。

2 「東アジア共同体」の設計

（1）基本構想

そこで，次のような構想も可能となる。

① ASEAN＋3 諸国を原初メンバーとして，ASEAN＋3 枠組みに代替する新たな制度「東アジア共同体」を創設し，それを法制度化し，メンバーが定期的に会合して信頼を醸成し，合意を形成し，各メンバーが合意を着実に履行する実効ある流れをつくる。ASEAN-Way の法制度化を試みる ASEAN 憲章を参考にし，また EU の法技術も参照して，新たな法制度を工夫する。

② ASEAN＋3 枠組み以外の東アジアおよびアジア太平洋地域にある既存の国際的枠組みは存続させ，既存の諸枠組みが「東アジア共同体」から見

れば相互に関連づけられるようにする。
③ 「東アジア共同体」は，すでにある下からの地域主義を活かせるように工夫する。
④ 「東アジア共同体」は，負の歴史の遺産の建設的解消（和解・不戦・平和協力）を主目的のひとつとする。

(2) 設計上の方針・方法

さらに，具体的な制度設計を進めるうえでの方針も必要である。ただしこれは制度設計者としての政治的判断が入り込む。同じ基本構想のもとでも，制度設計者の政治判断が違えば，違う制度がつくられうる。以下の方針は，筆者が起草者のひとりとして関与した後述の「憲章案」の起草にあたっての具体的方針である。

第1は，共同体の形成は，（突如 EC を設立するといったビッグバン方式ではなく）ASEAN 形成のように漸進的に進める（中村ほか，2008，59頁）。東アジア諸国がおかれた大きな国際政治の文脈（既存枠組みの林立に見る利害錯綜），東アジア諸国間での合意可能性（国家主権喪失感の最小化），域外諸国による容認可能性（既存枠組みの政治バランスの存続），既存の下からの地域主義も活用した実行可能性を総合的に考慮するからである。これらの考慮は，後掲の憲章案では，前文1段（「諸成果を基礎にさらに積み上げ」）や同10段（「既存の国際的枠組での活動を……組織化する」）に現れている。

第2に，政策内容には，すぐに実行可能なものと長期的・野心的なものを両方盛り込む。共同体設立の実益は，短期的・長期的両方，諸国政府と諸国民に感得されなければ，設立への支持は望めない。そこで一方で既存の諸枠組みが合意している政策課題を包括的に取り込むことにした（憲章案7～15，17～19条）。これは諸枠組みの活動を長期的に東アジア共同体が総合する軸になるための素地でもある。他方で，新たな（実現可能性の裏づけもかなりある）長期的な目標として，アジア通貨単位（ACU）の導入（憲章案13条2項），東アジア・電気通信ネットワーク（同15条），共通統計（同16条），司法協力を通した「法の支配」の地域大の定着（同20条）なども提示した（中村ほか，2008，98，150-151頁。アジア通貨単位の実現可能性について Nakamura, 2009, pp. 43-62，アジア諸国間の司法協力・法曹養成の必要性の共通認識について Alford, 2007）。

第3に，法のもつ秩序構築的な機能と普遍的言説を可能にする機能を活かす制度をつくる。EC/EUの歴史は，法が政治的な浮沈を超えて長期的統合目標の維持と推進に大きな役割を果たすことを実証している（中村，1995）。ASEANの歴史は，多様性に富み主権を主張しあう国々の間にあっても，漸進的に政治上の行為規範や一般抽象的な実体的価値を共有でき，それが次第に条約などの法に転換可能であることを示している（山影，1991；1997；Davidson，2002）。この両者に例証されている法の積極的な役割は，長期的な秩序構築目的と意思の保持機能であり，普遍的言説の可能化である。これらを活かす制度は有益であろう。

第4に，域内と世界の諸国と人々に透明で，世界大の秩序形成と調和的かつ相互補完的なマクロ地域主義をめざすことである。地域内で実体的価値や公正な手続に関する諸原則をより多く共有し，その諸原則を可能な限り普遍的な法概念で記述することは，マクロ地域形成を域内外の諸国と人々に透明で理解可能なものとし，同時にグローバル単位の秩序形成に調和するかどうかを問われるきっかけをつくり，そこに起きる論争ないし地域内外との対話を通して，可能な限りグローバル秩序の形成に相互補完的な地域主義に成長していく道をつくるであろう（中村ほか，2008，72-76頁）。

（3）法の積極的役割を活かすことの意義

以上のうち，第3点（法の役割）がとりわけ「憲章案」という形式で法にこだわる提案をしたことの思想的な意義でもある（中村ほか，2008，68-73，82-85，97-98頁）。これは東アジア共同体をつくる理由の重要なひとつをなす。

東アジア地域諸国・諸国民が共有できる実体的価値や行為規範を法として表現することとは，歴史の負の遺産の克服となる。過去の非を非とする根拠となる実体的価値（虐殺の反省から出てくる人間の尊厳や生命への権利など）やルール（対等な対話や公平な議事手続の共通了解など）を社会一般に共有可能なものとして発見する作業であり，そこから過去の失敗を教訓に昇華することができるからである。

この点はヨーロッパの先例から学ぶところが多い。ヨーロッパ諸国が戦後間もなく，世界人権宣言（1948年）に賛同し，ヨーロッパにおいてより具体化した欧州人権条約（1950年）を締結したことや，戦争の火種となった独仏の石炭

と鉄鋼を国家の手から共同体の手に移して開発・利用・流通させるためのルールと制度をつくったこと（1951年の欧州石炭鉄鋼共同体〔ECSC〕条約）は，すべて負の歴史の建設的な昇華の努力の成果である。これは東アジアにおいても学び活用できる法の建設的機能である（中村ほか，2008，84頁）。法には国境を越えて共有可能な価値を特定し，人々の行為を規律するルールとして代々継承可能な無形の財産にするような機能がある。

また，特定の共有価値と規範を明示することにより，それを根拠に，東アジアやアジア太平洋地域の既存の国際的諸枠組みと「東アジア共同体」との関係を位置づけ，関連づけることができる（中村ほか，2008，83頁）。

さらに価値や規範を法的に表現することは，それを世界大の法の視点に訴えることにもなる。東アジア地域内で共有できる実体価値やフェアなルールを法的に表現するならば，世界大で通用する法概念やルールとの異同の論争土俵が設定される（東アジアの固有の真理・文化・価値観・魂を評価すべきことを強調する小原説に対する筆者の留保を参照〔中村ほか，2008，34頁〕）。また論争がなくても，マクロ地域の内向きの議論に陥っていないかを自他ともに検証するきっかけを，法はそれに内在する普遍的言説を可能にする力により与えてくれる（中村ほか，2008，85頁）。

憲章案の具体的な政策課題として「司法協力」を掲げるのも，法を通した建設的な対話を広げ，「法の支配」の価値を共有するためである（中村ほか，2008，111頁）。現実にASEAN諸国の近年の市場経済法の整備事業に伴い，高度の法務に対応できる法曹の育成も急務となっている（Alford, 2007）。

以上のような思想的意義づけをもとに，憲章案の起草にあたり，東アジア諸国・諸国民間に共有すべき価値や共有可能な基本原則を明示し，かつそのような価値や原則に基づく秩序だった合意の形成と紛争の予防と解決を図るものとした。

3 東アジア共同体憲章の提案（2007年CREP案）

憲章案の概要を説明しよう。憲章案は，原則（第1部），共同体の政策（第2部），組織（第3部），最終規定（第4部）からなる（抄録は本書99-110頁）。

(1) 基本原則

　共同体に参加する国や人々が共有する基本原則は，ASEAN＋3 諸国の憲法，当該諸国が批准した国際条約，国際法上の強行規範，この地域の既存の諸制度の文書，ASEAN 共同体憲章草案などを手掛かりに条文化した。とくに ASEAN 諸国は国家主権の保持に関心をもち，かつ非西欧的価値も重視するので，その諸国が共有する価値や原則で世界的に通用する表現の原則があるならば，東アジア諸国の合意もとれると考え尊重した。

　また，この基本原則が守るべき重大な価値を反映したものであることを恒常的に示すために，加盟国による基本原則の重大な違反に対しては，共同体としての是正手続を導入した（憲章案36条）。当該違反の内容と原因を共同体が精査し，問題国の違反が非難されるべきときは制裁を科し，違反が問題国の経済的困難など非難より救助により是正されるべきときは，共同体諸国が連帯して必要な援助をする。共同体の基本原則は拘束的であることを示し，諸国が基本原則と共同体制度を通して目標達成に建設的に協力することも示した。

　また共同体の「運営原則」（憲章案5条）では，共同体とそれに参加する主体の行為規範を掲げ，そのなかに共有する実体的価値や公正手続価値を書き込んだ。たとえば「地球規模で共有されている基本的価値と普遍的原則に調和するように」（同5条1項1号），あるいは「この地域の多様な社会文化的伝統と遺産に適正に配慮」（同項3号）して共同体としての地域的協力を展開するといった規定や，「地域内の連帯を『共助興隣』の理念により推進し，……開発格差の縮小のための努力」をするといった規定（同条2項6号）である。この運営原則を守って行動するなかから，次第に加盟諸国と諸国民が共同体の活動を通して共有する価値が増えることをねらった。

(2) 政　策

　政策は，表4-1（前掲）の諸政策である（憲章案7～20条）。これは既存の枠組みで合意されたものを整理した。また，今後の変化に対応できるように，憲章案21条で新たな共通の関心事項の合意ができるものとした。

　政策の合意プロセスと実施プロセスを制度化し，共同体の機関において合意し，実施を監督するものとした。図4-1は，東アジア共同体の政策形成と実施過程の静態的な流れ図である。

第 4 章　東アジア共同体と憲章草案

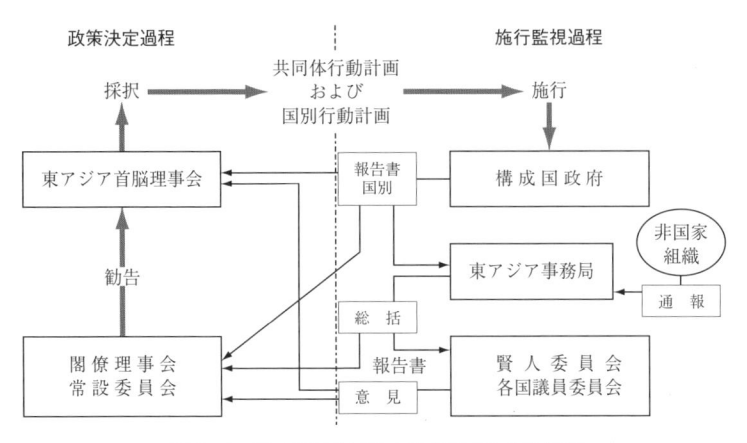

```
政策決定過程        │        施行監視過程
                共同体行動計画
   採択     ──→  および    ──→  施行
                国別行動計画
                              ↓
  ┌─────────┐  ←──── 報告書  ┌─────────┐
  │東アジア首脳│        国別    │構成国政府│
  │理 事 会  │  ←──            └─────────┘
  └─────────┘                      │
     ↑                               ↓        ┌──────┐
    勧告                          ┌─────────┐   │非国家│
     │                          │東アジア  │←─│組 織│
     │                          │事 務 局 │   └──────┘
     │               総 括       └─────────┘    通報
     │                              │
  ┌─────────┐  ←──── 報告書  ┌─────────┐
  │閣僚理事会│        意 見  │賢人委員会│
  │常設委員会│  ←──           │各国議員委員会│
  └─────────┘                └─────────┘
```

図 4-1　東アジア共同体の政策形成と実施過程
出所：筆者作成。

　図の左半分が政策形成過程を表す。すなわち，図の左下の「常設委員会および閣僚理事会」で案が準備され，「首脳理事会」に上程され，そこで共同体行動計画がコンセンサスで合意され採択される。各国は各国の事情や多様性を考慮しつつ共同体の基本原則・運営原則に即した「国別行動計画」を策定して，これを官と民の協働により実施する（協働の仕方は各国に委ねられる）。

　図の右半分が政策の実施と監視の過程である。すなわち，「国別行動計画」は各国政府と関係民間主体が実施するが，実施状況と成果を各国政府は定期的に共同体事務局と常設委員会に報告する。非国家組織（とくに実施に関係する民間主体）もまた実施状況（とくに不履行や遅滞など）を共同体事務局に直接通報でき，事務局もこれを受理しなければならない。共同体事務局は，各国報告と民間報告を総合し，独自の統計情報に基づく見解も加えて総括報告書を作成し，これを共同体の諮問機関（各国議員委員会，賢人委員会）と常設委員会・閣僚理事会・首脳理事会に提出する。各国議員委員会は自らの発意で調査し意見を閣僚理事会と首脳理事会に提出できる。賢人委員会も閣僚理事会と首脳理事会に意見を提出できる。

（3）制度のダイナミズムがもつ可能性
　さらに，図のプロセスは，むしろ動態（dynamic）で捉えることが重要である。動態にこそこの制度の潜在力（potential）が現れるからである。

敷衍すれば，今共同体が設立され，この流れ図のような政策のサイクルが定着してくると，共同体機関のうち事務局が，加盟各国政府からの情報，民間主体からの情報，そして共同体ワイドに独自に収集した情報のデポジトリとなり，独特の情報加工力をもつことになる。前年までの政策Ａの総括的評価が，各国の利害を含めどの利害からも独立の共同体事務局によってなされ，それが次年度以降の政策Ｂ案の基礎となる。このとき共同体事務局が，前年度までの実績評価をふまえて，相当に詳細な改善提案や新規の提案を行うならば，政策の立案と実施監視の区別は静態図ほどに明確ではなくなってくる。つまり本来は起案の中心が静態図では常設委員会だけにあったように見えたが，動態図では，共同体事務局と常設委員会の両方に広がることになろう。これが動態的な潜在力の一面である。共同体事務局には，共同体全体の利益を推進する見地からのアイディアを出しうる潜在力が備わることになる。

同様に，事務局に通報する関係民間主体もまた，実施現場の困難や新たな問題を逐次詳細に事務局に通報することを通して，新たなアイディアや改善提案の具体化に協力できるであろう。各国議員委員会も，各国議会を通した情報収集を独自に事実上行うであろうから（それを妨げる規定はない），ここからも実施状況の多角的な評価が行われることになり，新たなアイディアや改善案も登場するかもしれない。

こうして，動態的に描かれるほど，政策の形成と実施は截然とは区別されないようになる。そうなればなるほど，共同体は，各国政府中心の意思決定システムでありながら，関係するそれ以外の官民の主体からの意見やアイディアが取り込まれうる，より民主的な制度へと運用において展開しうる。これも動態的な潜在力の一面である。

このような動態的な潜在力が出てくるのを助けるために，憲章案５条に「共同体の運営原則」がおかれ，その第１項では，共同体の諸目標を達成するための「すべての活動」において，「共同体は……各国議会議員，市民社会団体，学術機関，民間企業その他の非政府組織の参加や相互間の交流を含めて，地域内の協力の新しい方法を考案し推進する」ものと規定している。さらに第２項で，「共同体の協力において，共同体に参加するすべての者は，共同体の措置と活動を実施する際に，お互いを全面的に尊重して支援しあう」ものと定めている。

なお，憲章案に明文がないが，共同体の諸機関に寄せられた情報や諸機関が発する意見や報告書などはすべて公開されるべきである。
　東アジア共同体憲章案は本書99-110頁に抄録する[4]。より詳細は，中村ほか（2008）を参照されたい。

■ ■ ■

◉注
（1）　本章第1節・第2節は中村（2009）を補筆したものである。
（2）　この憲章案は，東京大学社会科学研究所の2005～08年度の「地域主義比較研究プロジェクト（CREP）」の研究成果である。詳細は，中村ほか（2008），中村（2009），Nakamura（2009）を参照。
（3）　APEC以後のアジア太平洋諸国の政治実践を検証して「東アジア」地域なる概念の生成を論じたものとして，Pempel（2005）。「アジア太平洋地域」なる脆い概念の形成史として，大庭（2004）。
（4）　注2参照。

◉参考文献
大庭三枝（2004）『アジア太平洋地域形成への道程』ミネルヴァ書房。
小原雅博（2005）『東アジア共同体』日本経済評論社。
須網隆夫「東アジア共同体憲章──東アジア型共同体構築のために」『経済トレンド』第55巻第12号，26-28頁。
孫歌・白永瑞・陳光興編（2006）『ポスト〈東アジア〉』作品社。
中村民雄（1995）「アジア太平洋の地域経済協力の構築──EC法との比較による分析の試み」石井紫郎・樋口範雄編『外からみた日本法』東京大学出版会，295-325頁。
中村民雄（2000）「APECの政策形成・実現過程の特徴と限界──法的視座からの分析」『社会科学研究』第52巻第2号，147-167頁。
中村民雄（2009）「『東アジア共同体憲章案』の意義と地域主義研究の課題──『東アジア共同体憲章案』の批評を通じて」『社会科学研究』第61巻第1号，45-71頁。
中村民雄・須網隆夫・臼井陽一郎・佐藤義明（2008）『東アジア共同体憲章案』昭和堂。

毛利和子（2006）『日中関係』岩波書店。
森嶋通夫（2001）『日本にできることは何か』岩波書店。
山影進（1991）『ASEAN』東京大学出版会。
山影進（1997）『ASEAN パワー』東京大学出版会。
吉野文雄（2006）『東アジア共同体は本当に必要なのか』北星堂書店。
「特集〈反日〉と向き合う」『現代思想』2005年6月号。

Alford, William P. (ed.) (2007), *Raising the Bar*, Cambridge, Massachusetts : East Asian Legal Studies, Harvard Law School.

Davidson, Paul J. (2002), *ASEAN*, Singapore : Times Academic Press.

Fujita, Masahisa. (ed.) (2007), *Regional Integration in East Asia*, Basingstoke : Palgrave Macmillan.

Koh, Tommy, Rosario G. Manalo and Walter Woon (eds.) (2009), *The Making of the ASEAN Charter*, Singapore : World Scientific Publishing.

Nakamura, Tamio (ed.) (2009), *East Asian Regionalism from a Legal Perspective*, London : Routledge.

Pempel, T. J. (ed.) (2005), *Remapping East Asia*, Ithaca : Cornell University Press.

Severino, Rodolfo C. (2005), *Framing the ASEAN Charter*, Singapore : Institute of Southeast Asian Studies.

Severino, Rodolfo C. (2006), *Southeast Asia in Search of an ASEAN Community*, Singapore : Institute of Southeast Asian Studies.

Solingen, Etel (2005), "East Asian Regional Institutions : Characteristics, Sources, Distinctiveness" in T. J. Pempel (ed.) (2005), *Remapping East Asia*, Ithaca : Cornell University Press, pp. 31-53.

Wesley, Michael (ed.) (2003), *The Regional Organizations of the Asia Pacific*, Basingstoke : Palgrave Macmillan.

東アジア共同体憲章案（論議のための研究者試案）

2007年7月21日
中村民雄・須網隆夫・臼井陽一郎・佐藤義明起草

これは独立の研究者の試案である。
いかなる政府のいかなる立場も表明するものではない。

（前文）
[ブルネイ・ダルサラーム，カンボジア王国，中華人民共和国，インドネシア共和国，日本，大韓民国，ラオス人民共和国，マレーシア，ミャンマー連合，フィリピン共和国，シンガポール共和国，タイ王国，ヴェトナム社会主義共和国の国家元首または政府の長，ならびに中華台北（Chinese Taipei）の特別代表は*]

* 台湾は1991年より中華台北（Chinese Taipei）として APEC のメンバーに加わっている。国際的に定着したその呼称をここで用いている。台湾の国際的地位は微妙な問題であるため，台湾の加盟資格については，本共同体の設立に際して，別途議定書を本憲章締約国間で締結するのが妥当かもしれない。……

[1] 東南アジア諸国連合（ASEAN），同連合と日中韓三カ国プロセス（ASEAN plus Three process），東アジア首脳会議（East Asian Summit）ならびに1990年代から当該諸国間で締結した自由貿易協定および経済連携協定の諸成果を基礎にさらに積み上げ，

[2] 締約諸国の憲法原則，国際法の一般原則，締約諸国すべてが加入した国際条約，ならびにアジア・太平洋経済協力（APEC），アジア・ヨーロッパ会合（ASEM）およびアセアン地域フォーラム（ARF）の諸プロセスを尊重し，

[3] この地域の人々が共有してきた歴史的，地理的および文化的な絆を自覚し，

[4] 政府の行為によって再び東アジアにおいて戦争，軍事進出および軍事衝突の惨禍が起こることのないようにすることを決意し，またこの地域の越境的な枠組を強制的につくることは決して認めないとの決意を新たにし，

[5] この地域の諸国間のいかなる紛争および衝突も平和的手段により解決すべきことを確約し，

[6] 常時一貫して協力し，相互の信頼と理解を深めることにより，この地域の諸国と人々の間の永続的な和解と平和的関係が築かれることを切望し，

[7] この地域の人々のより高い水準および質の生活ならびに格差のない繁栄を推進す

ることを切望し，

[8] ますます多くの国内政策問題が，地域あるいは地球の適切な次元で取り組まれるべきより大きな問題と不可分につながっていることを認識し，

[9] 我々の繁栄を開かれた透明な市場において求め，この地域の政府と人々の間の自発的で先行的な協力を築くことを通して，地域の課題および危機に対して迅速で効果的な対応を進めることを決意し，

[10] この地域の既存の国際的枠組での活動を共通の基本原則と協議手続により組織化するだけでなく，共通の関心事項と利害のために，この地域の諸政府と人々の間の柔軟な協力方式を形成することも確汎し，

[11] いっそう強固な多国間協力および健全な地球ガバナンスに基づく国際秩序を，民主主義，法の支配，人権および基本的自由の尊重，国家間の平等と連帯，国際法の原則とりわけ国際連合憲章の原則の尊重の諸原則により導きつつ推進することを確約し，

[12] 最初の一歩として締約諸国間において共同体を開始することを決意し，

東アジア共同体を設立することを決定し，……以下に合意した。

第1部 原 則

第1条（共同体）
締約諸国は，本憲章により，東アジア共同体を当該諸国間において設立する。共同体は開かれ透明であるものとし，本憲章に基づき権限の範囲内で活動し，構成国の主権と国民的同一性を適正に尊重するものとする。

第2条（目的）
共同体は次を目的とする。

- この地域の人々の平和，安全保障，安定，より高い水準および質の生活ならびに格差のない繁栄を推進すること。
- この地域の人々と諸国が平和に生き，開かれた民主的な環境において反映するために，この地域の政府と人々の間の常時一貫した協議と協力を強化すること。
- 構成国が共有する共通の規範と原則に基づいて，この地域の紛争を平和的手段により解決すること。
- 安定し調和した地球規模の秩序を築くにあたり，平和的で互恵的な関係をこの地域の内外に及ぼし，共有の規範と原則をこの地域の内外に明言し蓄積することを通して，より広い世界に貢献すること。

第3条（活動目標）
第2条に掲げる諸目的のために，共同体の活動目標は，本憲章および附属議定書に定める通り，次のものを含むものとする。
(a) 地域の安全保障および平和のための協力および相互支援の促進
(b) テロリズム，海賊，薬物および人身の密輸，通貨偽造，資金洗浄などの国際犯罪に対する協力の強化ならびに伝染病および自然災害に対する協力の強化
(c) 連帯の精神に基づく自然災害その他の災害の際の相互食糧援助制度の創設
(d) この地域の人々のために，貧困を解消しグローバル化の恩恵をいっそう受けることができる，持続的で持続可能な開発を確保するための協力
(e) 二国間，地域規模および国際規模の共同作業を通して構成国間の開発格差を縮小するための協力
(f) 持続可能な経済開発と高水準の消費者保護と労働条件を維持しつつ，開かれた，透明な，競争的な地域市場の実現
(g) 運輸および電気通信の基盤，設備および役務の統合と効率性の向上による，経済的連結と地域内接続性の拡充の推進
(h) 天然エネルギー資源の安定的で効率的な開発と利用のための協力
(i) この地域の経済成長と金融安定の促進
(j) 通貨および通貨政策の分野での協力
(k) 地域および地球規模の環境協定の強化ならびに人材育成による環境の質の保全，保護および向上
(l) この地域および共同体に関する研究教育を促進するための，学生および教員の交換などを含む協力ならびに共同体内の科学技術開発のための協力
(m) 人のいっそう自由な移動のための協力
(n) 司法分野の協力

第4条（構成国が共有する基本原則）
1 構成諸国は，その独立，主権，平等，領土一体性および国民的同一性を相互に尊重するものとする。
2 構成諸国は，他の構成諸国の発展に重大な悪影響を及ぼす政策および措置を採択し実行しないものとする。
3 構成諸国は，他の構成諸国の主権，領土一体性または政治的もしくは経済的な安定性を脅かすいかなる活動にも参加しないものとする。
4 構成諸国は，相互の関係において軍事進出および武力の行使を放棄し，相互の紛争および衝突の解決については平和的手続だけに拠るものとする。
5 構成諸国は，共同体の活動目標を推進するものとし，かつ，本憲章，国際連合憲章

その他の基本的国際条約および協定で構成諸国が加入するものに含まれる諸原則を誠実に遵守するものとする。
6 構成諸国は、国際人道法を含め国際法の一般的に認められた諸原則を推進し支持するものとする。
7 構成諸国は、人権および基本的自由を、とりわけ性別、人種、民族的出自、宗教または信念に基づく区別なく、尊重し推進するものとする。
8 構成諸国は、大量殺戮、民族浄化、拷問、戦争手段として用いる強姦はいかなるものも認めない。
9 構成諸国は、憲法および民主主義に基づかない政府の変更を認めない。
10 構成諸国は、本憲章の下でのあらゆる義務および合意した確約を誠実に履行し実施するものとし、本憲章に定める諸活動に参加する努力を最大限かつ絶えることなく行うものとする。

第5条（共同体の運営原則）
1 第3条に述べた諸目標を達成するためのすべての活動において、共同体は、
- 地球規模で共有されている基本的価値と普遍的原則に調和するように平和的で開かれた地域的協力を展開する。
- 構成諸国の平等と国民的同一性を尊重する。
- この地域の多様な社会文化的伝統と遺産に適正に配慮する。
- 構成諸国の政策を、いっそう大きな社会経済的恩恵のために調整する。
- 各国議会議員、市民社会団体、学術機関、民間企業その他の非政府組織の参加や相互間の交流を含めて、地域内の協力の新しい方法を考案し推進する。
- 共同体が採択するすべての措置の内容と実施において、環境保護の要請を組み込む。
- この地域の次世代の共有利害とそれに対応したこの地域の現世代の諸責任を明らかにし、そのための行動をとる。
2 共同体の協力において、共同体に参加するすべての者は、
- 共同体の措置と活動を実施する際に、お互いを全面的に尊重して支援しあう。
- すべての者に友好的でだれにも敵対的ではないような外に向いた地域的協力を維持する。
- 民主主義、法の支配、人権および基本的自由の尊重、国家間の平等と連帯、国際法の原則とりわけ国際連合憲章の原則の尊重の諸原則を守るべきものと確約する。
- 互恵に基づいて、いっそう緊密な協力を通して地域規模の経済可能性を追求する。
- 大規模の自然災害や経済危機が生じたときは、積極的に他の参加者を支援する。
- 地域内の連帯を「共助興隣」の理念により推進し、地域の多様性と構成諸国の国民的同一性に適正に配慮しつつ、開発格差の縮小のための努力を強化する。

- この地域の諸国の相互補完性を高めるために，地域内に利用可能な諸資源を可能な限り活用しつつ，各国単位，地域内特定区域単位，および地域全体単位での開発計画に協力する。

第2部　共同体の政策

第6条（共同体における構成国協力の一般規則）
構成国は，第3条が定める目標を達成するために，第2条，第4条及び第5条が規定する目的及び原則に従い，東アジア首脳理事会が特定の政策分野，とくに本憲章第2部に列挙された諸分野について採択した共通行動計画及びその他の措置に基づいて，共同体内において緊密に行動しなければならない。

第7条（地域安全保障）
第8条（国際犯罪）
第9条（公衆衛生・自然災害）
第10条（食料協力）
第11条（開発格差の縮小・貧困の緩和）
第12条（市場構築）
第13条（通貨・金融協力）
第14条（エネルギー協力）
第15条（汎東アジアネットワーク）
第16条（統計）
第17条（環境協力）
第18条（研究・科学・教育協力）
第19条（人の移動）
第20条（司法協力）
第21条（共通関心事項）
構成国は，東アジア首脳理事会における全会一致により，本憲章第2部に含まれていない事項を，第2条が規定する共同体の目的に従う限りにおいて，本憲章に基づく構成国間協力の対象とすることを決定できる。

第3部　組　織

（第1章　共同体の機関）
第22条（機関と任務）

1 機関の構成は次の通りとする。
  東アジア首脳理事会（The East Asian Council）
  閣僚理事会（The Council of Ministers）
  東アジア事務局（The East Asian Secretariat）
  賢人委員会（The Eminent Persons Committee）
  各国議員委員会（The National Parliamentarians Committee）
2 各機関は，本憲章が付与する権限の範囲内において，本憲章が定める手続と条件に従って，行動するものとする。

第23条（東アジア首脳理事会）
1 東アジア首脳理事会は，構成国の国家元首または政府の長ならびに事務総長を構成員とする。ただし，事務総長は投票権を有しない。議長国は任期一年とし，東南アジア諸国連合に加盟する構成国と，それ以外の構成国が，交代で議長国をつとめる。それぞれの構成国群のなかでの議長国担当順序は，英語名称国家名のアルファベット順とする。東アジア首脳理事会は議長国が主宰する。
2 東アジア首脳理事会は，共同体の最高決定機関とする。首脳理事会は，本憲章に従って，政治，経済，社会・文化，その他東アジア地域共通の関心事項について討議することができる。首脳理事会は，共同体の一般方針と優先課題を明示し，かつ共同体の活動の整合性を確保しなければならない。閣僚理事会からの勧告をうけて，首脳理事会は，共同体措置の実施に関する具体的な決定を含めて，共同体措置を採択し定期的に見直すものとする。
3 東アジア首脳理事会は，本憲章に特段の定めがない限り，コンセンサスにより行動する。東アジア首脳理事会の決定は，公表されるものとする。
4 東アジア首脳理事会は，年に一度以上，議長国の国内で開催されるものとする。議長は，状況から開催の必要があり，かつすべての構成国が合意するときは，臨時会合を招集することができる。第36条にしたがった会合の場合は，東アジア首脳理事会は，問題となる構成国を除いたすべての構成国の合意によって開催される。……

第24条（閣僚理事会）
1 閣僚理事会は，各構成国の政府を拘束する権限を付与された，各国の閣僚級の代表者によって構成される。東アジア首脳理事会の議長をつとめる構成国は，その一年の任期中に，閣僚理事会を主宰するものとする。……
2 閣僚理事会は，共同体行動計画を含む必要な政策措置を準備し，東アジア首脳理事会に勧告する。また東アジア首脳理事会によって採択された共同体の政策措置の実施を確保するため，構成国によるその実施に関する国別報告書および構成国の実施に正式に参加した者による報告書を精査し，かつ構成国による実施措置のうち，最善事例

となるものを特定する。
3　……
4　閣僚理事会は関係構成国の同意を得て，一定の構成国の国内実施を支援する適切な措置を決定することができる。
5　閣僚理事会は，本憲章に特段の定めのない限り，コンセンサスにより行動するものとする。
6　閣僚理事会は，年に二回以上開催される。また全構成国が同意した場合には，臨時会合をもつことができる。ただし第36条に定める会合の場合を除く。
7　閣僚理事会は，目的に応じてその構成を異にする。外相理事会と経済財務相理事会は常設とする。東アジア首脳理事会は，必要に応じてその他の構成の閣僚理事会を設置することができる。……

第25条（常設委員会）
1　常設委員会は，構成国の上級代表により構成され，閣僚理事会の決定によって設立される。その任務は，閣僚理事会の作業を準備すること，および閣僚理事会により指示された業務を遂行することとする。
2　常設委員会は，東アジア事務局の上級職員および各構成国により指名された大使級の上級代表から構成される。その構成員は定期的に会合をもたなければならない。常設委員会を主宰するのは，議長国の上級代表とする。常設委員会の副委員長は，東アジア事務局の上級職員とする。……

第26条（事務総長と東アジア事務局）
1　東アジア事務局は［(所在地は本憲章締約国代表の合意によって決定される)］に置かれる。
2　東アジア事務局は，事務総長および共同体が必要とする程度の職員から構成される。
3　事務総長は，賢人委員会への参加有資格者のなかから任命されるものとする。事務総長は，東南アジア諸国連合に加盟した構成国とそれ以外の構成国から交互に，それぞれの構成諸国の政府の共通の合意により推薦され，東アジア首脳理事会により任命されるものとする。事務総長の任期は5年間とする。当該任期は更新できないものとする。
4　事務総長は，共同体のすべての会合に事務総長の資格において行動し，共同体諸機関により委任されたその他の任務を遂行するものとする。事務総長は，東アジア首脳理事会へ共同体の活動に関して年次報告書を提出するものとする。
5　東アジア事務局の職員は，東アジア首脳理事会が定める規則にしたがって事務総長が任命するものとする。……
6　東アジア事務局は，共同体へ宛てられたあらゆる通報を受理し，共同体の活動に必

要な情報を収集整理し、これらの通報その他の情報を共同体の適当な諸機関に送付するものとする。……
7　共同体事務総長および事務局職員は、その職務を遂行するにあたり、いかなる政府からも、または共同体以外のいかなる官庁からも、指示を受けてはならず、また求めてもならない。……

第27条（賢人委員会）
1　各構成国は、当該国の国家元首もしくは政府の長、内閣閣僚、議会の議長、最上級裁判所の首席判事もしくは判事の職の経験者のなかから、賢人委員会の構成員を一名任命するものとする。
2　賢人委員会は、東アジア首脳理事会が開催される際に、同じ開催地で同時に開かれるものとする。賢人委員会自身が必要と認める場合、いかなる時でもまたどのような場所でも、臨時の会合を開くことができる。賢人委員会は、東アジア首脳理事会もしくは閣僚理事会が要請した場合、あるいは自らの発意によって、意見を表明するものとする。賢人委員会の意見には法的拘束力はないものとする。……

第28条（各国議員委員会）
1　各構成国の国政議会は、自国の国政議会の議員から各国議員委員会の構成員三名を任命するものとする。
2　各国議員委員会は東アジア首脳理事会が開催される際に、同じ開催地で同時に開かれるものとする。各国議員委員会自身が必要と認める場合、いかなる時でもまたどのような場所でも、臨時の会合を開くことができる。各国議員委員会は、東アジア首脳理事会もしくは閣僚理事会が要請した場合、意見を表明するものとし、また自らの発意によって、共同体の運営に関するあらゆる事柄について調査することができる。各国議員委員会の意見には法的拘束力はないものとする。……

第29条（登録非政府組織）
1　構成諸国の人々の相互交流を促進するために、共同体は、非政府組織が共同行動計画の各国実施および各国実施の定期的見直しに参加することを奨励するものとする。ただしその参加は、本憲章第2条から第5条に規定された共同体の目的、活動目標および諸原則に則さなければならない。
2　東アジア事務局は、登録規則に則して登録非政府組織の名簿を作成する。当該規則は、東アジア事務局が起草し、各国議員委員会の意見をまとめるために同委員会に送付する。東アジア首脳理事会は、各国議員委員会の意見を聴取したうえで、当該規則を採択するものとする。
3　登録非政府組織は、東アジア事務局に通報を行うことができる。東アジア事務局はその通報を、共同体のすべての機関に伝達しなければならない。

4　共同体と構成国は，共同体の活動上，登録非政府組織に適切な業務を委託することができる。共同体の諸機関は，自らの会合に，登録非政府組織を投票権のないオブザーバーとして招くことができる。

（第2章　行動の形式及び手段）
第30条（共同体行動）（Community Action）
1　本憲章の第3条に定める活動目標を共同体を超えて実現するために，構成国は，共同体の枠外で開催され，かつ，この地域にかかわる問題を取り扱ういかなる国際会議にも先立って，それらの国々の行動を調整するものとし，また共同体の枠内において共通戦略または共通の立場を決定することができる。
2　本憲章の第3条に定める活動目標を共同体内において実現するために，共同体は，共同行動計画を採択するものとし，構成国は，必要な枠組協定および国際条約を締結することができる。
第31条（非構成国及び他の国際機構との協力）
1　共同体は，東アジア地域におけるさまざまな協力の形態の機軸として，共同体の活動領域に含まれる問題に関連する活動を行っている協力国，非構成国および国際，地域または地方の組織と必要な連携を維持するために適当な措置をとるものとする。……

第32条（共同行動計画）
1　共同体は，本憲章の第2部に列挙されている政策領域ごとに，共同行動計画を作成する。第一次の計画は，閣僚理事会によって本憲章が発効してから1年以内に用意され，東アジア首脳理事会の承認を受けるものとする。
2　共同行動計画は，地域全体に係わるもの，特定の地方に係わるもの，または，特定の主題に係わるものとする。経済財政に係わる第一次の計画には，東アジア自由貿易圏の設立にいたる日程およびアジア通貨単位の漸進的な設立にいたる日程を記載するものとする。
3　共同行動計画は，3年以内の短期計画，4年以上10年以内の中期計画，または，11年以上の長期計画の形式をとることができる。共同体は，各計画を随時，また計画最終時期には必ず見直し，以後の計画を決定するものとする。……
第33条（国別実施計画）
1　共同行動計画の参加者は，その権限内において当該計画を実施するための国別実施計画を策定するものとする。構成国は，遅滞なく，自国の国別実施計画を共同体に通知するものとする。
2　構成国は，自国の国別実施計画を実施するために採られた措置に関する年次報告書

を共同体に提出するものとする。各年次報告書には，関連する国内立法及び国別実施の遂行上締結された国際協定などを記載するものとする。
3　事務局は，国別実施計画の実施に関する，登録非政府組織からの通報を受領するものとする。
4　事務局は，年次報告書及び前項に従って提出されたその他の通報を共同体のすべての機関に，その意見を付して伝達する。
5　閣僚理事会は，当該理事会が受領または収集したすべての情報を考慮して，年次報告書を検討し，当該報告書の対象とする国別実施計画の実効的な実施のために，当該理事会の権限内で，関連する構成国に対して適当な勧告を行う。閣僚理事会は，なかんずく，国別実施計画の実施に関する最善実務を公表するものとする。

（第3章　抗争管理および紛争処理）

第34条（抗争管理上の行動原則）

1　2またはそれ以上の構成国の間で抗争が発生した場合には，すべての構成国は当該抗争を悪化させる恐れのある一方的な行為を慎まなければならない。
2　構成国は，いかなる場合にも，他の構成国に対して武力による威嚇または武力の行使に訴えてはならない。
3　構成国は，抗争を解決するために，それらの国が負っている国際義務を信義誠実に則って履行することを誓約する。

第35条（紛争処理）

1　構成国が他の1以上の構成国との間で紛争が発生したとみなす場合には，当該構成国は，当該紛争を直接の紛争当事国の間で友誼的な交渉によって処理するよう努めるものとする。
2　構成国が，前項の手段で紛争を処理することが不可能であるとみなすに至った場合には，当該構成国は他の平和的な手段を用いて当該紛争を処理することができる。
3　紛争当事国である構成国すべてが同意する場合には，共同体のいずれの機関も当該構成国によって要請される役割を果たすことができる。このような役割には，斡旋，審査，仲介，調停及び仲裁裁判が含まれる。
4　本憲章は，構成国が他の平和的な紛争処理手段を採用することを妨げるものと解釈してはならない。本条にいう紛争処理手段には，国際連合憲章第33条1項に規定される手段及び構成国が締約国であるその他の国際取極めにおいて規定される紛争処理取極めを含む。
5　紛争処理のための地域的な手段を新たに創造するために，構成国は東アジア司法裁判所の設立を含む，東アジア地域における紛争処理手段に関して研究を行うことに同

意する。

第36条（共同体の基本的な原則の重大な違反に対する措置）

1 　構成国または事務総長は，外相理事会に対して，構成国が本憲章の第4条に規定されている基本的な原則に重大で執拗な違反を行っていることを通報することができる。

2 　外相理事会は，通報対象国の政府にその見解を開陳させる機会を与えたうえで，理事会の議題に当該通報が提起した問題を含めるかどうかを決定するものとする。理事会が当該問題を議題に含めることを決定した場合には，当該問題に関する十分な陳述を通報対象国に行わせ，それを検討するとともに，賢人委員会および各国議員委員会による遅滞のない見解を諮問するためにそれらの機関に送付しなければならない。賢人委員会および各国議員委員会による見解を聴取したうえで，通報対象国が共同体の基本原則を深刻かつ執拗に違反し，それによって共同体の目的を危機に陥れたと理事会が認定する場合には，理事会は，その決定を東アジア首脳理事会に通告するとともに，通報対象国に違反を停止するために適当な措置を勧告するものとする。通報対象国は，理事会による勧告を信義誠実に則って，好意的に考慮しなければならない。

3 　外相理事会が本憲章の第4条10項の違反を停止するために通報対象国を支援する共同体の措置が必要であると認定する場合には，理事会は，東アジア首脳理事会の議長国に対して，適当な措置を勧告するものとする。この勧告を受けた当該議長国は，本条の手続の下で違反を停止するための友好的な解決のために，通報対象国を含めたすべての構成国に対して東アジア首脳理事会の臨時会の招集を行わなければならない。通報対象国が議長国である場合は，次期議長国が本項の適用においては現議長国と交替するものとする。

4 　外相理事会の勧告にもかかわらず，通報対象国が合理的な機関のうちに違反を停止しない場合には，東アジア首脳理事会の議長国は，当該違反を当該理事会の定例会または臨時会の議題に含めることができる。東アジア首脳理事会は，通報対象国を当該問題に関する十分な陳述を聴取し，検討するために招聘しなければならない。通報対象国が議長国である場合は，次期議長国が本条の適用においては現議長国と交替するものとする。

5 　前項に則って行われる検討に続いて，東アジア首脳理事会は，通報対象国が本憲章の下で享受している権利，たとえば，通報対象国の政府の代表による東アジア首脳理事会および閣僚理事会の会合における投票権の行使の停止を決定することができる。

6 　東アジア首脳理事会は，前項に基づいてとられた権利の停止について，当該決定の前提となった状況が変化した場合には，それを変更または解除することができる。東アジア首脳理事会は，少なくとも半年に1度は，権利の停止を再検討するものとする。

7 　本条のために，東アジア首脳理事会および閣僚理事会は，通報対象国の政府の代表

の投票を除いて，その他の構成国の全会一致で行動するものとする。

（第4章　財政）
第37条（経常経費）
第38条（共通行動計画実施のための経費）

第4部　最終規定

第39条（加盟）
東アジアのいかなる国も，本憲章のすべての規定を留保なく受諾する国は，この共同体の構成国となるべく申請することができる。……
第40条（脱退）
いかなる構成国もその憲法上の要件に従って東アジア共同体から脱退することを決定することができる。脱退を決定した構成国は東アジア首脳理事会に対して書面で脱退の意思を通告しなければならない。
第41条（改正）
第42条（議定書）
第43条（期限）
本憲章は無期限に締結される。
第44条（批准及び寄託）
第45条（言語）

附属書
［１］　中華台北に関する議定書
［２］　当初の共通行動計画に関する議定書案
［３］　経済連携枠組合意に関する議定書案

第 II 部

東アジア共同体をどうつくるか

第5章

ASEAN に見る
いびつな鏡に映したヨーロッパ統合

山影　進

　冷戦終結後,世界各地で新しい地域主義,とくに自由貿易地域形成の動きがわきあがった。グローバリゼーションに対応した地域経済制度の構築である。東アジアも例外ではなく,包括的経済連携とか包括的経済協力の名のもとで,自由貿易協定が次々と結ばれている。しかし現在のところ,ASEAN を中心とするバイの点と線の枠組み(ハブ・アンド・スポーク関係)が基本で,面の広がりを見せているのは ASEAN のみである。そして,ASEAN は共同体創設をめざしている。このような状況をふまえて東アジア共同体構想が提唱されている。しかし ASEAN の果たしてきた政治安全保障面の意義は軽視される傾向にある。本章では ASEAN が東南アジアにおいて,あるいは東アジア,アジア太平洋という広域において果たしている役割をヨーロッパ統合を念頭におきながら見直すことによって,地域統合の多面的な相互関連性を検討する。通常はまったく比較の対象とならないアジア統合とヨーロッパ統合ではあるが,このような観点に立てば,両者を比較・対比することから,東アジアの平和と安全にとって示唆を得ることができるかもしれない。

1　統合の観点からアジアとヨーロッパは比較可能か

　東南アジア諸国連合(ASEAN)は,これまで一貫して東アジアの地域統合・地域協力をリードしてきた。(1)東アジア共同体についてはさまざまな構想が打ち出されているが,いずれの場合も ASEAN が重要な位置を占めている。西欧6カ国が始めたヨーロッパ統合の3つの共同体が実質的に統一された1967年,東南アジアでは6カ国ならぬ5カ国からなる ASEAN が生まれた。「深化と拡大」を続けたヨーロッパ統合の後を追うかのように,ASEAN も1990年代に

深化と拡大を果たした。そして今世紀に入り，東南アジアのさらなる統合に向けて，注目すべき新しい動きを見せている。それは，ASEAN共同体の創設とASEAN憲章の採択という二大成果によって引き起こされている変化である。

このような変化にもかかわらず，ASEANに対して懐疑的な評価が下されることも多い。たとえば，ミャンマーのような民主化の不十分な体制を容認している，タイとカンボジアの武力衝突に対して無力である，相変わらず内政不干渉原則に拘泥している，などなど。確かに，民主主義が確立した国しか加盟させず，冷戦期の早い時期に「安全共同体」状態を達成し，当初から超国家的統合を実現したヨーロッパ統合の枠組みと比較してみれば，ASEANの現状はきわめて劣悪である。冷戦後のグローバル化した世界のなかでは，ASEANは時代遅れの制度となったという見方もある。

そもそも，東アジアとヨーロッパとでは，歴史的にも国際政治的にもおかれた環境は大きく異なり，さらに制度的にも際だった違いを見せている(2)。そのようななかで，東アジアにおいてASEANが主導している統合の動きを，ヨーロッパ統合の沿革と比較することには慎重さが求められるのはいうまでもない。他方で，EU（欧州連合）を除けば，ASEANは世界中で最も地域統合に成功した制度であるともいわれている。ヨーロッパから15年遅れて始まったアジアの統合は，ヨーロッパの軌跡を緩慢なペースでたどっているのか，それとも違う方向と異なる目標をめざしているのか。

本章では，あえてASEANを中心とするアジア地域統合をヨーロッパ統合と比較しながら見直すことを試みることにしよう(3)。もっとも，比較といっても，両者の歩みを共通の尺度で測ろうというわけではない。たとえば消極的経済統合の尺度を用いれば，かたや経済通貨同盟をすでに超えているのに，かたや完全な自由貿易地域にさえいたっていない。以下で行う作業は，ASEAN加盟国指導者や有識者がASEANを運営していくうえで，あるいはASEANの将来を構想するうえで，ヨーロッパにおける理念や制度をどのように見ていたのか，あるいは無視していたのかという観点から，アジア統合にとってのヨーロッパ統合の意味を考えてみようというのである。

2　不戦の誓い

　冷戦後，世界各地で経済統合・連携をめざす「新しい地域主義」が興隆したせいで忘れ去られているが，実は1960年代も，地域経済統合の動きが世界各地で高まった時代である。その背景には，1952年に欧州石炭鉄鋼共同体（ECSC）を設立した西欧6カ国が，欧州経済共同体（EEC），欧州原子力共同体（EAEC, EURATOM）を1958年に設立して，とくにEECを中心にして関税同盟をめざしたことがある。この動きに触発されて，ヨーロッパでも新たに欧州自由貿易地域（EFTA）をめざす国々が現れたほか，ラテンアメリカやアフリカで多数の経済統合制度がつくられた。つまり，地域経済統合を進めれば経済発展・経済成長が実現するという現実を目の前にして，先発した試みを模倣する動きが広まったのである。1967年，先発した西欧6カ国は関税同盟を完成させるとともに，ECSC, EEC, EAECの諸機関を統一して，欧州共同体（EC，1990年代のECと区別して最近では欧州諸共同体と呼ぶこともある）を形成する。

　ASEANが1967年に発足したために，このような流れの一環としてASEANがつくられたと思うかもしれないが，実際はそうではない。構想段階では，貿易自由化を推進すべきだという声が一部ではあったものの，大勢は関税譲許のプログラムづくりに拒否反応を示したのである。国家主権の確立をめざしていた東南アジア諸国にとって超国家的統合など問題外であった。ASEANが経済統合に乗り出すのは，それからちょうど四半世紀経った1992年のことである。

　それでは，ASEAN設立に始まるアジア統合はヨーロッパ統合の始まりとは何の共通点もないのか。実は，意外かもしれないが，本質的な動機はきわめて似ているのである。それは戦争を回避しようとする共通の意思である。

　ヨーロッパ統合の理念は，ヨーロッパをひとつにまとめて，国民国家同士の戦争を二度と起こさないようにすることが大きな柱である。20世紀にヨーロッパが経験したふたつの大戦は，石炭と鉄という戦略物資の産地を奪いあうフランスとドイツの間の因縁の対立が大きな要因としてあり，三度目の戦争を避けるとともにドイツを安定的で友好的な仲間として取り込むことが第二次世界大戦後の大きな課題となった。ヨーロッパ統合の出発点となるECSCは石炭・鉄鋼の生産・流通を国際化する制度であるが，経済目的よりは恒久平和をめざ

す高度な政治目的の手段であった。

　ASEAN の場合の具体的課題は，マレーシア形成をめぐる地域紛争であり，地域大国インドネシアの取り込みである。マレーシア形成はイギリス領の脱植民地化と結びついていたが，インドネシアはこの動きに反対し，フィリピンはマレーシアの一部に領有権を主張し，シンガポールはいったんマレーシアの一部になったものの分離独立を強いられた。このように，マレーシアと周辺3カ国との関係がきわめて悪化したのである。非同盟を掲げるインドネシアでは，スカルノ大統領が中国や北朝鮮に接近する一方でマレーシアに対決政策を打ち出して地域の緊張が激化するとともに国内政治混乱がひどくなった。そこで，スハルト将軍による実権掌握後のインドネシアを地域の安定勢力とすることが東南アジアの大きな課題となったのである。一般的にいえば，独立したばかりの脆弱な国々が近隣諸国との利害対立や相互不信に苛まれている状況におかれ，異なる宗主国の支配下にあって相互の意思疎通の経験も乏しい状況におかれていた。そのような現状を少しでも改善しようとしたのが ASEAN という名の継続的会議外交の場だったのである。インドネシアとマレーシアとの国交が回復するのは ASEAN 発足の翌年（1968年）のことであり，またマレーシアとフィリピンの間では68年に紛争が再燃するが ASEAN 協力を理由に翌年にはひとまず沈静化する。善隣友好が必要であるという共通認識はあっても，ASEAN 発足直後の実態はこのような有様だったのである。

　不戦の誓いが具体化するのは1976年の東南アジア友好協力条約（TAC）の締結である。TAC は締約国相互の主権尊重・内政不干渉を前提にして，紛争の平和的解決を約束した条約である。ASEAN に加盟する5カ国が ASEAN を通じて手に入れようとした理念をTACという形で明記したのである。やがて，TAC は ASEAN を基礎づける基本理念が明確化したものと捉えられるようになり，設立条約をもたなかった ASEAN の基本条約として位置づけられるようになる。冷戦後の1990年代になって，ASEAN 未加盟の東南アジア諸国が加盟希望を表明するようになると，ASEAN 側はそうした国々に TAC への加入を求め，加入を果たした国に ASEAN オブザーバーの地位を与えて本加盟への道筋をつくるようになった。こうして，ベトナム，ラオス，ミャンマー，カンボジアが1995年から99年にかけて相次いで ASEAN に加盟したのである。

　TAC の規定に従えば，紛争の平和的解決は閣僚級評議会による政治的解決

第5章　ASEANに見るいびつな鏡に映したヨーロッパ統合

が想定されていた。しかしそのような機関は設置されず，TACは理念を明記したものの，具体的制度化をもたらさなかった。興味深いことに，ASEAN諸国はTACに基づく政治的解決ではなく司法的解決を選択するようになった。つまり，国際司法裁判所（ICJ）の利用である。まず，ボルネオ島東沖のダイビング・スポットとして有名なシパダン・リギタンをめぐるインドネシアとマレーシアの間の領土紛争が，マレーシアの領有で決着した。次に，シンガポール海峡にある無人島と周辺岩礁をめぐるマレーシアとシンガポールの間の領土紛争は，島はシンガポールの帰属に，岩礁のひとつはマレーシア帰属に決まり，もうひとつの岩礁は両国国境線の今後の画定に依存することになった。このような紛争の決着の仕方については，TACを利用していないとの批判的な見方もある。しかし，互いに譲歩することが国内政治的に困難な場合には，政治的解決ではなく，結論を公平な第三者に委ねる司法的解決を選択することもきわめて有意義である。

　このような不戦の誓いあるいは紛争の平和的解決という観点からは，断続的に生じているカンボジアとタイの武力衝突はやっかいな問題である。発端は，カンボジアがプレアビヘア寺院をUNESCOに世界遺産登録を申請した際にタイ政府が反対しなかったことで，タイ国民のなかから激しい政府批判が起こったことにあり，タクシン政権に対するクーデタ後の政治混乱と密接に関連するタイの国内問題であった。プレアビヘア寺院はシェムリアップのアンコール遺跡の北方の国境地帯にあり，カンボジアとタイが領有を主張してICJに提訴したが1960年代初めにICJがカンボジア領と決めた。しかし周辺の国境線については判断が示されなかったこと，タイ側からは容易に訪れられるがカンボジア側からは急峻な崖を登らないとたどりつけないことなどから，紛争が完全に解決できたわけではなかった。和解に向けてASEANが動き始めたが，両国の主張は平行線をたどったままで現在までのところ成果はまだ出ていない。

　要するに，ASEAN諸国はTACを締結しているものの，TACの価値あるいはTACに明記された理念がASEANに浸透して実効的な役割を果たしていることへの信頼性がまだ確立していないことが現れたといえよう。プレアビヘア寺院をめぐる問題は，民主化が国家間紛争の解決を困難にしている事例を提供している。民主主義国のみが参加するヨーロッパ統合では，政府間関係だけでなく世論に注目することで安全共同体が形成されたかどうかは比較的容易

117

に検証できる。ASEAN 諸国については，条約レジームとしての TAC 体制は確立しているが，安全共同体の確立に関する試験にはまだパスしていないことになる。

3　自由貿易地域から地域共同体へ

　ASEAN は設立当初から経済協力を目的に掲げていたものの，1970年代に入ってようやく検討を開始し，70年代末から80年代にかけて，工業プロジェクトや特恵貿易制度を具体化しようとする。しかし各国の利害対立からほとんど具体化せず，成果が上がらなかった。

　しかし，冷戦の終結で経済のグローバル化が起こり，ASEAN 諸国の経済発展に不可欠な西側先進国からの投資がソ連東欧圏に向かうのではないかというおそれが，ASEAN 市場の魅力を高める必要があるとの意識を高め，1992年に ASEAN 自由貿易地域（AFTA）の創設に合意する。この計画は，緩やかなガイドラインに従って各国（当時は6カ国）が自主的に15年かけて原則として域内輸入関税を5％以下にするというもので，関税引き下げペースも最終目標関税率も拘束力をもたなかった。そのために，達成が危ぶまれたが，実際には計画を5年前倒しして，2003年には当初の目標を実現することができた。また，1990年代後半に相次いで新規加盟した国々も，ASEAN 加盟の翌年から10年計画で AFTA に参加し，おおむね目標を達成した。

　1990年代後半にカンボジア，ラオス，ミャンマー，ベトナム（CLMV）が相次いで ASEAN に加盟したことにより域内経済格差が以前にも増して深刻な問題となった。ASEAN は従来から加盟国平等などの原則を貫いてきたが，2000年の首脳会議で「ASEAN 統合イニシアティブ（IAI）」を採択し，組織として域内格差の是正に取り組むことになり，人材育成，情報通信技術の普及，インフラ整備が主要課題として掲げられた。しかし1970年代に導入された欧州地域開発基金に相当するような仕組みは何もない。支援対象の地理的範囲も，ヨーロッパ統合における地域ではなく，ASEAN の場合には基本的に国単位である。

　2003年の AFTA 創設が現実的なものになると，域内関税撤廃に向けて AFTA の高度化を進めるとともに非関税障壁の撤廃，サービス貿易や投資の

自由化，域内経済格差の是正などを視野に入れた ASEAN 経済共同体（AEC）構想が浮上する。そして2003年の首脳会議にハイレベル・タスクフォースによる検討結果が報告され，2020年までに「単一の市場と生産基地」を創設する計画が了承された。創設期限は，AFTA 計画の場合と同様，その後2015年に前倒しされた。また，青写真（ブループリント）や工程表（ロードマップ）もつくられた。

　AEC は「FTA プラス」であるといわれている⁽⁴⁾。つまり，消極的経済統合によれば FTA の次の段階は関税同盟であるが，そこまで達していない計画だということである。しかし，このことは ASEAN 諸国が経済統合に前向きではないことを必ずしも意味していない。そもそも ASEAN 諸国が関税同盟を形成するのはきわめて困難な作業である。なぜなら，関税および貿易に関する一般協定（GATT）の規則上，関税同盟は域外関税を少なくとも加盟国の最低水準に統一する必要がある。したがって，シンガポールとブルネイというすでに関税率がゼロに近い加盟国があるせいで，ASEAN としては域外関税を当初からきわめて低い水準に設定せざるをえないので，比較的域外関税が高いままの加盟国にとっては負担が大きすぎるのである。シンガポール（とブルネイ）を除いて関税同盟をつくるという可能性も残っており，この類の構想がないわけではないが，まだ具体化していない。

　このように ASEAN は AFTA の進展を受けて経済共同体をめざすことになったが，2003年の首脳会議は，政治安全保障協力・経済協力・社会文化協力の三本柱からなる ASEAN 共同体の創設を決めた⁽⁵⁾。すでに検討が開始されていた AEC に加えて，ASEAN 安全保障共同体（ASC，後に ASEAN 政治安全保障共同体〔APSC〕と改称）と ASEAN 社会文化共同体（ASCC）が突然加わったのである。AEC 計画の具体化の後を追って，APSC についても ASCC についての青写真や工程表がつくられ，2015年創設に向けて動いている。

　なぜ，先発していた AEC 構想が三本柱の ASEAN 共同体構想に拡大したのだろうか。いくつかの背景があるが，まず，1990年代の ASEAN の「深化と拡大」目標が，深化については2003年に，拡大については1999年に達成されたことが挙げられる。21世紀に入った ASEAN は新しい目標を掲げようとしていた。ASEAN の長期的目標については，すでに1997年の首脳会議で採択された「ASEAN ビジョン 2020」が2020年に向けての将来像を描いていたが，

そのなかで謳(うた)われていたASEAN経済地域がAECに改称されることになった。経済分野以外でも長期目標の見直しの機運が高まった。とくに2003年の首脳会議を主催するインドネシア政府が，その際に2020年に向けての新ビジョンを打ち出したかった。また，インドネシアはASEANとして積極的な政治安全保障協力を進めたかった。フィリピンは社会開発分野でASEAN協力を進めたかった。こうして，経済を含む三本柱からなる地域共同体の創設でASEAN諸国がまとまったのである。

　三本柱からなるASEAN共同体構想は，マーストリヒト条約からリスボン条約にかけてのEUの三本の柱（EC，共通外交安全保障政策，司法内務協力・警察司法協力）を思い起こさせるかもしれない。もしかすると，ASEAN共同体構想を積極的に推進した人たちは，EUの三本柱が念頭にあったのかもしれない。しかし，共通点は，柱が三本あるというところまでで，中身についてはまったく異質のものである。

　そもそもASEANの経済統合はグローバル化への対策であって，不戦と恒久的平和をめざす政治的理念を裏打ちするための経済的手段ではない。すでに述べたように，TACあるいはAPSC構想とAECとは別個のものである。APSCはEUにおける対外政策の一元化とは何の接点もない。ASEANの政治統合は，そのようなレベルからはほど遠い。そしてAECは，上述のように関税同盟をめざしていない以上EECに比肩するものではなく，1990年代以降のECとの比較は論外である。確かにAECは単一市場の形成をめざしているという点ではECの理念に通じるところがないわけではないが，ECを目標にしていない点は明確にしておきたい。

　ヨーロッパ統合は超国家的統合をめざした点で注目されてきたが，その出発時から民主主義を掲げて市民を統合の重要な担い手として位置づけ，欧州議会のような制度まで備えるようになった。ASEANも遅ればせながら市民指向（people-oriented）を掲げるようになったが，ASEAN共同体は，10の人民（peoples）からなる共同体とされており，決して5億の市民からなる共同体ではない。ようやくASEAN諸国のなかで市民社会組織の活動が活発になり，ASEAN規模で非政府組織がASEANの公的プロセスにインプットできる制度が生まれ始めたところである。

第5章　ASEAN に見るいびつな鏡に映したヨーロッパ統合

4　機構改革

　ASEAN は外相宣言によって設立され，外相会議が最高意思決定機関とされた。その後，第1回首脳会議（1976年）における ASEAN 協和宣言や事務局設置協定，第4回首脳会議（1992年）におけるシンガポール宣言や ASEAN 経済協力促進枠組み協定，第9回首脳会議（2003年）における ASEAN 第2協和宣言など，折に触れて ASEAN の目的や機関，機能が付け加えられたり書き換えられたりしてきた。しかし ASEAN 自体を法的に基礎づける条約はなく，上述のように TAC が ASEAN の基本条約に代わるものとしての扱いを受けてきた。

　ASEAN 共同体創設の動きが始まると，その一環として基本条約の策定が議論されるようになり，2005年末の首脳会議で，ASEAN 憲章（基本条約）を提言する賢人会議（EPG）の設置が決まった。約1年後の EPG 提言を受けて，政府レベルのハイレベル・タスクフォースが起草した案が2007年末の首脳会議で署名にいたり，ASEAN 設立40周年を記念する大きな成果となったのである。[6] 憲章は，ほぼ予定通り，2008年12月に発効する。ASEAN 憲章は多くの部分で EPG 提言の方針を引き継いでいる。EPG は加盟各国から一人ずつ選ばれた10人から構成されたが，提言起草の中心はインドネシア代表のアリ・アラタスであった。かつてはスハルト政権の外相として内政不干渉を掲げ，ミャンマーの人権抑圧への介入に消極的であったアラタスは，インドネシア民主化を受けて，ASEAN を大改革する方向で憲章案をつくった。ASEAN 戦略国際問題研究所連合，とくにインドネシア戦略国際問題研究センターも改革の推進派であった。また，ASEAN の機関については，明らかに EU のそれを幅広く参考にしていた。以下では EU との比較を念頭において，EPG 提言や憲章に書き込まれた ASEAN の組織を概観することにしよう。

　議長国制度の導入。従来 ASEAN は最高意思決定機関である外相会議を年央に，首脳会議を年末に開く慣例であり，どちらも次回主催国が議長国の役割を果たしてきた。しかし新しい制度では，暦年で議長国が国名（英語表記）のアルファベット順に交替する輪番制になり，首脳会議や外相会議をはじめ主要閣僚会議を主催することになった。EU では半年交替の輪番制で，順番はあら

かじめ決まっている（アルファベット順ではないが）。また，憲章に明記されていないが，前期・当期・次期の議長国が協議する「ASEAN トロイカ」も EU にならったものである。

　首脳会議の強化。必要に応じて開催される ASEAN 首脳会議は，1990年代半ばから事実上毎年開催されるようになり，ASEAN を方向づける重要な決定をするようになったが，それは ASEAN 外相会議や ASEAN 経済相会議など正式な機関への指示であり，ASEAN 内部における首脳会議の位置づけは曖昧であった。EPG 提言では，EU（欧州理事会）に似せて，首脳会議が「ASEAN 理事会」として提言された。ただし欧州理事会とは異なり，ASEAN 理事会が ASEAN の最高意思決定機関となり，年2回開催されることにされた。また，欧州理事会は年4回（同一議長国で2回）開かれ，加盟国首脳のほかに欧州理事会議長（いわゆる EU 大統領）や欧州委員会委員長も参加するが，ASEAN 理事会では首脳のみで構成される。結局，憲章では，ASEAN 首脳会議という名称になった。

　ASEAN 共同体理事会の新設。EPG は，閣僚級の ASEAN 共同体理事会が，APSC, AEC, ASCC の各々を扱うことを提案した。EU 理事会に相当するものである。APSC 理事会と AEC 理事会は，従来の外相会議と経済相会議が発展的に機能追加されたものである。これらは憲章にそのまま反映された。EPG 提言にはなかったが，憲章では首脳会議を補佐するとともに3共同体間を調整する外相級の ASEAN 調整閣僚会議が，組織図的には首脳会議と3共同体理事会との間に追加された。

　ASEAN 常駐代表と常駐代表委員会の新設。当初から ASEAN の日常業務は，外相会議議長国の外相とその国の ASEAN 加盟国大使とから構成される ASEAN 常任委員会があたり，年に4回程度集まることになっていた。しかしその後，外相会議，経済相会議，首脳会議などの議長国の次官級を招集する高級事務レベル会合（SOM）が設置され，首脳級や閣僚級の会議の準備や補佐をするようになった。これに対し，新しい ASEAN では EPG の提言に従って，事務局がおかれているインドネシアの首都ジャカルタに加盟各国が大使級の代表を常駐させて，頻繁に委員会を開催することになった。この制度は，明らかに EU の常駐代表委員会（COREPER）を模範にしたものである。なお，SOM は共同体委員会という名称で ASEAN 共同体理事会の補佐機関として存続す

ることになった。

　ASEAN シンボルの制定。どこまで EU を真似ようとしたのかはっきりしないが，EPG はシンボルとして標語，旗，紋章，記念日，賛歌（anthem）に言及した。紋章は以前より使われてきたものだが，それ以外は憲章制定にともなって正式に決まったものである。ちなみに，EU の標語である「多様性のなかの統一（in varietate concordia）」に相当する「多様性のなかの統一（bhinneka tunggal ika）」はインドネシアの標語であり，ASEAN は「ひとつの声，ひとつのアイデンティティ，ひとつの共同体」が標語である。また，ASEAN の公用語が英語であることから，EU のようにメロディしかないといった問題は生じず，ASEAN 賛歌には英語の歌詞もある。

　EU に似せようとする動きがあったものの頓挫した改革案もある。たとえば，ASEAN 司法裁判所は，戦略国際問題研究所連合の提案には盛り込まれていたが，EPG 提言には含まれなかった。また，協議とコンセンサスによる意思決定を原則としながらも，票決制の採用に余地を残した EPG 提言であったが，憲章では票決制はまったく取り上げられなかった。ミャンマーの人権抑圧を念頭に置いて，憲章に対する重大な違反があった加盟国に対する処分について言及のあった EPG 提言も，結局，重大な違反があった場合は首脳会議で議論するという表現にまで後退した。EPG 提言が ASEAN の原則として明記していた民主主義や人権・基本的自由・法の支配の尊重も，憲章では加盟国が従うべき原則のなかに，法の支配の信奉，基本的自由の尊重，人権の増進と保護，社会正義の増進という表現で残っただけであった。人権の保護・増進のための機関も中途半端な位置づけになった。ASEAN の加盟資格は地理的要件のみであり，民主主義といったような政治価値の共有は憲章に盛り込まれなかった。また，ECSC の超国家的な機関にルーツをもつ欧州委員会のような機関は，ASEAN では論外であった。ASEAN 事務局や ASEAN 事務総長の権限強化は実現したものの，もちろん超国家的性格は皆無である。

　ASEAN 憲章は，ASEAN のそれまでの慣行や不文律を明確にした部分（たとえば主権尊重，内政不干渉，協議とコンセンサスによる意思決定）と，ASEAN を冷戦後の国際規範と整合的なものにしてさらなる統合をめざそうとする動き（たとえば民主主義への言及，首脳会議の強化，紛争解決手段の明記）との折衷である。これは，ASEAN のなかで，古参で先発途上国で民主化の相対的に進んだ

国々と新参で経済開発に遅れ民主化に消極的な国々との綱引きの反映でもある。後者が憲章を次々と批准していったことからうかがえるように，ASEAN 憲章は従来の ASEAN を抜本的に変革するようなものではなかった。他方で，ASEAN の性格を政府間協力枠組みから地域共同体に変えようとする動きが具体的になってきたのも確かである。

　要するに，妥協の産物としての ASEAN 憲章が規定した ASEAN の新しい姿が，旧来の ASEAN と代わり映えしないものになるのか，それとも新しく盛り込まれたキーワードが象徴するように自己変革の一ステップなのか，見守っていく必要がある。ASEAN 憲章に基づく運営実績はこれからはっきりするのである。

5　域外関係と広域秩序

　ヨーロッパとアジアとでは安全保障環境も大きく異なる。ヨーロッパでは西欧 6 カ国が ECSC に続くはずの欧州防衛共同体（EDC）の設立に失敗すると，反共民主主義を防衛しようとする西欧同盟（WEU）と北大西洋条約機構（NATO）の枠組みのなかで，統合を深化させていった。1970年代になると，ソ連東欧圏を含む全欧安全保障協力会議（CSCE）を制度化し，東西ヨーロッパ間の偶発戦争を防止しようとしただけでなく，人権を全ヨーロッパにとって守るべき価値と位置づけて，広域秩序形成を主導した。冷戦が終わると，CSCE は全欧安全保障協力機構（OSCE）に改変されるとともに，NATO も主要任務を変えて存続した。相前後して NATO の東方拡大も起こり，このような大枠のなかで EU の東方拡大も実現する。また，共通外交・安全保障政策や軍事部門の強化など EU 自体も変化した。

　東アジアにおいては，冷戦構造は東西ヨーロッパのような対峙の構図（NATO とワルシャワ条約機構）をもたらさなかった。なるほど，東北部には朝鮮半島と中国を分断する断層が走り，朝鮮戦争や国共内戦が起こったし，東南部ではベトナム戦争，中立国のラオスやカンボジアにおける内戦，タイやフィリピン，マレーシアでの共産ゲリラの出没など戦乱や政治不安は続いたが，集団防衛機構は東西どちらの陣営も構築できなかった。ASEAN 諸国は国内では反共政策をとったが，対外的には冷戦構造に巻き込まれて戦火が及ぶのを極

力避けようとして，ASEAN 自体が冷戦構造と結びつけられる（つまり西側反共連合）のを恐れた。実際，1967年当時，アメリカ軍基地を抱えていたフィリピンやタイも，ASEAN 設立宣言のなかで，外国基地（米軍基地を指す）の存在は一時的なものであると言及することに同意したのである。

そして，このような ASEAN を包み込む安全保障制度は構築されなかった。フィリピンとタイは東南アジア条約機構（SEATO）加盟国だったが，組織は1977年に解消した。マレーシアとシンガポールは，イギリス，オーストラリア，ニュージーランドとの5カ国防衛協定（FPDA）を結んで，英連邦の結束に期待をかけた。

冷戦が終わると，オーストラリアやカナダが ASEAN を含むアジア太平洋に CSCE のような組織の構築を提唱したが実現しなかった。結局，ASEAN を中心にしてアメリカ，ロシア，中国などを含む広域の安全保障対話・協力制度ができた。それが1994年から ASEAN 外相会議の折に毎年開催される外相級の ASEAN 地域フォーラム（ARF）であり，今日までアジア太平洋で唯一の政府間安全保障制度である。ARF は，信頼醸成措置，予防外交，紛争対処（紛争へのアプローチ）の3段階を順次のぼることで地域の安全を高めようという目標を掲げている。しかし発足後20年近く経つのに，相変わらず最初の段階のままで，まだ予防外交段階に達していない。しかも ARF における信頼醸成とは，CSCE の用語とは同じであるが中身は全然違っていて，『国防白書』の定期的発行による防衛政策の透明化など非軍事的手段が主である。近年は，非伝統的安全保障分野における協力を前面に出しているが，南シナ海の島嶼（とうしょ）をめぐる領土紛争の緊張が高まっており，ARF が果たして何らかの役割を果たせるのか ASEAN 主導の制度の存在意義が問われている。

ASEAN 諸国は ASEAN という組織の軍事化を嫌い，ASEAN 枠外で軍事交流を行ってきたが，ASEAN として ASC/APSC の創設に動き出したのを受けて，2006年から ASEAN 国防相会議（ADMM）を年次開催するようになった。ADMMの目的には ASEAN 加盟国どうしの防衛・安全保障における対話・協力や相互信頼の醸成が掲げられており，逆にいえば，まもなく設立50周年を迎える ASEAN において安全共同体が形成されていないことを認めていることになる。もっとも，ADMM は当初より ARF の国防相版（ADMM-Plus）の創設に関心があり，しかも域外参加国を厳選して実質的な防衛・安全保障対話を

志向していた。ADMM-Plus は2010年に日本，中国，韓国，オーストラリア，ニュージーランド，インド，ロシア，アメリカの域外8カ国を招いて実現した。その際の合意では，毎年ではなく3年ごとに開催することになっている。

　ヨーロッパでは関税同盟である EEC と自由貿易地域である EFTA が欧州経済地域（EEA）を形成する一方，周辺地域や旧植民地諸国との間での連合（準加盟）協定やロメ協定など多岐にわたって経済協力以上の広域制度が形成されてきた。冷戦が終わり EU が発足すると，欧州・地中海パートナーシップ（バルセロナ・プロセス）や東方パートナーシップ，ロメ協定の後継にあたるコトヌー協定といった形で広域制度を通じて，ヨーロッパ統合の理念や国際規範に関するコンディショナリティを実行している。

　アジア統合では，AFTA が本格的経済統合の最初のケースであることから容易に理解できるように，広域制度が形成されるようになるのは近年の現象である。例外的に ASEAN が1970年代末から ASEAN 拡大外相会議を主催し，環太平洋先進5カ国（日本，アメリカ，カナダ，オーストラリア，ニュージーランド）と EEC からの外相級代表が一堂に会するとともに個別の会合を毎年行ってきた。1989年にはオーストラリアと日本通産省の肝いりで，アジア太平洋経済協力（APEC）が ASEAN，上記の環太平洋先進5カ国そして韓国をメンバーとして閣僚会議を開き，その後中国，台湾，香港（いわゆる3つの中国）も参加し，93年からは首脳会議も開かれるようになる。1994年には各国が自主的に貿易自由化を進めるボゴール宣言が採択されたが，進展していない。

　ASEAN を中心に本格的な広域経済制度が構築されるようになるのは今世紀に入ってからである。(7) 1997年から ASEAN と日中韓3カ国の首脳会議（ASEAN＋3, APT）が ASEAN 首脳会議にあわせて開催されるようになり，まもなく各種閣僚会議も制度化された。そして2001年以降，日本 ASEAN，中国 ASEAN，韓国 ASEAN で FTA が相前後して合意された。また2005年からは ASEAN と日中韓3カ国にインド，オーストラリア，ニュージーランドも加わった東アジア首脳会議（EAS, いわゆる ASEAN＋6）も始まった。インドと ASEAN の FTA そしてオーストラリア・ニュージーランド FTA（正式名称は経済緊密関係〔CER〕）と ASEAN の FTA も締結された。ASEAN をハブとして ASEAN をぐるりと囲む周辺地域がすべて ASEAN とバイの FTA で結びつくことになった。現在，ASEAN＋3と＋6のふたつの自由貿易地域の可能

性が検討されている。

　東南アジアを不戦条約レジームにした TAC は，現在，別の役割が与えられている。域外諸国が ASEAN との友好関係・協力関係を強化したいときに，ASEAN からまず TAC に加入することを求められる。つまり，関係強化の「証文」である。ASEAN の要請に対し，最初に加入したのが中国で，やや遅れて日本も加入する。特筆すべきことに，ASEAN が中心となって EAS を制度化するとき，TAC 加入が EAS への参加条件となった。2005年の EAS 開催前に，中国や日本に加えて，韓国，インド，オーストラリア，ニュージーランドも加入して，EAS に参加することになった。2011年からは，やはり TAC に加入しているアメリカやロシアも EAS に参加するようになった。もっとも，TAC に加入した域外国は ASEAN 諸国との紛争について平和的解決を約束しただけで，域外国同士の紛争にも TAC が適用されるわけではない。アジア統合の観点からは，現在は東南アジアに限定されている TAC の効力がアジア諸国ないしアジア太平洋諸国の間の紛争にまで及ぶようになるか，あるいはそのような新たな条約が締結されるかどうかが注目すべきポイントであろう。

　このように，アジアにおいては，TAC に見られる平和的関係の確立も FTA に代表される経済地域化も，今のところ，ASEAN を中心とするハブ・スポーク関係である。いわば，このような点と線の関係が面の関係に深化するだろうか。東アジア共同体構想は，まさにこの展望にかかわる問題である。

6　東アジア統合と地域共同体の行方

　東アジア共同体構想を論じる際には，経済共同体の構築が話題になることが多い。その内容は「FTA プラス」であり，1950年代末に始まる EEC の計画でさえきわめて野心的に見えてくる。社会主義国をも正当なメンバーとして抱え込む構想は，政治的価値を明確に掲げたヨーロッパ統合とは異質なものである。将来，東アジア共同体がどのような形で実現するにせよ，ASEAN は重要な位置を占めるであろう。そして東アジア共同体が ASEAN を含む限り，前者の統合が後者のそれを凌駕することはありえない。なぜなら ASEAN 諸国は ASEAN というまとまりが埋没してしまうような広域制度の構築には一貫して反対してきた。そして ASEAN 諸国が合意可能なレベル以上に，東ア

ジアの経済統合・政治統合を深化できるわけがない。

　弱小国の連合で，さまざまな問題を抱えている ASEAN であるが，東アジアの統合は ASEAN の存在に頼らざるをえない現状にある。アジアあるいはアジア太平洋という広域で経済統合・政治安全保障統合を深化させようとすれば，ASEAN を中心とする既存の制度を活用するのが現実的であろう。今までの協力の経験と蓄積に基づくのが理にかなっている。広域制度の深化と ASEAN の深化とが追いつ追われつの関係になるとき，この地域の平和と安全そして繁栄はいっそう確かなものになるにちがいない。そのような相互強化のダイナミズムは，従来からの「すべての参加者にとって心地よいペースで協力を進める」というコンセンサスを書き換えなければ実現しない。今のままでは必然的に，最も消極的な参加者だけが心地よく，残りの全参加者にとっては鈍すぎるペースになるからである。最も革新的で積極的な参加者にとっても最も保守的で消極的な参加者にとっても我慢できるペースをどのように実現し維持するのかがこれからの課題である。

　ASEAN の統合を深化させようとする域内勢力は，EU が ASEAN 統合のめざす目標にはならないことを認識しつつも，選択的に EU を模倣しようとしてきた。その意味で，ASEAN が見ている EU はいびつな鏡に映った EU であり，ゆがんだ EU 像である。しかし，いびつな鏡であるにせよ，鏡には違いない。ASEAN の人々は，鏡の奥に平和で繁栄する地域の可能性を見つけようとしているのである。

　過去の教訓をふまえた不戦へのコミットメント，広域アイデンティティのなかでの歴史問題の克服，経済格差がもたらす利害対立の激化を未然に防ぐ地域開発。こうしたことは ASEAN が部分的にせよ試みてきたことである。ヨーロッパの経験がどれだけ参考になっているかは定かではない。しかし，グローバル化の脅威にさらされ，経済競争力の維持のためだけに ASEAN はまとまってきたのではないことは確かである。ASEAN の経験から東アジア諸国の政府や人々が何を学びとるかは，東アジア統合の将来にとって最も重要なポイントである。

　とくに，ASEAN の指導者が困難な状況下で試みてきた善隣友好と紛争の平和的解決という国際関係の基本が，東アジア規模でも実現するのはいつのことだろうか。

第 5 章　ASEAN に見るいびつな鏡に映したヨーロッパ統合

●注
（1）　約半世紀にわたる ASEAN の沿革については，山影（1991；1997；2001；2011b）を参照。
（2）　東アジアとヨーロッパの体系的な比較については，カッツェンスタイン（2012）を参照。
（3）　ASEAN 諸国の試みとヨーロッパ統合との類似性（とくに統合開始時点での合意・所期の目的・国際環境など）については，山影（1983）で試みた。その後，山影（2000）でも触れている。
（4）　ASEAN 経済共同体については，石川ほか（2009）を参照。
（5）　ASEAN 共同体創設に向けての全体的な動きは，山影（2011b）を参照。
（6）　EPG 提言の内容については，鈴木（2007）を参照。
（7）　アジアないしアジア太平洋地域主義の全体像については，大庭（2004；2009），山影（2011a），渡邉（2010）を参照。
（8）　TAC の役割の変化については，山影（2008）を参照。

●参考文献
石川幸一ほか編（2009）『ASEAN 経済共同体』ジェトロ。
浦野起央ほか（1982）『国際関係における地域主義』有信堂。
大庭三枝（2004）「アジアにおける地域主義の展開」関根政美・山本信人編『海域アジア』慶應義塾大学出版会，11-39頁。
大庭三枝（2009）「グローバリゼーションの進展とアジア地域主義の変容」『国際政治』第158号，75-88頁。
ピーター・J・カッツェンスタイン（2012）『世界政治と地域主義』書籍工房早山。
鈴木早苗（2007）「ASEAN 憲章（ASEAN Charter）策定に向けた取り組み——賢人会議（EPG）による提言書を中心に」『アジア経済』第48巻第 6 号，72-81頁。
山影進（1983）「地域統合論再考——新たな展望を求めて」『国際政治』第74号（若干補筆して『対立と共存の国際理論』〔東京大学出版会，1994年〕の第 3 章として再掲），93-116頁。
山影進（1991）『ASEAN』東京大学出版会。
山影進（1997）『ASEAN パワー』東京大学出版会。
山影進（2000）「不戦共同体の形成と ASEAN の経験」『岩波講座世界史27　ポスト

第Ⅱ部　東アジア共同体をどうつくるか

　　　冷戦から21世紀へ』岩波書店，259-276頁。
山影進編（2001）『転換期のASEAN』日本国際問題研究所。
山影進編（2003）『東アジア地域主義と日本外交』日本国際問題研究所。
山影進（2007）「ASEANの変容とアジアにおける地域共同体の模索」『海外事情』
　　　第55巻第10号，2-23頁。
山影進（2008）「ASEANの変容——東南アジア友好協力条約の役割変化からみる」
　　　『国際問題』第576号，1-12頁。
山影進（2009）「東アジア地域統合の現状と課題——ASEAN的不戦レジームの可能
　　　性」『学術の動向』第14巻第5号，20-29頁。
山影進（2011a）「アジア地域制度における脱『ASEAN依存』の進行——若干の観
　　　察から」『国際社会科学』（東京大学大学院総合文化研究科国際社会科学専攻紀
　　　要）第60輯，11-19頁。
山影進編（2011b）『新しいASEAN』日本貿易振興機構アジア経済研究所。
湯川拓（2009）「ASEAN研究におけるコンストラクティヴィズム的理解の再検討
　　　——『ASEAN Way』概念の出自から」『国際政治』第156号，55-68頁。
渡邉昭夫編（2010）『アジア太平洋と新しい地域主義の展開』千倉書房。

第**6**章

東アジア共同体と朝鮮半島

李　鍾元

　韓国では1990年代初めから東アジア論が盛んになった。米ソ冷戦の終結とグローバル化により国境が低くなり，近隣地域との交流や相互依存が深まったことで，「東アジア」をひとつの地域として捉える認識が生まれた。米中や日中など，域内の新たな地政学的な対立を回避したいという戦略的関心も背景にある。「東アジア共同体」は韓国がめざすべきビジョンとして語られ，金大中大統領は自ら外交の場で，その枠組みづくりに力を注いだ。冷戦後，国際政治の新しいパラダイムとして台頭している「地域」への潮流は韓国外交にもはっきりと表れている。しかし，その一方で，朝鮮半島には依然として冷戦による分断状況が続いており，それを乗り越えるためには「北東アジア」というもうひとつの地域枠組みが必要となる。地域統合と冷戦終結が互いに補完し，同時進行したヨーロッパの経験は，朝鮮半島や北東アジアにどのような教訓を与えるのか。「アジア太平洋」「東アジア」「北東アジア」などさまざまな地域枠組みが併存し，競合するなか，地域形成に向けた韓国の模索が続く。

1　地域主義と朝鮮半島

　朝鮮半島の視点から東アジア共同体を論ずる場合，「東アジア共同体」のふたつの側面を同時に取り上げることが必要となる。まず，第1に，近代主権国家体系を乗り越えるべき地域統合のビジョンとしての「東アジア共同体」である。欧州連合（EU）に代表されるように，冷戦終結後，世界各地で見られる地域主義の潮流は，国境を越える経済や社会，安全保障の現実に対応した，新しい国際政治の枠組みとしての「地域（リージョン）」の台頭ということができる[1]。

　グローバル化による「脱国境化」が急速に進むなか，従来の主権国家の枠組

みでは諸課題への対応に限界があることはいうまでもない。しかし，初期の楽観的な期待とは違って，無差別的なグローバル化が各地の社会共同体の土台を揺るがし，さまざまな問題を引き起こしているのもまた事実である。こうしたディレンマの構図のなかで，いわば「グローバル化へのオルターナティブ」，すなわち，グローバル化の便益を享受しつつ，その弊害を最小限にとどめる枠組みとして「地域」への関心が高まったのである。「ナショナル」と「グローバル」の中間項としての「リージョナル」という図式である。ヨーロッパ的価値観の共有を重視するEUや，アメリカ主導の新自由主義とは異なる道を模索し，「アメリカ抜きの地域統合」に傾斜するラテンアメリカの動向には，こうした側面が如実に表れている。

　東アジアの地域統合は，制度的な面では，ヨーロッパやラテンアメリカに遅れをとっている。しかし，高い域内貿易率が示すように，東アジアにおいても経済や社会の相互依存を土台にした「事実上の地域統合」は急速に進展している[2]。こうした経済統合の便益を安定的に確保するためには，国内のナショナリズムの勃興や地政学的な対立は避けなければならない。そのような地域協力の枠組みとして，東アジアにおいても，1990年代以来，地域機構が相次いで誕生し，「東アジア共同体」が長期的な目標として掲げられるようになったのである。

　このような「主権国家体系の超克」としての東アジア共同体構想にかかわる朝鮮半島の主なアクターは，現在のところ，韓国である。したがって，こうした第1の側面は主として「東アジア共同体と韓国」という問題設定となる。

　しかし，朝鮮半島では冷戦による分断状況が続いており，「脱冷戦」というもうひとつの課題が存在する。韓国としては，主権国家を超える地域統合という「ポスト近代」の課題とともに，「分断国家の統一」という近代国民国家の課題が併存し，両者の関係性を追求しなければならない状況がある。「東アジア共同体と朝鮮半島」をめぐる問いには，こうした「冷戦の超克」とでもいうべき側面を想定する必要があろう。こうした両面性の構図は戦後ヨーロッパの地域統合にも見られる。西ヨーロッパを中心に進められたヨーロッパ統合は，ふたつの世界大戦を引き起こした主権国家体系に代わる地域秩序の模索であったが，それは西ドイツの東方政策や全欧安全保障協力会議（CSCE）など，東西冷戦を乗り越えようとするデタントの動きとも密接に連動したものであった。[3]

第6章　東アジア共同体と朝鮮半島

　本章では，「欧州経験」との対比をも念頭におきつつ，「東アジア共同体と朝鮮半島」について，主として韓国の東アジア外交や構想を中心に，「主権国家の超克」と「冷戦の超克」の連動に焦点をあわせて検討することにしたい。

2　韓国にとっての「地域」

（1）「アジア太平洋」の浮上

　韓国で自らがかかわる「地域」について議論される場合，大きく3つの地理的概念が混在し，時には競合する。最も広い枠組みとしては「アジア太平洋」があり，「アジア」の近隣地域については，「東アジア」と「北東アジア」がそれぞれ異なる含意を伴って用いられる。この3つの地域概念は時代と状況の変化とともにその重点が移り，韓国の地域外交の異なる方向性や選択肢を示すものでもあった[4]。

　戦後冷戦期に韓国が最初に打ち出した地域構想は「太平洋」であり，「アジア太平洋」であった。伝統的に「東洋」の一員としての認識が基底にあり，アジア大陸との関連で自らの地域を捉えてきた歴史を考えると，「太平洋」という地域認識の登場は歴史的な転換といってよいだろう。戦後「分断国家」としてスタートし，中国や北朝鮮などアジア大陸部の共産主義諸国と対峙することになった韓国が，アメリカとの関係で自らの存立基盤を求めることになった状況の反映にほかならない。韓国の李承晩（イスンマン）大統領は，台湾の蔣介石総統，フィリピンのキリノ大統領らと連携し，アジア反共諸国とアメリカを結ぶ「太平洋同盟」を唱えた。その直接の契機は，1949年，北大西洋条約機構（NATO）の結成に触発されたキリノ大統領が「太平洋条約」を提唱したことだったが，韓国が自ら属する地域として「太平洋」を捉えたのは初めてであった。もちろん外交・安全保障上の地域概念であり，韓国社会の一般的な地域認識となったわけではない。そもそも「北大西洋」という地域概念自体，地理的に自然なものではなく，冷戦期におけるアメリカと西欧の戦略的関係を表象する構築物（construct）であり，「創り出された」ものにほかならない。戦後登場することになる「太平洋」や「アジア太平洋」という地域概念も同じく「地理的な地域」というより「戦略的な地域」であった。

　このような地域戦略の構図は朴正熙（パクチョンヒ）政権にも受け継がれた。軍事クーデタで

成立した朴正熙政権は経済の立て直しのため，日韓国交正常化を強行するとともに，ベトナム派兵を進め，その実績を足場にアジアの反共諸国を束ねる「アジア太平洋協議会（ASPAC）」の創設を主導した。ASPAC 創設（1966年）にいたる過程では，アメリカの側面支援が決定的な役割を果たした。アメリカの東アジア冷戦戦略上，重要な協力者となった朴正熙政権の韓国に対する政治・外交的なてこ入れであった。韓国にとっては，外交的地平の拡大とともに，東南アジアへの経済進出の足場の確保，日本の影響力増大を相対化するためのマルチな地域枠組みづくりなどの思惑があった（李，2010，223頁）。ASPAC 創設とともに，朴正熙大統領は「アジア太平洋共同社会（コミュニティ）」を打ち出し，「太平洋時代の到来」「アジア太平洋の時代」などの概念が演説などで頻繁に登場するようになる。

　ASPAC は韓国の主導で実現した初めての地域機構であった。短命に終わり，冷戦的な反共主義の色彩が強かったため，とりわけ日本ではそれほど注目されることがなかったが，アジア大洋州地域を包括する政治・安全保障協議の地域機構として最初のケースという意義を有する。しかし，それはあくまで冷戦対立のもと，反共諸国の国益や思惑による地域機構にすぎず，「主権国家の超克」をめざす「地域統合」の枠組みには程遠いものであった。これは冷戦期の「アジア太平洋」の歴史的位相とその限界を示すものともいえよう。韓国をはじめ，多くの新生独立国にとっては「国民国家建設（nation-state building）」が最優先の課題であり，国家を超える地域形成もナショナリズムとの関連で定義され，また，その手段として位置づけられたのである。

　1980年代に入り，「アジア太平洋」の状況は大きく変容しはじめる。米中・日中の国交正常化で東アジア冷戦は事実上終結し，中国の改革開放政策，東アジア新興工業経済地域（NIEs）の経済成長と民主化の進展で，東アジア地域が本格的な相互依存の時代を迎えた。大平正芳首相が「環太平洋連帯構想」を提唱するなど，日本やオーストラリアを中心にさまざまな地域協力構想が打ち出された。韓国も太平洋経済協力会議（PECC）や太平洋経済協議会（PBEC）など官民合同方式の経済協力機構に積極的に参加するとともに，1982年，全斗煥大統領は「太平洋首脳会議」を提唱した。しかし，他の関係国からの呼応はなく，実現にはいたらなかった。光州事件に集約される人権弾圧など，軍部独裁政権という負のイメージが地域外交にも影を落としていた。

（2）北方外交の展開から「北東アジア」形成へ

おそらく戦後韓国が包括的な戦略のもとで地域外交を展開したのは盧泰愚政権からであったといってよいだろう。世界的な冷戦が終結し，外交の地平が開かれたという状況要因に加えて，政治的民主化と経済成長で韓国外交の位相が高まったことが推進力となった。盧泰愚政権は一方ではアジア太平洋協力会議（APEC）の創設に積極的に加わりつつ，新たに中ソおよび北朝鮮との関係改善を視野にいれた「北方外交」を展開した。当時の韓国政府シンクタンク報告書が指摘する通り，「北方外交と太平洋外交とのリンケージ」が冷戦終結後の韓国外交の課題となったのである。韓国の地域外交が「太平洋」に象徴されるアメリカとの多面的な関係を基盤にしつつも，冷戦体制の分断を越えて，新たに中国やソ連など社会主義圏との関係改善をめざし，アジア大陸との歴史的な関係を「回復」していく段階を迎えたともいえる。

「北方外交」の構想は全斗煥政権によって打ち出されたが，政治的民主化の潮流を部分的に取り入れることで誕生した盧泰愚政権のもと，本格的に展開された。1989年2月のハンガリーとの国交樹立を皮切りに，ポーランドなど東欧諸国に続き，1990年9月にはソ連，1992年6月には中国との国交が実現した。さらに，南北基本合意書（1991年）や南北の国連同時加盟（1992年）など，朝鮮半島の脱冷戦に向けた重要な進展が見られた。

注目すべきは盧泰愚政権の北方外交が「北方」への二国間関係の拡大や朝鮮半島の安定化にとどまらず，「北東アジア」という地域枠組みの形成に戦略的な関心を示し始めたことである。盧泰愚大統領は，1988年10月の国連総会演説で，朝鮮半島の南北に米日中ソを加えた6カ国による「北東アジア平和協議体」の開催を提唱した。直接的には朝鮮半島の平和に向けた韓国の主導性を強調するねらいがあったが，中長期的には，冷戦後の北東アジアにおける日中などの新たな地政学的対立を抑制するという地域戦略を背景にした構想であった。朝鮮半島の平和共存と統一という課題が北東アジアの地域協力と密接に結びついているという認識の発露でもあった。

1991年に作成された韓国政府シンクタンクの報告書は，北東アジア地域において，「日中などが新たな地域大国として浮上するにつれ，新しい勢力均衡の調整者もしくは仲介者の役割の必要が高まっている」と指摘し，朝鮮半島と北東アジアの緊張緩和を主導する観点から，韓国がアメリカとも協力しつつ，こ

うした「調停者の役割」を担うべきとした（李，2010，231-232頁）。後の盧武鉉政権の「北東アジアバランサー論」の先駆けともいえる。さらに興味深いのは，ソ連の積極的なアジア政策との連携を提唱している点である。事実，盧泰愚政権の「北東アジア平和協議体」構想は，「アジア版ヘルシンキ会議」(1986年7月，ウラジオストク演説)，「全アジア安全保障協力会議 (CSCA)」(1988年9月，クラスノヤルスク演説) など，ゴルバチョフ書記長による一連の提案を背景としたものであった。古典的な勢力均衡の論理が際立つが，北東アジアの地域形成が朝鮮半島問題をめぐる韓国の国益にもつながるという発想は注目に値する。多国間枠組みを通した国益の確保という「ミドルパワー」外交の一例ともいえよう。

　しかし，こうした野心的な構想は，アメリカなど関係国の消極的反応で具体化の契機を見出すことはできず，韓国は時を同じくして浮上した北朝鮮の核開発をめぐる危機への対応に追われることになった。金泳三政権による一連の地域構想の推移は，北朝鮮問題を抱える韓国の地域外交のディレンマと限界を端的に示している。1993年，32年ぶりの文民政権として誕生した金泳三政権は「新外交」を標榜し，地域協力を重要な柱として掲げた。具体的な動きとしては，「北東アジア版ミニ CSCE」や「北東アジア多国間安保対話 (NEASED)」などの提案が ASEAN 地域フォーラム (ARF) などの場で相次いで出された (李，2010，232頁)。しかし，韓国政府の努力にもかかわらず，地域外交のイニシアティブは激化の一途をたどる核危機に埋没し，具体的な進展を見ることはなかった。東アジア・北東アジアの地域外交と朝鮮半島の南北関係との密接な関連性が改めて浮き彫りになったのである。1998年，戦後初めて選挙による政権交代を果たした金大中政権は，まさにこうしたふたつの課題への同時並行的な取り組みを試みたといえよう。

3　東アジア共同体と韓国

(1) 東アジア地域主義の論議——4つの談論

　金大中と盧武鉉政権期に，韓国の地域外交は「東アジア」や「北東アジア」に大きく傾斜することになる。金大中大統領は「東アジア共同体」構想の外交的イニシアティブに力を入れ，盧武鉉大統領は「北東アジアの時代」を国家戦

略の柱に据えた。その背景としては、1997年に ASEAN＋3（日中韓）の枠組みが誕生し、「東アジア」という地域の制度的土台が形成されたことが大きい。さらに、北朝鮮への関与政策を支える外交的基盤という観点からも、アジア地域外交が重視された。両政権の政策とも相まって、韓国では「東アジア」や「北東アジア」といった「地域」への社会的関心が高まり、国民国家形成に続く新たな段階の国家ビジョンや、ナショナリズムを相対化する新しい重層的アイデンティティの方向性を「地域」に求める戦略的かつ思想的な論議がさまざまなレベルで展開された。

　1990年代以後、韓国で活況を呈している東アジア地域主義の論議について、朴勝優は、①経済共同体、②地域覇権主義、③東アジア・アイデンティティ、④オルターナティブ体制論など、4つの「談論（ディスコース）」に分類している[6]。第1の経済共同体論とは、いうまでもなく、貿易や投資による東アジア地域の経済統合をめぐる議論である。1980年代初め、韓国など東アジア NIEs の台頭とともに、成長のポテンシャルを共有する経済圏としての東アジアへの注目が高まり、さらに、1997年のアジア通貨危機を契機に、東アジア地域の経済的相互依存関係が政策的にも強く意識され始めた。冷戦終結後、EU や北米自由貿易協定（NAFTA）、南米南部共同市場（MERCOSUR）など、他の地域で経済統合が急進展したことも促進剤となった。伝統的に韓国はアメリカとの経済関係が大きな比重を占め、東アジアの経済統合についても「開かれた地域主義」を主張する傾向が強かった。しかし、欧米など他の地域で保護主義の潮流が強まる一方、中国の急成長で東アジアとの経済関係が増大するにつれ、「経済共同体」としての「東アジア」への政策的な関心が社会的に広がるようになったのである。具体的には、新自由主義的なグローバル化への対応、通貨危機などへの共同対応のメカニズム、東アジア自由貿易協定（FTA）による市場統合など、おおむね東アジア経済統合への積極論が大勢を占めつつ、議論が展開されている。

　第2の地域覇権主義論とは、主として地域安全保障の観点からの東アジア論を指す。冷戦終結後、アメリカの関与が相対的に弱まるなか、流動化した地域秩序の再構築への関心が背景にある。国際政治の理論や政策的観点によって、「地域」の捉え方は異なる。古典的な現実主義の立場では、主権国家を超える「地域」とは覇権による秩序の一形態ということになる。勢力均衡論の変形と

しての「柔らかいバランシング（soft balancing）」論が示すように，大国による地域覇権を牽制するメカニズムとしての地域機構という発想もある。その反面，リベラルな国際政治の視点からは，ドイッチュらの「安全保障共同体（security community）」論などに依拠しつつ，共通の安全保障（common security）や協調的安全保障（cooperative security）など，主権国家を超える地域安全保障の枠組みに重点がおかれる。いずれにせよ，韓国での論議では，中国や日本など域内大国による「垂直的な秩序」を回避し，いかに「水平的な地域秩序」を構築するかが政策的関心となっている。

　以上のふたつのカテゴリーが主として経済や安全保障などに関する社会科学的な論議であるのに対して，他のふたつは「東アジア」の意味に関する歴史的かつ思想的な省察の側面をもっている。

　第3の「東アジア・アイデンティティ」論は，1980年代に台頭した「アジア的価値」論や儒教資本主義論などの系譜に属するもので，東アジアの社会的特質に基づく経済発展を強調する議論である。そもそも東アジアNIEsの経済成長を説明する「東アジア発展モデル」の理論として提起されたものであるが，そのような特徴を共有する地域としての東アジアへの歴史的，文化的関心の広がりが見られる。ある種の「アジア主義」ともいえるこうした議論に対しては，その保守性や排他性に加えて，「固有の文化や価値」といった概念を媒介に，「拡大ナショナリズム」につながる側面をもっている点などが批判的に指摘される。

　これとは対照的に，第4の「オルターナティブ体制論」とは，主権国家やナショナリズムを越える新たな国家や地域の枠組みとして「東アジア共同体」を捉える視点である。近年の韓国における東アジア論では，この第4のカテゴリーが主流を占めているといってもよい。歴史や文学，思想分野の議論が多く，抽象度は高いが，「近代」「主権国家」「資本主義と社会主義の対立」「冷戦」など，既存の枠組みを相対化し，その代案を模索する「知的実験としての東アジア」ともいえる試みである。
(7)

　以上のように，韓国における東アジア地域論議は多岐にわたり，それぞれ異なる方向性を内包している。しかし，他の域内諸国に比べ，「東アジア」への社会的関心が高い状況がこうした論議の活発化にも表れている。近代的な国民国家建設の挫折としての分断国家という現実が続くなか，グローバル化への対

応として，主権国家を超える枠組みを模索するという課題が浮上し，その二重の試行錯誤の過程が「東アジア」という地域への関心をいっそう強めているともいえよう。

（2）「東アジア共同体」構想の変遷

　こうした政策論争を土台としつつ，韓国は金大中政権期から「東アジア共同体」構想を本格的に打ち出し始めた。金大中外交はある種の「全方位外交」であった。就任早々の1998年には「日韓パートナーシップ宣言」とともに，日本の大衆文化の輸入開放など，日韓間の社会・経済的な統合を促進する政策に踏み切った。米日などとの伝統的な関係の強化を足場に，中国との関係改善にも努め，2000年には，中国の側面支援を得て，南北首脳会談を実現した。それぞれの二国間関係の強化にとどまらず，地域外交にも力を入れた。1997年からスタートした ASEAN＋3 の枠組みが主な舞台となった。

　まず，ひとつの成果として実現したのは日中韓首脳会合であった。1999年11月，マニラでの ASEAN＋3 首脳会議の場を借りて，初めて日中韓首脳の会合が実現した。当初，中国は「日中韓」の枠組みに慎重だったが，「日韓パートナーシップ宣言」を成し遂げた金大中大統領と小渕恵三首相の連携が推進力となった（李，2006a，195頁）。翌年の2000年に再度日中韓の首脳会合が開かれた際，金大中大統領がその定例化を提案し，以後 ASEAN＋3 首脳会議の一環として毎年開かれることになった（田中，2003，291-292頁）。日中韓首脳会合は2008年からは ASEAN＋3 から分離し，独立した会議となり，同年12月，太宰府市で第1回目が開かれた。2011年には常設事務局が韓国に設置され「東アジア」地域協力のひとつの柱として制度化が進んでいる。

　さらに，金大中大統領は，「東アジア」の軸となる ASEAN＋3 の強化に向けて外交的イニシアティブを発揮した。田中明彦が指摘するように，1997年12月に ASEAN の招請で実現した ASEAN＋3 首脳会議は，東アジア地域主義という文脈では「画期的」な出来事であった（田中，2003，285頁）。議長を務めたマレーシアのマハティール首相にしてみれば，自らが提唱し，アメリカの反対で挫折した東アジア経済協議体（EAEC）のメンバーが参加する首脳会議を実現したのである。金大中大統領は，1998年，第2回目となるハノイでの ASEAN＋3 首脳会議で，「東アジア地域協力に向けた中長期的ビジョンの研

究」を任務とする「東アジア・ビジョン・グループ（EAVG）」の設置を提案した。EAVGは参加13カ国から2名ずつの民間有識者で構成され，1999年10月，ソウルで第1回会合を開いた。議長には，外相として金泳三政権の「新外交」を主導した韓昇洲(ハンスンジュ)が選ばれた。

　当初，EAVGに対しては経済協力が主な内容となるという見方もあったが（田中，2003，303頁），3年間の議論を経て，2001年11月の第5回ASEAN＋3首脳会議（ブルネイ）に提出された報告書は野心的な内容となった。「東アジア共同体に向けて」というタイトルの報告書は，「東アジア共同体」という用語が国際的な場で公式に明記された初めての文書でもある。同報告書は，ASEAN＋3を土台に「東アジア共同体」を実現することを目標として掲げ，具体的には東アジアFTAによる経済統合を経て，東アジア首脳会議（EAS）など政治・安全保障協力の制度化を提言した。

　2000年11月の第4回ASEAN＋3首脳会議（シンガポール）では，金大中大統領の提案で，EAVGの提言を検討するための政府間会合として，「東アジア・スタディ・グループ（EASG）」の設置が決定された。各国の次官補（局長）レベルで構成されたEASGはEAVG報告書の検討作業を行い，2002年11月のASEAN首脳会議（プノンペン）に最終報告書を提出した。この報告書は「東アジア共同体」に向けた取り組みとして，合計26の協力事業（短期17，中長期9）を提言し，その中長期的課題のひとつがASEAN＋3首脳会議のEASへの改編であった。

　このように金大中大統領が東アジア地域外交に力を入れたのは，通貨危機に直撃され，国際通貨基金（IMF）管理下に入った韓国経済にとって，日中を中心とした域内協力体制の構築が重要であるという経済的要因に加えて，国際舞台での活躍を通して，南北関係の改善に弾みをつけたいという思惑があった。しかし，金大中大統領の任期終了（2003年2月）が近づき，政権のレームダック化が進むにつれ，韓国の東アジア外交は徐々に失速していった。大統領のイニシアティブに左右される韓国外交の構造的な問題点も影を落とした。外交組織は基本的に保守的であり，多国間外交より二国間外交を重視する傾向があるのは一般的に見られる現象である。韓国でも東アジア地域外交は大統領官邸の主導による部分が大きく，それを持続的に支える外交組織は脆弱(ぜいじゃく)であった。

　後任の盧武鉉政権が成立直後に勃発した第二次北朝鮮核危機に見舞われ，そ

の対応として「北東アジア」に重点をおくにつれ，「東アジア共同体」への外交的関心は大きく後退した。2004年頃から ASEAN＋3 の場では，マレーシアと中国の主導で EAS の早期開催への動きが活発になった。その過程で，参加国の範囲をめぐって，当初の ASEAN＋3 の13カ国を主張する中国やマレーシアと，中国の影響力拡大を警戒し，オーストラリアやインドの参加を支持する日本，インドネシア，シンガポールとの間で，激しい外交戦が繰り広げられた。最終的には日本など「拡大派」の主張が受け入れられ，2005年，EAS は ASEAN＋3 にオーストラリア，ニュージーランド，インドを加えた16カ国体制で初開催となった。これは単なる参加国の範囲の問題ではなく，「東アジア」という地域のあり方をめぐる戦略のせめぎあいでもあった。しかし，この間，韓国は明確な方向性を示さず，「ほとんど傍観者の立場」であった（裵，2008，95頁）。戦略的な東アジア地域外交体制の不備がその原因であることはいうまでもない。

4　北東アジアという難問

（1）「東アジア共同体」から「北東アジア」へ

「東アジア共同体」構想を牽引した金大中外交のつまずきは，韓国にとって，北朝鮮問題を中心とした「北東アジア」の地域協力が同時に推進すべき重要な課題であることをあらためて突き付けるものであった。2003年2月に就任した盧武鉉大統領は，「平和と繁栄の北東アジア時代」を中心的な政策課題として掲げた。地域戦略の軸が「東アジア共同体」から「北東アジア」にシフトしたのは，再び噴出した北朝鮮の核危機への対応の一環でもあった。北朝鮮のウラン濃縮疑惑をめぐって米朝が衝突し，第二次核危機が進行するなか，南北の和解プロセスも頓挫せざるをえなかった。その状況を打開する戦略として打ち出されたのが北東アジア地域協力であった。機能主義の観点に立ち，日中露など，北東アジアの域内諸国との間で，経済やエネルギーなど非政治的な分野での協力体制を築き，それによって，北朝鮮体制の安全と改革という相矛盾するふたつの課題に取り組むという発想であった。

盧武鉉大統領は就任早々の2003年4月，大統領直属の「北東アジア経済中心（ハブ）推進委員会」を設置し，北朝鮮を視野に入れた北東アジアの物流・輸

送インフラの整備やエネルギー開発など，多くの意欲的な地域経済協力構想を打ち出した。2004年6月，同委員会は「北東アジア時代委員会」に改組され，政治・外交分野への拡大が試みられた（李，2007，12頁）。

しかし，この過程で出された「北東アジアバランサー論」が「アメリカ離れ」と批判されるなど，アメリカのブッシュ政権との関係がギクシャクし，靖国参拝問題で日本の小泉政権とも外交的摩擦が増大するなか，韓国の外交的基盤や手段は限られたものになった。野心的な構想として提唱された北東アジア地域戦略だったが，具体的な外交政策に結実することはなく，ビジョンやスローガンにとどまったといわざるをえない。

（2）六者協議と全欧安全保障協力会議（CSCE）

韓国の北東アジア地域構想にとって，最大の障害は北朝鮮の核問題であった。換言すれば，米中など関係国の利害が鋭く対立する安全保障問題において，韓国の提唱した機能主義的な地域経済協力構想は，それだけで局面を転換するには力不足だったといえる。経済協力が中心で，韓国が一定の外交イニシアティブをとることが可能であった「東アジア共同体」構想とは異なり，各国の安全保障戦略が激しくぶつかりあう北東アジアでは，韓国の戦略構想がもちうる影響力には自ずと限界があったのである。

ただ，韓国が盧泰愚政権期から提唱してきた北東アジアの地域的枠組みは，北朝鮮核問題を契機に，六者協議という形で実現することになった。六者協議は，2003年1月の北朝鮮の核拡散防止条約（NPT）脱退に始まる第二次核危機への対応として，同年3月の米朝中の三者協議を経て，同年8月に初開催となった。六者協議は進展と中断を繰り返しつつ，2007年9月まで都合6回開かれたが，2008年7月の首席代表会合を最後に中断し，現在にいたっている。

六者協議は，直接的には，米朝の二国間（バイ）交渉による核問題への対応に限界を感じたアメリカによる方針転換の産物であった。北朝鮮の瀬戸際戦略に振り回されがちな米朝の二国間交渉に代わって，北朝鮮に影響力をもつ中国を引き込んだ多国間（マルチ）の枠組みが最終的な解決に必要であり，アメリカの負担を軽減できるという判断であった。中国をはじめ，域内関係国の関与が北朝鮮問題という難問の打開には不可欠という認識が背景にあったのである（李，2006，182-183頁）。

事実，六者協議は当面の課題である北朝鮮の核問題だけでなく，広く北東アジアの地域安全保障メカニズムとしての方向性をも内包している。2005年9月19日，六者協議初の合意文書として採択された「共同文書」はその骨格をよく表している。同声明には，北朝鮮の核の放棄とNPT復帰，アメリカの不侵略・不攻撃の約束，相互の主権尊重と平和共存に基づく国交正常化など，米朝間の措置だけでなく，日朝国交正常化，「朝鮮半島の恒久的な平和体制」，さらに「北東アジア地域の安全保障協力」までが明記された。北朝鮮核問題という当面の課題が，朝鮮半島の冷戦構造の解体，ひいては北東アジアの安全保障協力といった地域秩序の再構築と不可分の関係にあることを示している。

　主権尊重や平和共存，域内諸国の経済協力などを取り入れた共同声明の構造は，東西ヨーロッパの分断を乗り越え，冷戦終結の基盤を築いたCSCEの「ヘルシンキ最終議定書」(1975年) と類似したところが多い。「ヘルシンキ最終議定書」は，主権尊重や内政不干渉を中心とした政治・安全保障，貿易・投資・技術などの経済協力，人権問題など3つの「バスケット」を東西ヨーロッパの平和共存の柱として提示した。それによって触発された東西間の交流がソ連東欧圏の市民社会を活性化し，冷戦の平和的終結に大きく貢献したと評価される。[8] 特殊論で捉えられがちな北朝鮮問題だが，「冷戦の超克」という観点では，ヨーロッパの歴史的経験と共通する構図があることを示唆している。「欧州経験」における「東アジア共同体」構想の先例がEUであるとすれば，「北東アジア」地域形成はCSCEプロセスが歴史的かつ政策的な比較考察の対象となろう。

5　競合する東アジアと韓国外交

　2011年11月，インドネシアのバリで開かれた第6回東アジア首脳会議にアメリカとロシアが初めて正式メンバーとして参加した。当初ASEAN＋3の12カ国で始まった「東アジア」がアメリカからインドにいたる18カ国体制に拡大したのである。直接的には増大する一方の中国の影響力を牽制するため，ASEANとオーストラリアが進めたバランス外交であった。それに国内経済の活性化や対中戦略の観点から東アジア重視に傾くオバマ政権のアメリカが積極的に呼応したのである。環太平洋パートナーシップ協定（TPP）をアジア太

平洋経済統合の枠組みに格上げし、日本の参加を強く求めたのも同じ文脈にある。また、ロシアのメドヴェージェフとプーチンも極東ロシアの資源開発や対中戦略の一環として、「太平洋国家」を標榜し、東アジア地域への外交的関与を強めている。拡大された「東アジア」はどのような地域枠組みを志向するのか。「東アジア共同体」構想は大きな転換点を迎えている。

　世界的な冷戦が終結した1990年代以来、韓国は「アジア太平洋」と「東アジア」「北東アジア」の間を揺れつつ、経済的な地域統合と朝鮮半島の脱冷戦というふたつの課題を視野に入れ、さまざまな地域戦略を模索してきた。しかし、現在の李明博(イミョンバク)政権は「実用外交」や「資源外交」を標榜し、資源獲得などの実利を重視する二国間外交に注力する一方で、戦略的な地域外交への関心は相対的に低かった。南北関係が膠着(こうちゃく)状態に陥り、経済的にもEUとのFTAなど、グローバル化戦略に重点をおいたのも一因といえよう。

　しかし、アメリカとの関係が中心となる「アジア太平洋」を土台にしつつ、「東アジア」「北東アジア」地域へのかかわりを拡大するという方向性では、李明博外交は以前の歴代政権と連続性を示している。2011年、米韓FTAの締結を踏まえ、早速対中FTA交渉に軸足を移し、また朝鮮半島を縦断する天然ガスパイプライン計画を中心に、ロシアとの経済協力を強化する方針を打ち出すなど、「新北方外交」ともいうべき動きを示しているのはその一例である（李, 2011）。政権の政治的立場の違いを超え、韓国の地域外交を規定する構造の連続性を示しているといえよう。

　現在、「東アジア」にはいくつかの枠組みが競合する状況になっている。従来のASEAN＋3に加え、新たに拡大されたEASは政治・安全保障協議の枠組みとしての役割を担いつつある。経済統合の面でもさまざまな域内FTAに加え、アメリカが力を入れるTPP構想が浮上してきた。さらに、六者協議が再開された場合、北東アジアの地域安全保障体制づくりも課題となる。韓国としては、東アジアや北東アジアにおいて、どのような地域形成をめざすのか。両者を結ぶ包括的な地域外交が求められることになる。

注

(1) 冷戦終結後の「地域」の台頭をめぐる若干の理論的な考察については，李（2004，1-10頁）を参照。

(2) 地域の統合度を示す域内貿易の比率（2005年統計）で「ASEAN＋3（日中韓）」にオーストラリア，ニュージーランド，インドを加えた東アジア16カ国は55.9％に達し，NAFTA（43.5％）を上回り，EU（65.7％）に肉薄する水準となっている。

(3) ヨーロッパ統合と東西冷戦の変容（終焉）の相関関係についての最近の考察としては，Ludlow（2007）を参照。

(4) 戦後韓国の地域外交の変遷については，李（2010，217-239頁）を参照。本章の第2節はこれをもとに要約したものである。

(5) ASPAC 結成の経緯などについては，曹（2009，163-208頁）。

(6) 朴（2008，309-346頁）。朴勝優の分類をもとに，さらに韓国における東アジア論の状況を分析したものとして，東北アジア歴史財団（2009，188-240頁）を参照。

(7) こうした観点から東アジア共同体論を主導している文学誌『創作と批評』主幹の中国史学者白永瑞の言葉（朴，2008，320頁）。

(8) CSCE プロセスがソ連東欧圏の変容をもたらし，冷戦の平和的終結に貢献した過程については，関連史料の公開とともに，とりわけヨーロッパの研究者による研究が活発に行われている。その一例として，Bange and Niedhart（2008）を参照。

参考文献

田中明彦（2003）「『東アジア』という新地域形成の試み──ASEAN＋3 の展開」東京大学東洋文化研究所編『アジア学の将来像』東京大学出版会，291-292頁。

曹良鉉（2009）『アジア地域主義とアメリカ』東京大学出版会，163-208頁。

東北アジア歴史財団編（2009）『東アジア共同体論議の現況と展望』東北アジア歴史財団，188-240頁（韓国語文献）。

朴勝優（2008）「東アジア談論の現況と問題」東アジア共同体研究会編『東アジア共同体と韓国の未来』イメジン，309-346頁（韓国語文献）。

裵肯燦（2008）「東アジア地域協力の展開過程」東アジア共同体研究会編『東アジア

共同体と韓国の未来』イメジン，95頁（韓国語文献）。
李鍾元（2004）「東アジア地域論の現状と課題」『国際政治』第135号，1-10頁。
李鍾元（2006a）「韓国の東アジア地域戦略」進藤栄一ほか編『東アジア共同体を設計する』日本経済評論社，192-199頁。
李鍾元（2006b）「北朝鮮の核問題と六か国協議」アメリカ学会編『原典アメリカ史』第9巻，岩波書店，177-186頁。
李鍾元（2007）「盧武鉉政権の対外政策」『国際問題』第561号，4-16頁。
李鍾元（2010）「韓国の地域外交とアジア太平洋」渡邉昭夫編『アジア太平洋と新しい地域主義の展開』千倉書房，217-239頁。
李鍾元（2011）「韓国・李明博訪米と今後――米韓同盟と『新北方外交』の狙い」『週刊 e-World』11月9日号。
Bange, Oliver and Gottfried Niedhart (eds.) (2008), *Helsinki 1975 and the Transformation of Europe*, New York : Berghahn Books.
Ludlow, N. Piers (eds.) (2007), *European Integration and the Cold War*, New York : Routledge.

第**7**章

アジア太平洋国際関係と地域統合の新機軸

天児　慧

　アジア太平洋の地域統合は大きな岐路に立っている。第1は，地域統合の枠組みをめぐる混乱である。従来少なくとも経済レベルでの統合の議論は，結論は出なかったが論点は明確であった。しかしTPP加盟をめぐる議論が浮上した後，アジア太平洋地域での経済統合をどのように展望するかまったく混沌としている。第2は，アジア太平洋地域におけるパワートランジションの問題である。「中国の台頭」が周辺地域との間でいくつかの摩擦・衝突を生み出し，現実的な「中国脅威」を生み出しており，そのため，安全保障上の枠組みを再構築する動きが目立っている。第3は，「対立と協力・協調」というある種のねじれ現象が並行して進むという不安定な構造の形成である。それでも地域協力・統合の動きはディファクトとして進んでいる。こうした状況をまず枠組みとしてどのように理解し，そのうえで中国の「超大国化」を論じつつ，そのことを踏まえて，アジア太平洋の地域協力・統合をどのようにデザインするかを論じる。

1　アジア太平洋の国際構造認識

　21世紀に入ったアジア太平洋地域の国際情勢をどう理解すべきか。3つの特徴が突出している。第1は，国際システムの枠組みそのものの変化である。第2は，やや逆説的な表現ではあるがグローバリゼーションのリージョナル化である。そして第3は，いうまでもなく中国の急激な台頭とそれに伴う経済，安全保障，ひいては総合的なパワーバランスの変化である。

　まず第1の特徴から見ていこう。国際システムは20世紀において冷戦体制，覇権主義体制などさまざまな言葉が用いられてきた。1990年初頭に冷戦体制は崩壊したが，今日にいたるまで最も長く生き続けている国際システムの表現は，

ウェストファリア・システムすなわち国民国家体制である。それは戦乱の続くヨーロッパにおいて30年戦争が終わった1648年，領土などを固定化し国家を国際社会の主体とし安定した国際秩序を実現しようとしたものであった。

その後ヨーロッパ勢力の世界的な台頭とともに，このシステムも世界に拡大していった。この国民国家体制は，言い換えるなら国際社会における最高意思の主体を国家と見なし，内政不干渉などを取り決め国家間の約束事によって国際秩序を形成しようとする国民国家体制（Nation-State System）である。周知のように今日でも「国民国家体制」は依然否定されてはおらず，厳然と主要なアクターの地位を保持している。

しかし他方で近年，経済・情報を軸としながらあらゆる分野で相互協力・依存，相互作用が進展しているために，従来は国家主権の範疇に属していた概念が次々と侵食されるようになっている。たとえば経済分野での多国籍企業，直接投資，貿易自由化，金融協力などは従来の国民経済の概念，経済の国益観を突き破り，重層的な共益構造を生み出している。もっとも，そのことによって即，国民国家体制が徐々に溶解し，逆に脱国家の流れが強まりながら国際システムは〈国家〉から〈脱国家〉体制へ移行しているというわけではない。

そこで21世紀国際社会の枠組みを特徴づけるとしたら，第1に国家システムと脱国家の価値・役割・機能が並存し影響しあう状況が続くということ，第2にさまざまなレベルにおいて顕在化している脱国家の動きが単に現象として見られるというだけではなく，制度化を強める方向で進展しているということ，少なくともこの2点を指摘できるであろう。筆者はこれを国民国家（NS）システムにかわる〈N-TNシステム〉（Nation-Trans Nation System）と表現しておくことにする。〈N-TNシステム〉が大きな流れになりつつある今日，政治的な主権論以外の領域での協力・依存関係を軽視してはならない。脱国家の論理と実践を国家の論理と実践に一方的に従属させてはならない。しかし〈N-TNシステム〉への転換にもかかわらずTNの部分の制度化が進んでいないために，緊迫した事態になると国家主権の論理がすべてに優先されるのである。2010年9〜10月の尖閣諸島問題をめぐる日中間の経済・文化交流の中断はその典型例であろう。(1)

第2の特徴は，グローバリゼーションが実は地域的な現象を強め，逆説的だが地域化（リージョナライゼーション）を生み出しているということである。グ

ローバリゼーションの波は，ポスト冷戦の最も特徴的な潮流で，市場化，自由貿易，時には民主化がグローバルに進行し，モノ・人・資金・情報が劇的に移動するトランスナショナルな現象が生まれた。しかしグローバリゼーションは同時に，経済貧富の拡大，環境汚染，HIVや鳥ウィルスといった感染症などの問題を深刻化させてきた。しかもそれがグローバルにではなく地域的に重大な問題となっているのである。それゆえに今日では，こうした問題への取り組みが世界規模においてだけでなく，地域協力・地域統合など地域的課題・協力として問われるようになっているのである。

戦後の日本は，通産省・大蔵省など政府主導で日本経済を動かし，日本のさまざまな企業を保護し国際レベルまで育成してきた。国家指導下の国民経済は戦後最も典型的な概念であった。戦前はさらに植民地という国民経済を外に広げて国民経済を守るという行動があった。ところが1990年代頃から，経済の自由化を推進する力が急速に増大し，関税障壁の撤廃，規制緩和の動きが強まった。いわゆるグローバリゼーションの流れである。拡大する多国籍企業の利益は国民経済という概念を超えて関係する各国企業間で利益を共有するようになってきた。

しかし，それは一気に「世界化」というわけにはいかず，アジアへの企業進出，アジアを軸とした政府開発援助（ODA）拠出など，アジアにおける地域協力を拡大し，域内の貿易・投資あるいは金融などの協力・連携を推し進めた。東南アジアに散在している華僑資本，あるいは韓国資本などの動きも基本的には同様である。今日ではこうした1990年代以来の動きをベースにして，中国・日本・韓国の各国と東南アジア諸国連合（ASEAN）との自由貿易協定（FTA），あるいは中国・台湾間の事実上のFTAである両岸経済協力枠組協議（ECFA）といった経済統合の制度化が進みつつある。が，依然として遅々としたものである。

あるいは今日のアジアにおいても環境の悪化，感染症の拡散，頻発する大規模な自然災害とか，アジア全体に広がる貧富の格差といった，いわゆる「人間の安全保障」とか「非伝統的安全保障」といわれるグローバルな諸問題が起きている。2001年，緒方貞子氏を提唱者のひとりとして「人間の安全保障委員会」が立ちあげられ，日本政府も国家を超えた人間の安全保障に積極的である（外務省ホームページ「人間の安全保障委員会」の項目を参照）。しかし具体的な行動

としては，アフガニスタンを含めたアジア地域に限定したものが多い。中国は，環境問題，酸性雨の問題，CO_2（二酸化炭素）排出問題，SO_X（硫黄酸化物）排出問題，河川などの水汚染あるいは廃棄物の問題などできわめて深刻な事態に直面している。もちろん中国だけではない。おそらくこれら越境性をもつ非伝統的安全保障の課題は，グローバルというには範囲が広すぎており，やはりアジア地域の問題として取り組むことでより大きな効果を生み出すことができるだろう。

2　デファクトとして進む「越境的」地域協力・統合

　第1，第2の特徴で注目すべきは，アジアにおいてさまざまな協力や統合現象が「デファクト」として進んでいるということである。キーワードは「デファクト」である。もう少し具体的に見ておくならば，①デファクトとして進むトランスナショナル現象が見られる。たとえば，多国籍企業の拡大は多国籍利益を生み出す。国際結婚の増大，長期国外移住者の増大などによる国民意識（ナショナル・アイデンティティ）の変化，文化・情報の流動（漫画，アニメ，エンターテインメントなど大衆文化が顕著）も，従来の各国内での大衆文化の様相を「越境」という流れによって大きく変えている。もちろん，前にも述べたように，国境や国家主権をめぐる各国の主張は依然としてきわめてリジッドなもので，決して脱国家，脱国境の流れが主流になっているわけではない。しかし，このように経済・社会・文化レベルでの共同活動による利益共有，それを保障する地域協力・相互依存の構造ができるようになってきて，国境の壁が実質的には従来に比べて低くなってきていることも同時に否定することはできないのである。

　②よくいわれるように，デファクトとして進む地域統合が顕著である。最もグローバルな方式としては関税障壁をなくした自由貿易の推進，すなわち世界貿易機関（WTO）の理念がある。しかし現実には短期間でこのような状況をつくることは困難である。そこでできるところから実現という流れが生まれ，それによって地域，国家間の独自なやり方としてのFTA方式が広がっている。しかしその背景には，すでに域内の貿易や直接投資，技術移転などいわば地域統合に向かうようなさまざまな協力・相互依存の進展があったのである。そう

した現実をふまえながら今日，二国間 FTA，経済連携協定（EPA），ECFA，部分的な地域 FTA などが進展するようになっているのである。

③グローバリゼーションに伴う「負の社会現象」の越境化現象の広がりは，「デファクトとして各専門分野協力ネットワーク」の構築を導いている。具体的には，CO_2 排出，酸性雨などの大気汚染，廃棄物・廃水汚染などの環境汚染の越境性，SARS，HIV，鳥インフルエンザなど感染症の越境性，貧富の格差の深刻化などがあるが，すでにこれらの課題に対して，アジア各国では専門家グループ，非政府組織（NGO）などが国を超えてそれぞれさまざまなネットワークを構築し，問題解決のための協力関係を築くようになってきている。[2]

さらに，④日常生活の越境性によって，デファクトとしての単一アイデンティティの溶解が進んでいる。たとえば，ヒト，モノ，文化，情報の急激な流動化，越境性から，経済・社会・文化レベルでの国を超えた人々の共同活動が生まれ，利益を共有し，それを保障する地域協力，相互依存の構造ができてきている。また，増える国際結婚・長期国外移住者によりナショナル・アイデンティティの変容の問題も生じている。たとえば今日の台湾住民の意識として，かつての国民党時代に圧倒的に強かった「中国人意識」から，「台湾人でもあり中国人でもある」と「台湾人であって中国人でない」というアイデンティティが大幅に増加している。[3] あるいは中国で働く日本人のなかに，「和僑」と呼ばれるネットワークが生まれてきた。[4] これなどは新しい重層的アイデンティティの典型例といえよう。アジア域内でのこうした傾向は，ここ20年きわめて顕著である。

⑤こうしたさまざまな動きが複合的に結びつきながら，国境の壁は従来に比べると格段に低くなってきており，部分的にではあるが，国家主権，国民意識，国益などの概念の変更，もしくは転換が求められている。すなわち国家主権の部分的な「デファクトとしての溶解」が始まっているのである。もちろんアジアでは国家主権は依然として強力であり，国際社会の重要なアクターであることは否定すべきでない。しかし国益観の相対化，アイデンティティの多層化，多重化が進んでいる。国家主権，国益のある部分における相対化，あるいはアイデンティティの多層化，多重化が客観的に増大している。そのことによって正に国民国家システムの土台が部分的にではあるが溶解している。それゆえに，上で指摘したような「ネーション‐トランス・ネーション」へのシステム移行

が始まっていると考えるのである。

3　中国の「超」大国化

　以上の2点と「中国の急激な台頭」ということが，21世紀国際社会を考えるうえでの特徴的な時代性となっている。すでに知られているように，1978年からの改革開放路線の転換，近代化建設への邁進から30年が過ぎ，2010年についに国内総生産（GDP）で日本を抜き世界第2位の経済大国，軍事的にも20年間の連続2桁増の国防費によって専門家の間ではこれもアメリカに次ぎ世界第2位の軍事大国になったといわれている。2008年には北京オリンピックを，10年には上海万博を成功させ，アメリカと共に世界の「G2」とも呼ばれるほどの「超」大国となった。これだけでも国際システムとしては米ソ二極の冷戦体制，さらには1980年代の米ソ中の〈大三角システム〉を経た劇的な変化といえる。

　しかし中国の台頭は今日においても「進行形」である。海外からの中国への直接投資は現段階においても依然高水準を維持し，対米輸出の大幅出超に見られるように「世界の工場」であり続けている。しかし同時に，2008年のリーマンショック以来，アメリカの構造的不況は今日なお影を落とし，「アブソーバー」としてのアメリカの地位は揺らいでいる。こうしたなかで，内需拡大のための大規模な国内投資を断行し，いち早く景気の回復を実現しただけでなく，従来のGDP高成長の勢いまで取り戻し，ついには2010年，GDPで日本を抜いて世界第2位に躍り出た。さらに膨大な人口，持続する経済成長と国内購買力の向上，豊富な資金による内需刺激政策などによって今や「世界の工場」であるのみならず，「世界の市場」としての潜在力を高めつつあるといってよい。

　2011年初め，中国の著名な経済学者・胡鞍鋼（フーアンガン）は「中国はいかにしてアメリカに追いつき，追い越すのか」と題する論文を発表した(5)。それによると，2011年から2020年までで変化する中国の経済関係は，GDPの世界順位が2位から1位へ，世界経済シェアが現在の9％から約20％へ，製造業部門で，付加価値額，ハイテク製造業付加価値額とも2位から1位，貿易部門で，輸入総額が世界1位へ（輸出総額はすでに1位），また，研究開発にかかわる科学者・エンジニア数はアメリカの2倍に，特許・基本特許申請数世界1位へ，非化石エネルギーの生産量・消費量とも1位へと予測している。胡鞍鋼が「アメリカを追い越

す」として挙げた理由は，①国土がアメリカに匹敵，②人口がアメリカより大幅に多い，③社会主義の優位性である。③は開発独裁型経済発展論がベースであり，これまでのところ意思決定の迅速さ，政策遂行における阻害要因（住民運動など）の排除など強権的方法が有効である点が強調されていることになるが，これがこれからも長期に持続するかは疑問の多いところである。しかし，軍事力などの面でアメリカとは一定の開きあるものの，一段と強まる「人民元切り上げ圧力」なども考慮すれば，総合国力的にはアメリカにかなり接近できるとの彼の見通しはある程度納得のいくものである。

　中国首脳部は依然として，表向きは自ら決して「超大国」，あるいは「覇権大国」にはならないと言明しているが，少なくとも上のような持続する経済大国化，軍事大国化に加えて，ソフト面でも世界への影響力の拡大を積極的に試み始めている。その象徴的な出来事が，近年中国語や中国文化の普及を図るべく世界各地での「孔子学院」設置の推進である。あるいはアメリカのCNNやイギリスのBBCを意識して中国初の本格的な新華社通信の英語TV放送も開始した。もちろん，こうした中国のソフトパワー戦略の展開が必ずしも彼らの思惑通りに進んでいるわけではなく，その急激な影響力の拡大によってかえって「中国脅威論」や「中国異質論」を引き起こしているところもある。が，いずれにせよ中国パワーの膨張は否定できず，内部的に深刻な問題を膨らませながらも，ほとんどアメリカに対抗できる力量をもった唯一の国になりつつあるということはできるだろう。

4　中国とアジア地域統合の関係

　中国の急激な台頭から，アジア地域の将来をどのように考えるべきなのか。この問題はアジアの未来を考えるための最大の課題だといって過言ではないだろう。1990年代からアジア地域統合に積極的に発言し貢献してきた渡辺利夫は，台頭する中国への警戒感から，2008年に『新脱亜論』を発表し，以下のように自らの立場を明確に示した。「東アジアはその統合度を一段と高めるために，二国間，多国間でFTA・EPAを積極的に展開し，この地域を舞台に自由化のための機能的制度のネットワークを重層的に張りつめるべきであろう。しかし東アジアの統合体はFTA・EPAという機能的制度構築を最終的目標とすべき

であって，それを超えてはならない。共同体という『共通の家』のなかに住まう諸条件をこの地域は大きく欠いており，また共同体形成の背後に中国の覇権主義が存在するとみなければならない以上，東アジア共同体は日本にとってはもとより，東アジア全体にとってまことに危険な道である」と断じている（渡辺，2008，286頁）。

　ここでの主旨は，機能的な制度，重層的なネットワークを分厚くつくっていくべきだが，共同体は「共同の家」というコミュニティのなかに住むことになり，国境の壁を低くしなければならないから，中国という強大国が他の弱小国を支配してしまう，このような中国覇権主義の受け皿をつくってはならないという主張である。そして日米同盟を堅持することによって日本は経済的には安心して東アジアや中国に進出できるのだと主張している。

　実は，急速に大国化している中国に対する同氏の懸念は筆者も理解できなくはなく，部分的には共有している。しかし，いくつかの根本的な疑問がわいてくる。第1に，経済を軸に機能主義的に分厚い重層的なネットワークができたとしたら，「はい，それまで」といったように事態をきれいに打ち切ることができるのだろうか。おそらくそのようなネットワークが形成されると流れは次のステップを要求することになるだろう。

　第2に，共同体＝共同の家＝中国の覇権主義的支配の枠組みという考え方を前提としているが，はたしてそれは絶対的なものなのであろうか。「共同体」の概念自体はきわめて多義的であり，機能主義的な協力の積み重ねによって形成された統合の枠組みも「共同体」と呼ぶ場合はある。EU の前段階の欧州共同体（EC）はまさにそうであった。またそもそもアジアにおいて「共同の家」などまだ具体的には存在していない。それをあたかも「中国覇権主義のための家」と断定するのは論理の飛躍と偏見が強すぎるといわねばなるまい。むしろ「覇権的な関係」にならないための共同体づくりに日本自身が積極的に貢献すべきであろう。

　第3に，そしてこれが最も重大なポイントであるが，機能的な制度やネットワークをつくっただけでそれ以上の枠組み，制度づくりに取り組まないとするなら，そのなかでさらに進む自由化，グローバリゼーションによって，むしろ経済発展の不均衡，弱肉強食の情況がかえって加速することになる。具体的に見ておくなら，中国の経済力増大は自由貿易的な枠組みのなかで周辺の弱い

国々の経済を飲み込んでいく状況が生まれつつある。たとえば，FTA 戦略を含む中国の地域統合の動きを見ると，中国は東南アジア諸国と FTA を結び，その結果相互貿易量を急増させている。GMS 計画（Greater Mecon Sub-Region Plan），トンキン湾（北部湾）経済開発フォーラム，中国の資本による「南北回廊」の実現に続き，中国の昆明からインドシナ半島全体のタイの南方までの主要都市間を結ぶ鉄道建設計画など，中国主導による経済協力・インフラ建設も急速に進んでいる。まさに「中国圏」としての ASEAN・中国地域 FTA への流れともいえよう。

さらに2010年6月，中国・台湾の間に ECFA が締結された。ECFA の内容自体は自由貿易品目などで台湾の品目数が中国のそれよりも圧倒的に多く，台湾への厚い配慮が読みとれる。これによって台湾は日韓に比べると中国市場で圧倒的に有利になっており，2010年度の台湾の経済成長が前年比で9％を超える勢いになっているのはまさに ECFA 効果といえよう。さらに ECFA 締結を受けて，韓国は積極的に中国との FTA 締結に動き始めて，2011年には本格的な交渉に入るといわれている。日本がもし対中 FTA で出遅れるようなことになると，現在最も大きな貿易相手国となっている中国への輸出がきわめて不利な状態におかれることになる。対中 FTA に消極的になればなるほど日本経済を取り巻く事態は日本にとって厳しい状況になっていくのである。

5　デファクトから制度化をめざすアジア地域統合

地域統合アプローチの基本的なタイプとしてよくいわれるのは「機能主義的アプローチ」である。とくに，アジアには多様な価値観，多様な生活レベルがあり，経済発展・政治体制も異なる。そのような環境下での協力は機能主義的なものになる。そしてさまざまな課題の解決あるいは共同利益の創出には機能主義的アプローチによる専門家集団，政府，NGO などのネットワーク構築が現実的で効果的である。

問題解決型は，経済分野では経済成長を優先しつつもサステナビリティを目標とし，深刻化している環境問題などに取り組みながら持続的にどう発展すべきかが今日大きなテーマとなっている。非伝統的安全保障分野では，①貧困・社会問題，②環境保護，③省エネ，④自然災害，⑤感染症など個々の課題解決，

海賊問題か，シーレーンの防衛あるいは地域自然大災害などの問題解決のために共同で対処するためのネットワークの構築が求められる。

共同利益創出型とは，経済分野ではFTA，共通の通貨体制，共同市場の形成などが求められ，成長と社会環境充実という面ではクリーン開発メカニズム（CDM）の発展と活用が考えられる。また安全保障面では，協調的安全保障，集団安全保障の地域協力，非伝統的安全保障分野では，クリーン・エネルギーの共同開発，エネルギー共同備蓄など共同利益の創出などが挙げられる。

問題解決協力型にせよ，共同利益創出型にせよ，協力メカニズムをつくっていく重要な手掛かりとパイプはネットワーク構築によって進められる。ネットワークのアクターは基本的には政府，個人の集結したNGO，それに医療・環境，感染症などの専門家集団の三者であり，それぞれが組織しネットワーク化することが重要である。とくにアジアの現実をふまえて考えれば，全体を統括する政府の部署が大きな役割を果たしている。国境を越えた三者連携の組織化が非常に大事であり，その制度化が問題となる。

このふたつのタイプに加えて，生活・文化アイデンティティ創出のためにネットワークをつくるという発想も，将来のアジア共同体を視野に入れるなら重要な課題になってくるであろう。仮にアジア地域の人々の生活・文化が密接に関連し，伝統的な思想・文化が融合され共通化され，アジア的な世界，アイデンティティが創出されるなら，そこでは中華意識でも，日本人意識でもない新しい「我々意識」が生まれる可能性を見ることができる。そのことを課題にし，意識しておくことが大切だと考えるのである。

そのためにこそアクターが連携し，共同で活動する，さらにそのことを通して地球船に同乗しともに宇宙を旅する「我々意識」「同舟意識」（アイデンティティの共有意識）を共有する。その共働から色々な成果を挙げるなかで凝集力を強め，調和の取れた社会を実現するのがアジア地域統合のひとつの方向である。地域の利益を追求し，アジア全体を包括する制度を構想するなかで，それを実現するための制度を構築する。制度を通して「我々意識」をさらに固め，「調和のとれた社会」をつくるのである。

もうひとつ指摘しておくべきことは，地域統合を次のステップに押し上げるために，「戦略的調整的アプローチ」と「ボトムアップ式アプローチ」を意識的に進めることである。「戦略的調整的アプローチ」とは，安全保障協力，エ

第7章　アジア太平洋国際関係と地域統合の新機軸

実践的で体系的な
アジア地域統合学の創造

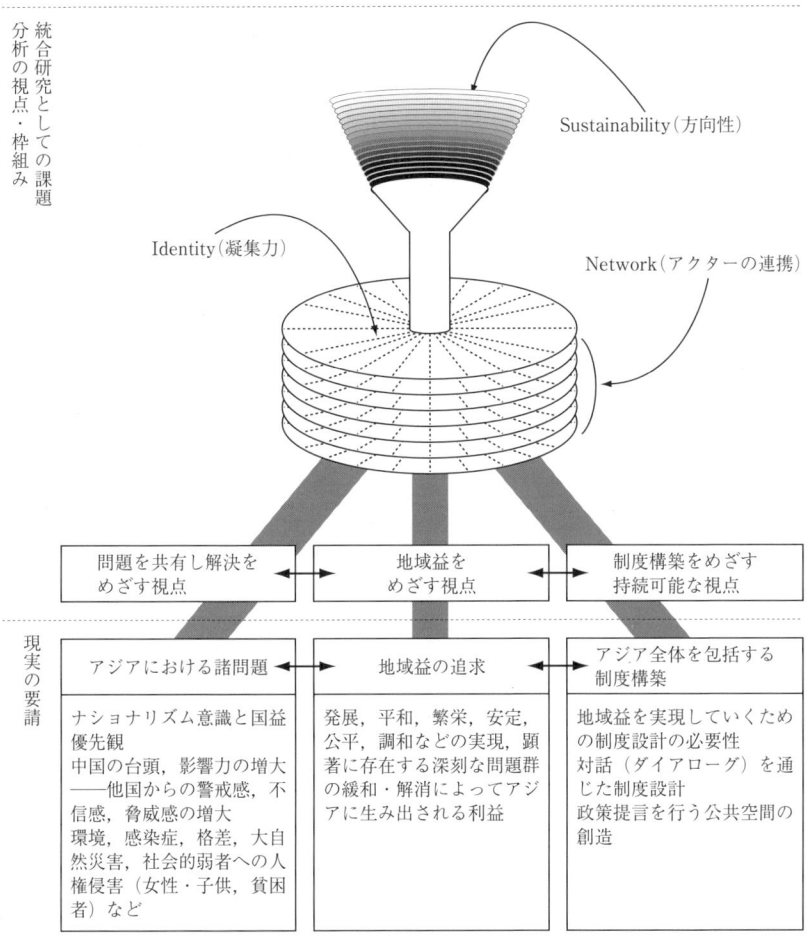

統合研究としての課題
分析の視点・枠組み

Sustainability（方向性）

Identity（凝集力）　　　　　Network（アクターの連携）

問題を共有し解決を めざす視点	地域益を めざす視点	制度構築をめざす 持続可能な視点

現実の要請

アジアにおける諸問題	地域益の追求	アジア全体を包括する 制度構築
ナショナリズム意識と国益優先観 中国の台頭，影響力の増大——他国からの警戒感，不信感，脅威感の増大 環境，感染症，格差，大自然災害，社会的弱者への人権侵害（女性・子供，貧困者）など	発展，平和，繁栄，安定，公平，調和などの実現，顕著に存在する深刻な問題群の緩和・解消によってアジアに生み出される利益	地域益を実現していくための制度設計の必要性 対話（ダイアローグ）を通じた制度設計 政策提言を行う公共空間の創造

図7-1　GIARI モデル

出所：筆者作成。

ネルギーの共同開発・共同備蓄などを戦略的に推進し調整していくアプローチである。「ボトムアップ式アプローチ」とは環境保護，感染症予防，貧困や人権の改善などの人間安全保障，とくに NGO 活動・協力をネットワーク化し，専門家集団や政府関係部署との連携で進めるアプローチである。「機能主義的

アプローチ」,「戦略的調整的アプローチ」,「ボトムアップ式アプローチ」これらのアプローチを混ぜながら全体をまとめていく枠組みが「聖火型アプローチ」となる（図7-1）。

6 アジア地域連携の未来と目標

（1）経済の地域連携

日中韓 FTA，環太平洋パートナーシップ協定（TPP）の推進からアジア太平洋地域 FTA の構築をめざす。そのために以下の3点が重要なポイントになる。

①東アジアの経済発展—EU 経験—日本の「内向き」打破の3つの連携から戦略を考えることである。日本総合開発研究機構（NIRA）の東アジア地域の経済連携をめざす構想では以下のようにそのポイントを指摘している。(6) 東アジア経済発展のスピードに乗る，EU の教訓（域内統合の推進で域内貿易投資の活性化，政治的安定などの成果）を学ぶ，日本の少ない貿易依存度を高めるチャンス，「内向き日本」からの脱却のチャンス，多面的な地域連携の推進，アジア通貨危機から学ぶ（地域内の金融協力からアジア通貨基金〔AMF〕への展望），中国の平和的かつ安定的成長を支えるということである。

②日本としてはむしろ韓国（および台湾）と連携し，日韓協力をベースに中国との FTA の交渉を進めるべきであろう（そのために日韓 FTA の基本合意に踏み込む）。

③農業問題への積極的，抜本的な取り組みが必要になってくる。それは市場化，自由貿易化に参入することで競争力をもつ農業に大転換させることをめざす。そのために，農業に特徴をもたせ，輸出産業に転換＝そのためのインフラ支援，人材育成支援を行う，農協を利益団体から各地域の生産・販売・人材育成の中核組織に再生することが重要なポイントであろう。

（2）「アジア非伝統的安全保障機構」の創設

①貧困・社会問題解決ネットワーク，環境保護ネットワーク，省エネルギー化ネットワーク，自然災害対応ネットワーク，感染症対応など，これまで述べてきたさまざまな課題解決のためのネットワークを重層的な連携組織にしてい

く。その鍵はアジア各国政府内に「非伝統的安全保障局（室）」を設置し、そこに上記5つの専門家グループ，NGO グループのネットワークの各拠点活動・情報を集約し，政府関連部署と連携・協力できるメカニズムをつくることである。

②非伝統的安全保障における共働作業は，アジアのサステイナブルな発展の道を探し出し，信頼醸成と「同舟意識」を生み出すうえでもきわめて重要である。

（3）「アジア太平洋安全保障条約機構」の創設
①まず現実的認識，現実的アプローチから段階的な拡大深化へという方法をとる。具体的には，伝統的（ハード）安全保障としては「ゼロ―サム」的なリアリズム・アプローチであるが，それをふまえて「地域的多国間安全保障協力」を具体化する。この場合，組織化の根拠は外敵もしくは潜在的敵の脅威に対する集団共同行動か，内部アクター間の相互抑制・牽制ということになる。いずれにせよこうした脅威への対処に関しては，アメリカのプレゼンスを抜きにはできない。そこでアメリカを巻き込んだ地域多国間安全保障メカニズムの構築が必要となってくる。

②常設の「日米中安全保障対話フォーラム」の創設を進めるべきである。なぜなら現段階また将来中国の脅威に対してアメリカ一国でさえ抑制することはますます困難であり，日米同盟は不可欠であるが，他方で中国にとって日米同盟は最大の脅威である。したがってこのようなフォーラムを設置し，単に相互抑制のためだけではなく，この枠組みの活動を通して，相互の敵対感情，現実の対立点の減少などポジティブな効果もねらうべきであろう。

③現実にアジアでは，朝鮮半島の非核化をめぐる「六者協議」，アジア全体の対話フォーラムである「シャングリラ・ダイアローグ」，拡大 ASEAN の安全保障対話フォーラムである「ARF」，さらには中国イニシアティブの「上海協力機構（SCO）」などが存在している。しかしそれらをふまえたうえで，最も核心的で実質的な協調枠組みとして「日米中安全保障対話フォーラム」を位置づける。将来的にはそれを軸とし他の国々，他の多国間安全保障メカニズムを取り込むアプローチをとるべきであろう。

④そして最終目標として「アジア太平洋安全保障条約機構（APSTO）」に発

展させる。そのなかでは日米安全保障条約に加えて中国を入れた「日米中安全保障条約」を創設する。さらに韓国，オーストラリア，ニュージーランド，ASEAN などが参加したものとして APSTO を構想する。もちろんそのような安全保障枠組みは短期的には不可能であるが，めざすべき課題として提起しておきたい。

⑤以上のようなさまざまな試みは，冒頭で指摘した国民国家（NS）システムから〈N-TN システム〉型アジア秩序の構築へ導かれる。そこでは日中，日韓，中国・東南アジア各国間で争われている領土・領海問題では「共同主権論」が基盤となり，さらに TN システムにおける多元多層型対話フォーラムが組織化・体系化され，それによって安定的な国際ガバナンスが形成されることになる。

以上のように，ASEAN＋3 から始まるアジア非伝統的安全保障機構，日米中安全保障フォーラムから始まるアジア太平洋安全保障機構，さらには経済レベルでの APEC の内実化が並行的に進むなかで，包括的な統合の主体が形づくられていくだろう。そして包括的な統合の制度化に入ったとき，アジア統合の形態，境界が自然と定まってくるだろう。最大の鍵は，比較的長期のスパンのなかで，アジアにおいて〈共働・共益・共感〉の共有構造が生まれるかどうかにかかっているのである。

●注
(1) 「尖閣諸島近海中国漁船拿捕事件」に関する筆者の分析は，『公研』2010年12月号特集対談，『NIHU 現代中国拠点 News Letter』No. 6，巻頭言などを参照されたい。
(2) 天児（2011a；2011b）を参照。またナンヤン工科大学（シンガポール）の国際関係学院で組織された「アジアの非伝統的安全保障ネットワーク」は東南アジア・南アジアにおけるこれらの問題解決の重要なネットワークになりつつある。
(3) 国立政治大学選挙研究センターが毎年行っている意識調査トレンドを参照。
(4) 和僑に関しては，和僑カンファレンス（www.habataku.co.jp/wakyo/conference.html）など参照。

（5）『瞭望』2011年第1期の胡鞍鋼論文参照。
（6）　NIRA研究報告書「東アジアの地域連携を強化する」2010年9月。

◉参考文献

天児慧（2009）『アジア連合への道』築摩書房。
天児慧編（2011a）『アジアの伝統的安全保障』勁草書房。
天児慧編（2011b）『中国の伝統的安全保障』勁草書房。
天児慧編集代表（2011〜12）『アジア地域統合講座』全12巻，勁草書房。
谷口誠（2004）『東アジア共同体』岩波新書。
西口清勝・夏剛編（2006）『東アジア共同体の構築』ミネルヴァ書房。
原洋之介（2002）『新東亜論』NTT出版。
山本武彦・天児慧編（2007）『東アジア共同体の構築Ⅰ　新たな地域形成』岩波書店。
渡辺利夫（2008）『新脱亜論』文春新書。

第8章

バルカンにおける地域史の試み
──東アジアとの比較──

柴　宜弘

　バルカン（南東欧）諸国では，地域史の視点から歴史教育・歴史教科書を見直そうとする試みが進んでいる。たとえば，ギリシャ第2の都市テッサロニキのNGOである「南東欧の民主主義と和解のためのセンター」が中心となり，スロヴェニアからキプロスまでを含むバルカン11カ国の共通歴史副教材が出版された。4冊本の史料集である共通歴史副教材は，ボスニア内戦の終結後に，11カ国の歴史研究者と歴史教員が3年におよび共同作業を続けた成果であり，2005年に英語版が，その後各国語版が出版された。バルカン史という地域史の観点から編集されており，自国中心的な各国の歴史教科書に再考を迫る画期的な教材である。バルカン諸国に共通の歴史教科書をつくるのではなく，共通の史料集を作成するという方法は，東アジアにとっても興味深い手法といえる。

　本章では，地域概念を再検討するとともに，東アジアにおいて地域史がナショナル・ヒストリーを超える枠組みとしてどのように考えられているのかを概観する。東アジア共同体を構想する際の基礎作業といえるだろう。

1　バルカン11カ国の共通歴史副教材

（1）共通歴史副教材作成の意義

　東アジア共同体や東アジアの歴史認識の問題を考える際，なぜ，バルカンの事例を取り上げる必要があるのだろうか。周知のように，近代においてオスマン帝国から独立を達成したバルカン諸国は相互に対立を繰り返し，これにヨーロッパ列強の利害が絡んで，この地域は分断の歴史を歩んだ。その結節点ともいえる1912～13年の二度に及ぶバルカン戦争に対する評価は，バルカン諸国の間で大きく異なっている。また，1990年代の多大な犠牲を伴った一連のユーゴ

スラヴィア紛争は旧ユーゴ諸国の間の関係だけでなく，近隣のバルカン諸国間の関係にも多大な影響を及ぼした。ユーゴ紛争をどのように捉えて教えるかは，大きな問題である。さらに，連邦解体後の旧ユーゴ諸国では，新国家がその存在基盤を固めるために自国史を書き上げる必要から，自民族中心的な叙述の歴史教科書が顕著であった。

このように，近代において相互の対立から激しい戦争が引き起こされ，近年ではまだ記憶に新しい凄惨(せいさん)なユーゴ紛争の舞台ともなったバルカンにおいて，各国の歴史教科書や歴史教育の見直しは喫緊の課題であった。このバルカンで，「南東欧近現代史を教えること――教育用副教材」と題された共通歴史副教材（史料集）[1]が出版されたことは画期的な出来事といえる。共通歴史副教材はどのような経緯を経て作成されたのか，どのような内容の史料集なのか，バルカン11カ国での反応はどのようなものなのか，これらのことは我々にとって「よそ事」どころか，そこから多くのことを学ぶことができるように思われる。

さらに，共通歴史副教材の作成を主導した「南東欧の民主主義と和解のためのセンター（CDRSEE）」がNGO組織であることを見過ごしてはならないだろう。CDRSEEは，ユーゴスラヴィア紛争の影響を直接的・間接的に受けたバルカン諸国の和解のために，歴史教科書や歴史教育の変革に取り組んでいる。1999年のコソヴォ紛争後に主要8カ国（G8）を中心にして結ばれた南東欧安定協定のような，国際社会の政治的な枠組みの要請を受けてのプロジェクトではなく，バルカンNGOによる市民レベルの内発的な和解の試みとして，CDRSEEが1998年に共通歴史副教材の基礎となるプロジェクトを創設したことは特筆すべきである。バルカン諸国の自発的な試みが初めて動き出したのであり，1999年には，このプロジェクトのもとで，バルカン諸国の歴史教育の変革を目的に，カリキュラムや歴史教科書の比較・検討が進められた（柴，2011，9頁）。

バルカン諸国の歴史教科書は概して，近隣諸国による犠牲者としての側面を強調する傾向が強く，隣国についての叙述が乏しい。このことが，隣国を正当に理解することを困難にしていた。共通歴史副教材は，各国のこうした歴史教科書・歴史教育に再考を迫るものであった。

（2）共通歴史副教材作成の経緯

　共通歴史副教材の作成に関与したのは，アルバニア，ブルガリア，キプロス，ギリシャ，ルーマニア，トルコ，それにボスニア・ヘルツェゴヴィナ，クロアチア，マケドニア，セルビア・モンテネグロ（2006年に，モンテネグロが独立），スロヴェニアの旧ユーゴスラヴィア諸国からなる11カ国の歴史研究者と教員である。CDRSEE の主導により「歴史教育委員会」が設立され，1999年から2000年にかけて，バルカン諸国の歴史教科書とカリキュラムを比較・検討する目的で，集中的にバルカン史の微妙なテーマに関するワークショップが開催された。「歴史教育委員会」には，歴史教科書の叙述は対立や紛争を引き起こす主たる要因であると同時に，歴史教科書の変革を通じて，国民レベルの和解の促進も可能であるとの認識が共有されていたといえる。

　歴史教科書の比較・検討とともに，重要だったのは歴史教員の意識や教育方法であった。そこで，2000年から2002年にかけて，共通に体験したバルカン近代史ながら，評価の異なるトピックス，たとえばオスマン帝国の統治，民族と国家，バルカン戦争，第一次世界大戦，第二次世界大戦といった歴史の諸問題を取り上げて，現場の歴史教員の研修を目的としたワークショップが開催された。「歴史教育委員会」メンバーの歴史研究者がチューター役を務め，あえて対立する評価の当事国同士の歴史教員が議論できるような工夫が凝らされた（クルリ，2008，110-111頁）。

　3年に及ぶ歴史研究者と歴史教員による集中的なワークショップを経て，将来にわたるバルカンの安定と和解のために，バルカン諸国の共通歴史副教材を作成する方針が出された。ギリシャ・パンテイオン大学のクルリを総括責任者として，中等学校生徒（15～18歳）向けの4巻本の史料集を作成する作業が始められた。バルカン諸国では教育省の権限が強いこと（学年によって一部，複数の歴史教科書が出され始めているが，ギリシャとセルビアでは基本的に教科書は一種類のみ）に加え，11カ国の歴史教科書を統一することは不可能との認識から，同じ内容の統一歴史教科書の作成が試みられたのではない。自民族中心的な各国の歴史教科書を相対化できるような史料集を提示し，歴史教育の方法の変革を通じて自民族中心の歴史教科書の変更を促すものであった。

　微妙な問題をはらむ4つのトピックス「オスマン帝国」「民族と国家」「バルカン戦争」「第二次世界大戦」が選択された。4つのトピックスはバルカン諸

国の人びとが共生と対立を繰り返しながら，運命を共にした時代に属している。クルリは，これらが歴史教育の変革を迫るうえで格好のテーマだと主張して，以下の3点を挙げている。①「民族と国家」と「第二次世界大戦」はバルカン史をヨーロッパ史や世界史の文脈の中で考えざるをえない。②テーマ別の史料は国や民族ごとに分類されることはないので，自民族中心の見方が相対化され，比較の視点や多面的なアプローチがとりやすく，隣国に対するステレオタイプや偏見を取り除くことができる。③バルカンという地域の歴史を共生と対立の複合物として認識することをも可能にする（クルリ，2008，114-115頁）。多面的なものの見方（マルティパースペクティヴィティ）と比較の方法を養うことは，国を超えた人々の共通の歴史理解を促すことにつながり，国民レベルの和解を考えるうえできわめて重要である。

　クルリのもとで，4冊の史料集の各巻の責任編集者が決められ，各巻にバルカン11カ国から協力者が1〜2名配置された。これらの協力者が中心になって，各国の史料の収集にあたった。歴史研究者と教員60人の共同作業の成果が，英語版の共通歴史副教材である。その後，英語版が各国語版に翻訳されてバルカン11カ国で共通歴史副教材を使用できるようになった。しかし，現在のところ，この教材が各国の教育省の認可を得て学校現場で正式に使用されるにはいたっていない。各国での拒否反応は根強く，この教材を支持する歴史教員が自由裁量の枠内で使っているにすぎないが，一国の枠を超えたバルカンという地域の視点から編集された共通歴史副教材は，東アジアという地域や地域史，そして東アジア共同体を考えるうえで学ぶべき点を多くもっている。

2　地域とは何か

　東アジアという地域概念について考えてみる前に，わかったようでいて必ずしも明確ではない「地域（リージョン）」という概念について触れておく。地域は現実に存在する国民国家の規模にとどまらず，国家を超えた規模でも，国内のローカルな「地方」の意味（マイクロ・リージョン）でも成り立つ。それでは，地域を成り立たせている要因は何に求められるのか。ヨーロッパのイギリス，フランス，ドイツといった国民国家の規模を念頭におくと，一般的に考えられる要因は地理学が規定する同質性によるまとまりであろう。この場合だと，英

語，フランス語，ドイツ語といった言語がその基礎に据えられる。

　しかし，地域は国民国家を超えた規模でも成立する。「地域」の大区分（マイクロ・リージョン）としてアジア，ヨーロッパ，アメリカ，アフリカという規模，あるいは，中規模の区分（メソ・リージョンあるいはサブ・リージョン）としてヨーロッパのなかの東欧やバルカン，そしてアジアのなかの東アジア，東南アジアなどが考えられる。明らかに，これらの地域は言語の観点から見て同質ではないし，宗教や民族を考えてもさまざまである。むしろ，異質性のほうが強いとさえいうことができる。たとえば，東欧という地域は言語，宗教，民族ともにきわめて多様である。東欧が地域として成立するのは，西欧との関係性においてひとつのまとまりをもっているからである。地域としてのまとまりを成り立たせている要因は言語，宗教，民族上の同質性の場合もあるが，異質性が強くても，相互の依存関係が強ければ地域としてのまとまりをつくる場合もある。「地域」という概念は同質性と異質性のうえに成立すると考えるべきであろう。

　こうした地域を研究対象とする際，それを自然地理的な区分による不変のものとして扱うことはできない。対象とする地域や国家がもつ「地域性」なり「国民性」を考えてみると，それを不変のものとして安易に捉えることはできず，ここに時間軸を組み込んで考察せざるをえない。ある地域や国家の社会がもつ価値体系は歴史的に変化するものだからである。この問題と関連して，研究対象とする地域を国際環境の影響を考慮することなく扱うこともできない。どのような「地域」を対象とするにせよ，いかなる時代でも近隣地域や国際環境の影響のおよばない状況は考えられない。東欧という地域概念が西欧との関係において成り立つように，ある「地域」を研究するには，他の地域との比較や関係が重要な方法である。そして地域間の関係性を理解するには，歴史的な視点がきわめて有効なものとなる（百瀬，1993，212-225頁）。

　いずれにせよ，「地域」という概念は可変的であり，多様な性格をもっている。地域はそれぞれの研究者の問題関心がいかなるものかによって決まるといえるだろう。次に，バルカンという地域と比較しながら，東アジアという地域概念を検討する。

3　東アジアという地域概念

（1）地域を設定する基準

　研究者の問題関心に沿って設定される地域概念，バルカンではどのような点から考えられるのだろうか。ブルガリアのバルカン近代史研究者ミシュコヴァは，バルカンという地域概念が主として以下の3つの観点から構想されると述べている。第1は，共通の過去の遺産という側面，具体的には400年以上の長期にわたりオスマン帝国の支配を受けたことにより生み出された共通の遺産という観点である。第2は，数世紀にわたり生じたさまざまな接触，紛争，そして共生の相互作用が展開した舞台という観点である。第3は，言語，宗教，歴史，政治，経済などを共通とする複数の社会は比較分析の絶好の対象であるので，比較の枠組みとして有効というものである（Mishkova, 2008, p.140）。これらの観点に加えて，最近ではトランスナショナルや比較の方法に関心をもつ研究者が「歴史的地域」という観点を主張する。たとえば，ドイツのバルカン史研究者ズントハオセンはビザンツ帝国の東方正教の遺産とオスマン帝国のイスラムの遺産がバルカンの大きな特徴であり，それがヨーロッパの他地域とバルカンを区分する明確な違いだとしている（Sundhaussen, 1999, pp.626-653）。

　これに対して，東アジアという地域概念はどのように一般化されてきたのだろうか。朝鮮史研究者の李成市（リ スンシ）によると，日本では1980年代に入り，韓国，台湾，香港，シンガポールの驚異的な経済発展に促されて，この地域に対して漢字文化圏，儒教文化圏，中国文化圏といった呼称がなされ，ひとつの文化圏として中国，朝鮮，日本，ベトナムからなる東アジアが注目されるようになった。この地域の経済・社会的発展の背景は，漢字や儒教という文化的な同一性に求めることができるのではないかという見方が急速に広まった。とくに，これまで近代化にとって否定的な要因と考えられてきた儒教が経済発展の要因として再評価され，この地域内の相互の相違より，文化圏としての同一性が強調され始めたのである（李，2000, 1-2頁）。

　第二次世界大戦後の日本では，日本の歴史の展開や文化の形成を東アジアという地域と関連させて検討する試みがさまざまな場で行われてきたが，韓国や中国において，東アジアという概念はそれまでほとんど使われることはなかっ

たようである。韓国や北朝鮮では，東アジアという地域のなかで朝鮮史・朝鮮文化を位置づけるような視点は見られず，東アジアという地域概念に対する不信感と警戒感の方が大きかった。たとえば，韓国では，東アジア文化圏と大東亜共栄圏とはどこが違うのかという疑問が出された。また，東アジアのなかに，朝鮮史・朝鮮文化を埋没させることにならないのかという危惧の声も聞かれたとされる（李，2000，4頁）。

これに対して，日本の歴史学研究では，東アジアという地域のなかで歴史や文化を考えることは，日本史を孤立させてきた戦前の独りよがりの歴史学を克服するために，新たに始められた学問的な試みといえる。こうした試みは，国境を越えてヒトやモノが激しく移動する戦後日本のおかれた国際環境とも深くかかわっていた。しかし，バルカンの共通歴史副教材が正式に認可されないのと同様に，近代の国民国家の枠組みから歴史を見る姿勢から抜け出すことは容易ではない。日本史や日本文化が国民国家の枠組みのなかで考えられ，論じられてきたことも事実である。李成市が指摘するように，東アジアという地域枠組みのなかで歴史を考えるということは，歴史が展開した空間を日本から東アジアへ広げるだけではなく，国際関係や文化交流の視点を拡大するということでもない。近代国家システムに基づく一国史の歴史研究を相対化し，新たな歴史観を築く試みでなければならない（李，2000，5頁）。

（2）韓国におけるアジア概念

東アジアという地域概念をめぐる韓国の最近の動向について，ドイツ・ハレのマルティン・ルター大学でアジア政治思想史を教えるリ・ユンジュンは以下のような紹介をしている（Lee, 2008, pp. 184-191）。それによれば，1990年代に入ると冷戦後の急激な変化を伴う現実と関連して，それまで韓国において否定されてきた東アジアという地域概念が広く用いられるようになった。1993年から98年まで続いた金泳三(キムヨンサム)政権が「国際化」政策を掲げるのに伴い，韓国の企業が中国や東南アジアに進出した。一方，中国や東南アジアなどアジア諸国から労働力が移入した。韓国で東アジアに関する言説が広まった理由は，冷戦とアジア諸国の経済的な成功，そして，デリダらの影響を受けたポスト構造主義の観点からのヨーロッパ中心主義と近代化批判であったとされる。

韓国における東アジア言説は以下の3潮流に分類されるという。第1は，雑

第 8 章　バルカンにおける地域史の試み

誌『伝統と近代性』に集まったグループからの言説で，東アジアを「儒教に基づく資本主義」の社会という共通面から構想した。このグループは，主として保守的な知識人からの支持を得た。第2は，雑誌『創造と批判』のグループで，彼らの言説は東アジアを「ある目的の場」として捉えようとするものであった。この雑誌は進歩的な知識人グループの最先端をなすものであり，著者たちは東アジアという地域枠組みが西欧中心の資本主義による近代を克服するための方法だと主張した。第3は，雑誌『空想』の知識人グループであり，彼らは東アジアという概念を「文化遺産」として考えた。このグループには文学研究者が多く，中国文化圏として東アジアを構想する傾向が強かった。彼らはとくに日本や中国に潜む内なるオリエンタリズム，たとえば日本のアジアへの膨張主義と結びついた「アジア主義」や中国に見られる「中国中心主義」，さらには韓国にも見られる内なるオリエンタリズムを問題にし，東アジアという地域枠組みを連帯するためではなく，お互いが他者として，その違いを認めあう場として設定しているようである。リ・ユンジュンは結論として，朝鮮半島は依然として分断された現状にあるので，東アジアという地域枠組みは分断を克服する手段として，これからも活力をもちうると主張している。

4　地域史としての東アジア史

（1）東アジアの試み

これまで概観したように，東アジアという地域概念は歴史的背景が異なることから，国によって捉え方が異なっているだけでなく，この概念を用いる研究者の問題関心の違いからさまざまに議論されている。したがって，地域史としての東アジア史叙述には大きな困難が伴うことは明らかである。しかし，東アジア史をつくる試みはすでに始められている。たとえば，日本，中国，韓国の歴史研究者が歴史教育について議論を重ね，2005年に日本語，中国語，韓国語で同時に『未来をひらく歴史——東アジア3国の近現代史』を出版した。これ以前にも，1980年代前半期に，日本の歴史研究者・歴史教育者のグループが呼びかけて，比較史の観点から3国共通の過去にアプローチしようとする試みがなされたが，共通の地域史をつくるという成果を生みだすことはできなかった。『未来をひらく歴史』はそれ以後20年間の模索のなかで，ようやくつくりあげ

られた共同の東アジア近現代史である。この本は3国の歴史教科書問題を背景として多大な関心が向けられ，初版が日本で7万部，中国で12万部，韓国で3万部も売れた。

『未来をひらく歴史』の出版は3国にとって，画期的な出来事であった。しかし，この本の限界についていくつかの指摘がなされている。たとえば，政治思想を専攻する岩崎稔と日本近代史を専攻する成田龍一は，共著論文で以下の3点の批判を加えている（Iwasaki and Narita, 2008, pp. 271-283）。

第1に，東アジアの近現代史にもかかわらず，本書の執筆にあたったのは日本，中国，韓国の3国の研究者だけであり，北朝鮮，台湾，モンゴル，ベトナム，ロシアの研究者が参加していないため，これらの地域に関する記述がほとんど見られない。加えて，本書は国民国家単位の記述が中心であり，多くのエスニック・グループの歴史が除外されている。

第2に，この本は日本帝国の侵略の歴史を描くことに主眼がおかれているため，日本が東アジア地域の行動主体として描かれ，韓国と中国はその犠牲者であり，抵抗する存在であるとの印象を受けてしまう。韓国と中国の行動はつねに日本の行動に対する反応として描かれがちである。本書は東アジア3国の近現代ではなく，日本帝国の発展と侵略の歴史になっている。

第3に，この本は植民地主義の問題を議論する視点が乏しい。「帝国主義下の近代性」の議論が重要であるにもかかわらず，そうした議論がなされていないため，台湾や韓国の近代化について社会史の視点からの叙述が見られない。両者は『未来をひらく歴史』の限界を以上のように指摘したうえで，地域史を構想する際，意識してナショナル・ヒストリーの習癖に陥らないようにするため，「多様な見方」を確保することが必要であり，多様な「日本」，多様な「韓国」，多様な「中国」をひとつの多様な東アジアに関連させて考えてみることが重要であると結論づけている。

（2）地域史叙述の方法

両者が指摘する「多様な見方」は重要であるが，こうした観点から地域史をどのように描いたらよいのかについて，この論文では明確にされていない。日本では，東アジアという地域史をどのような枠組みで，どのように構想すべきなのか，そしてそれを歴史教育の場にどのように反映させたらよいのか，とい

う議論は現在も続けられている。これに対して，韓国では歴史教育を強化するとの当時の政権の方針から2006年にいち早く，東アジア史という教科が高校の選択必修とされた。東アジア史という地域史を具体的に叙述する必要性に迫られているのである。2012年度から高校生は韓国史のほかに，世界史か東アジア史を選択することが義務づけられ，東アジア史の教科書作成の準備が進められた。教科書の作成と同時に，教員や生徒，そして一般読者をも視野に入れた新教科の副教材として，東アジア歴史叢書の編集も進み，東アジア史を韓国史や世界史とどのように関連させていくのか，東アジアという地域の範囲をどう限定するのかなどの議論が具体的に行われているようである。もっとも，現在の李明博政権は東アジア史の学習に消極的であり，東アジア史を選択必修科目から外し，選択科目に変えてしまった。そのため，東アジア史への関心は薄れ，2種類の教科書が作成されるにとどまっている。

　韓国で教鞭をとる朝鮮近代史研究者の宮島博史の書評によると（宮島，2011），こうした状況のもとで2011年に韓国で3人の著者による2冊本の『一緒に読む東アジアの近現代史』が出版された。この本は東アジア史に関するこれまでの議論を一段引き上げたとされる。著者たちは，東アジア各国で行われている自国史と世界史の二分法による歴史教育の現状を打破する必要性を述べる。世界史におけるヨーロッパ中心主義も，自国史における自国中心主義もヨーロッパをモデルとした国民国家の樹立を到達点と見なしている点で同じである。ヨーロッパ中心主義の中核をなす進化論に立脚した文明史観を受け入れた結果，東アジアの諸民族はお互いを無視し，さげすむといった自己疎外現象に陥っている。このような矛盾から脱するためには，自国史と世界史を従来とは異なった原理に立脚して叙述することが望ましく，その第一歩として新たな原理に基づく東アジア史という地域史の叙述が必要となると主張している。文明史観に変わる新たな原理がここでもなお明確に示されてはいないようであるが，一国の歴史を単純に東アジア地域に拡大させるという従来の地域史叙述の方法に対する批判として，著者たちの主張はきわめて重要であるように思われる。

5　東アジア共同体を考えるために

　ミシュコヴァも同様の考えを述べている。ミシュコヴァはバルカンを「歴史

第Ⅱ部　東アジア共同体をどうつくるか

的地域」として考えて，この観点から地域史を構想する場合，ひとつの罠が潜んでいるという。罠とは「国民」に代わって「地域」を用いるだけでは，空間的により広い場を設定したにすぎず，ナショナル・ヒストリーがはらむ問題を地域史も再生産することになってしまうということである。これを避けるためには，二者択一的ではなく相互補完的であるナショナルな基準とリージョナルな基準とを，社会史や文化史の視点を備えた歴史研究によって統合することが必要であること，共通性と多様性を備えたバルカンを地域史として成り立たせるためには，人文科学や社会科学の諸分野と協力した歴史研究が必要であること，バルカン地域を特殊な地域と捉えないで，他地域と比較してみる視点が必要なことなどを挙げている（Mishkova, 2008, pp. 142-143）。

　現在の歴史学において，ナショナル・ヒストリーを克服するために地域史が重要な役割を果たしうることは共通認識になっている。しかし，地域史を成り立たせる原理や枠組みの内容については，東アジアにおいてもバルカンにおいてもなお十分な議論がなされているとはいえない。たとえば，先に紹介した李成市も新たな歴史観を築く必要性を強調しているが，それが具体的にどのようなものなのかを述べてはいない。これに対して，ミシュコヴァは具体的に社会史や文化史の重要性を述べ，宮島は思想史の必要性を指摘している。今後，地域史を内実の伴うものとしていくためには，社会史，文化史，思想史などの視点から，いくつもの東アジア史やいくつものバルカン史が叙述され，それらを各国の研究者が共同で比較検討する場を設けることが必要であり，同時に歴史教育の面では，バルカン11カ国の例に見られるように，共通の教科書をつくることではなく副教材として共通の史料集を編集することが東アジアにとっても現実的な方法である。いずれにせよ，こうした地域史叙述の試みは容易ではなく，なお多くの時間を要するだろうが，東アジア共同体を具体化するうえで不可避の作業であろう。

●注

（1）　*Teaching Modern Southeast European History, Workbook I-IV*, Thessaloniki :

CDRSEE, 2005.
（2） 日中韓3国共通歴史教材委員会編（2005）『未来をひらく歴史』高文研。日中韓3国共通歴史教材委員会編（2006）『第2版　未来をひらく歴史』高文研。

◉参考文献
クリスティーナ・クルリ（2008）「分断された地域の共通の過去——バルカンの歴史を教えること」柴宜弘編『バルカン史と歴史教育』明石書店，105-119頁。
柴宜弘（2011）「歴史教育による和解の試み——バルカン諸国の場合」『アメリカ太平洋研究』（東京大学）第11号，7-17頁。
宮島博史（2011）「東アジア史の新たな段階を示す画期的な成果——柳鏞泰・朴晉雨・朴泰均『一緒に読む東アジアの近現代史』」『創作と批評』日本語版，第152号。
百瀬宏（1993）『国際関係学』東京大学出版会。
李成市（2000）『東アジア文化圏の形成』山川出版社。
Iwasaki Minoru and Narita Ryuichi (2008), "Writing History Textbooks in East Asia : The Possibilities and Pitfalls of 'History that Opens the Future'," in Steffi Richter (ed.), *Contested Views of a Common Past*, Frankfurt/New York : Campus Verlag, pp. 271-283.
Jeung, Lee Eun (2008), "East Asia Discourses in Contemporary Korea," in Steffi Richter (ed.), *Contested Views of a Common Past*, Frankfurt/New York : Campus Verlag, pp. 181-201.
Mishkova, Diana (2008), "Regional versus National? : Legacies and Prospects of the Historiography of Southeastern Europe"『ヨーロッパ研究』（東京大学総合文化研究科・教養学部ドイツ・ヨーロッパ研究センター）第7号，142-143頁。
Sundhaussen, Holm (1999), "Europa balkanica. Der Balkan als historischer Raum Europas," *Geschichte und Gesellschaft*, Vol. 25, No. 4, pp. 626-653.

第Ⅲ部

安全保障と東アジア

第9章

アジアの地域安全保障制度化と中国
―― 1990年代～2007年 ――

高木誠一郎

　1990年代初めにアジア太平洋地域で安全保障協力制度化が始まると中国はそれに一定の積極姿勢を示した。ARFの発足当初中国は積極性の限界を露呈したが，留保については柔軟性を示した。1996年以降中国は地域の安全保障協力への関与を多様化させた。ARFでは翌年に会期間作業部会を主催して積極的関与姿勢を示したがその制度的発展には抵抗した。他方，ロシアと中央アジア3国と自国からなる「上海五国」への協力は積極的に推進し，2001年6月に上海協力機構を設立した。2001年の9.11テロ以降中国の関与は新たな展開を遂げた。上海協力機構の制度的発展を積極的に推進しつつ，ARFでも非伝統的安全保障問題を軸に選択的積極性を示した。北朝鮮の核兵器開発疑惑については六者協議を主催し，その北東アジア安全保障メカニズムへの展開を模索した。地域安全保障制度化に対する中国の積極性を規定する要因は制度内での自国の影響力であった。

1　地域的安全保障制度の萌芽と中国

　1990年代初めに，アジア太平洋地域でも安全保障協力を制度化しようという試みが始まると，中国の対応はかなり積極的であった。1990年に「南シナ海ワークショップ」が始まると中国は直ちには参加しなかったが，翌年，台湾が参加しているにもかかわらず，参加した。1992年3月のアジア太平洋地域における安全保障と軍備管理に関する国際会議で劉華秋外務次官は，この地域において「(二国間，サブ地域，地域という) 多レベルかつ多チャンネルの安全保障対話メカニズム」を漸進的に構築することを提案していた。
　ところがその後の展開，とくに東南アジア諸国連合 (ASEAN) 地域フォー

ラム（ARF）の設立過程，はむしろ中国の積極性に限界があることが露呈することになった。1993年7月に ASEAN 外相会議が翌年 ARF を発足させることを決定した直後の拡大外相会議において，ゲストとして出席していた銭其琛外相は，「ASEAN が地域協力と地域安全の問題で果たす積極的役割を重視」すると述べながら，ARF には一切触れず，「アジア諸国は国情が異なり，歴史的文化的伝統，価値観，経済発展の程度も違うため，安全（保障）の問題では欧州のモデルを丸写しにすることができない」と述べていたのである。[1] ASEAN 側が ARF の設立を提案した日の「非公式晩餐会」において中国側の留保はより明確になった。銭其琛外相は ARF の設立に賛同しつつも，ARF は状況と見方の交換に属すべきもので，特定の国，地域，問題に対して何らかの決定を下したり，共同行動をとったりするものではない，と述べたのである。[2] 南シナ海ワークショップにおいても，中国が協力的であったのは技術的問題に限定されており，信頼醸成措置のような安全保障問題を議論しようという試みには反対した。中国はまた，コンセンサスが成立している問題についてさえも，ワークショップを政府間のものとすることには抵抗した（Wanandi, 1996, p. 122）。

このような限定的積極性は，中国の安全保障問題専門家たちの多国間安全保障制度に対する当時の評価を反映していた。1993年にその多くに対する面接調査を実施したバニング・ギャレットとボニー・グレーザーによれば，彼らは地域の安定性を決定するのは依然として二国間関係と主要国間のパワーバランスであり，多国間の制度ではないと考えていた。しかしながら，彼らはまた多国間主義の成長は不可避な歴史的傾向であるとも考えており，そのコストと利得を評価しようともしていた。彼らは，多国間主義の利得には，日本の軍事的役割の制約と中国の軍事戦略に対する地域的懸念の減少が含まれると考えていた。他方多国間主義のもたらすリスクとしては，多国間のフォーラムが「中国脅威」論という形の中国攻撃（China bashing）の舞台を提供すること，アメリカと日本が議題設定を支配してフォーラムを中国に人権問題で圧力をかける機会として利用すること，南沙諸島問題などの「二国間」の領有権紛争を国際化しかねないこと，台湾が国際的認知を追求する舞台を提供することなどがあると考えていた。しかしながら，全体的評価は不参加のリスクが選択的参加のリスクを上回るというものであった（Garrett and Glaser, 1994）。

第9章　アジアの地域安全保障制度化と中国

　このような評価の根底には基本的に楽観的で ASEAN の役割を高く評価する国際権力構造（格局）に対する認識があった。中国では，米ソの冷戦的対立が1980年代末に向かって緩和してくると，戦略問題専門家たちの間で二極的な国際権力構造が多極的なものに転換するという予測がなされるようになった。彼らは，将来の国際権力構造は米ソの同時並行的凋落とドイツ（あるいは欧州）と日本および中国の勃興によって規定されると考えた。しかしながら，1989年後半以降の展開により彼らの期待は裏切られた。1989年後半には東欧諸国の社会主義体制が相次いで崩壊し，1990年8月以降は湾岸危機に対して安全保障理事会におけるアメリカ主導の対応が進むとともに，ソ連の国内経済の混乱が顕在化し，ソ連の凋落がアメリカよりもはるかに早く深刻なものであることが明らかになったのである。日本とドイツの力がアメリカの圧倒的影響力にはとても及ぶものではないことも明らかであった。中国自身が天安門事件以降の西側諸国からの国際的孤立に直面していた。1991年1月に勃発した湾岸戦争は早くも2月末に多国籍軍の電撃的勝利に終わり，多極構造への転換の期待に決定的かつ深刻な打撃を与えた。中国はアメリカこそが「大規模な兵力投入と戦闘が可能な唯一の超大国」であることを認識せざるをえなかったのである。

　このような状況に直面して中国は当時の国際権力構造を，二極構造でも多極構造でもない，「一超，数強」と認識するようになった。この構造は中国にとっては他の可能性（すなわちアメリカ一極体制，米日欧三極構造，G7による西側共同支配体制）よりも害が少なく，中国も「数強」に含まれていることから，最小限受け入れ可能なものであった[3]。さらに，この状況を受け入れやすくしていたのは，アジア太平洋地域の状況の評価であった。ある戦略問題専門家は，多極構造への転換は地域ごとに異なった進展を遂げており，アジア太平洋地域においては「相互に独立し，相互に制約し合う複数のパワー・センター」が形成されつつあるとし，その例としてアメリカ，ソ連，日本，ASEAN，中国を挙げていたのである。

　ARF が発足すると中国の留保は必ずしも硬直的対応を意味するものでないことが明らかになった。1994年の第1回会議の準備過程で中国は南沙諸島問題などの領域紛争は，関係国との二国間交渉に委ねるべきであるとして，議題とするべきでないと主張した。しかし中国はこれを参加の条件とすることはなく，ASEAN 諸国が他の説得に成功すると，会議直前になって議題とすること

は避けられないとして受け入れた。1995年8月の第2回会合において中国は，5月の核実験と南沙諸島のうちのフィリピンも領有権を主張しているミスチーフ礁の占拠により，前年に増して厳しい批判に直面した。しかし，中国はこれらの問題で譲歩することはなかったものの，自国の防衛政策が防御的であることを説明するとともに，防衛力の透明化の要求に応えて防衛白書の刊行を準備していることを明らかにした。この約束は同年11月の「中国の軍縮と軍備管理」と題する文献の刊行によって実現された。この文献は本格的な防衛白書からはほど遠いものではあったが，軍事力透明化に向けての一歩として評価された。

　中国にこのような柔軟な対応をもたらしたのは，1992年以降の継続的な高度経済成長に支えられた中国の軍事力に対する東南アジア諸国の懸念であった。しかしながら，台湾にかかわる問題に関して中国はより硬直的であった。中国が南シナ海ワークショップで信頼醸成措置を議論することや，その下部組織を政府間のものとすることに反対したのは台湾が参加していたからであった。そもそも中国が ARF に参加したのは台湾が参加していないからであった。1994年に ARF を支える第二軌道（Second Track）の組織として「アジア太平洋安全保障協力協議会（CSCAP）」が発足したが，中国が直ちに参加を表明しなかったのは台湾の参加の可能性が明示的に否定されていないからであった。中国は，CSCAP 運営委員会が1995年12月に中国の全国委員会に組織成員として参加を要請し，台湾からは個人をオブザーバーで招聘するという決定を下した後，参加を申請したのである。

2　対抗的制度化

（1）日米安全保障同盟の制度的発展と中国

　1990年代中頃アジア太平洋地域の安全保障システムに新たな制度的展開が見られた。日米安全保障体制は，冷戦の終焉によってその存在意義が不明確になっていたが，1996年4月の日米安保共同宣言によってついにその意義が再確認されたのである。共同宣言は冷戦後における日米同盟の機能を，「共通の潜在敵国」の存在を前提とすることなく，地域の不安定性と不確実性に備えるという形で再定義することによってその意義を再確認した。共同宣言はまた，崩

第 9 章　アジアの地域安全保障制度化と中国

壊したソ連に代わって日米共通の潜在敵国となると見られていた中国について，その地域安全保障における建設的役割に関する利益を日米が共有することを明示的に述べていた。この再確認は，協力の明文化と分野の拡大という点で，日米同盟体制の制度的発展を伴っていた。日米安保共同宣言と同時に両国は物品役務相互融通協定（ACSA）を締結した。共同宣言はまた，1978年の日米防衛協力の指針（ガイドライン）を改訂することと，それまで行われていた戦域ミサイル防衛に関する共同研究を継続することを述べていた。沖縄問題に対応するメカニズムとしても「沖縄問題特別行動委員会（SACO）」がすでに活動していたが，共同宣言と時期を合わせて中間報告を発表した。

　改訂された防衛協力の指針は翌97年9月に発表された。新しい指針は在自衛隊と日米軍の具体的協力のメニューを3つの状況に分けて提示した。すなわち，平素，日本への武力攻撃，日本周辺地域における日本の安全保障に重大な影響を与える事態（周辺事態）である。1998年8月に北朝鮮が本州上空を飛翔する形でテポドン長距離ミサイルの発射実験を行ったことにより，ミサイル防衛に関する日米協力は1999年度から共同技術研究へと進展した。同年には防衛協力の新指針の実施に法的基盤を提供する「周辺事態安全確保法」が成立し，物品役務相互融通協定が周辺事態にも適用されるよう改訂された。

　日米安保共同宣言は，中国に対する積極的意図にもかかわらず，中国の立場からは，日米同盟の適用対象を日本防衛に加えてアジア太平洋地域の不測事態に拡大し，米軍の作戦行動における自衛隊の参加を増大させ，日本の在日米軍に対する協力を基地の提供から物品役務相互融通協定に規定された諸項目に拡大するものであったと評価された。共同宣言以降の展開が中国の警戒心をさらに高めたことはいうまでもない。中国によれば，全体として日米同盟はより攻撃的に，「楯から槍」と変身を遂げたのであり，共同宣言は中国封じ込めの基盤となったのである。

　中国がとくに懸念したのは，これらの変遷が台湾問題に対してもつ意味であった。共同宣言の前月，中国は台湾問題をめぐってアメリカとの厳しい緊張関係に陥っていた。1996年3月台湾最初の総統選挙をめぐって，中国が台湾海峡周辺で3回にわたり軍事演習を実施し，台湾の選挙民に圧力をかけようとしたのに対して，アメリカは中国の圧力を軽減すべく台湾近海に空母戦闘団を2個派遣したのである。改訂された防衛協力の指針は，「周辺事態」の概念が地

理的境界を明示していなかった[4]ため,台湾有事に米軍が介入した場合に日本の関与を正当化するものと認識された。ミサイル防衛システムの共同技術研究も,その完成の暁には,在日米軍および日本に対する中国の抑止力を減殺するという明らかな問題に加えて,台湾への適用の可能性があるため危険視されることになった。

上記の懸念の基底には,日米安保体制の制度的発展により,1990年代初期の東アジアにおける地域的な多極的国際権力構造という捉え方が今や有効性を失ったことがある。

(2)「新安全保障観」

前項で述べたような新たな状況に対応して,中国は3つのレベル(二国間,サブ地域,地域)において安全保障分野における制度化に独自の取り組みを開始する。その概念的基盤となったのが「新安全保障観」であった。中国が公式の文献で「新安全保障観」に初めて言及したのは,1997年4月の「中ロ共同声明」であった。この共同声明は「新しい普遍的な安全保障概念」を確立すべきであるとして,その核心が,国家間の紛争を武力やその行使の威嚇によらず解決することであり,平和と安全保障を二国間および多国間の協力を通じて追求することにあると主張した。この限りでは,「新安全保障観」なるものにとくに新しい内容がないようにも見える。しかし,これにあわせて共同声明が「冷戦思考」や「ブロック政治」に対する反対を表明し,これらを体現するものとしてアメリカによるヨーロッパおよびアジアにおける同盟体制の強化を非難していることから,その意図は明白であった。1999年3月の国連軍縮会議(ジュネーヴ)で演説した江沢民国家主席は,「冷戦思考」が依然として存在していること,覇権主義と権力政治が時に顕在化すること,軍事同盟強化の傾向,ほしいままに追求される「新砲艦外交」に警鐘を鳴らした。そして,「新安全保障観」とは対照的に「旧安全保障観」は軍事同盟に基づき,安全保障の手段として軍事力の増強に依拠するものであると主張した。そのうえで江沢民主席は「新安全保障観」の核心として関係国間の「相互尊重,相互利益,平等,協力」を挙げたのである。

（3）地域レベルの制度化への関与

　1996年4月に中国は翌年のARF会期間「信頼醸成」作業部会の会合を北京で開催し，フィリピンとともにその共同議長を務める意向を表明し，地域レベルの安全保障の制度化に初めて積極姿勢を示したが，その根底には定式化途上の「新安全保障観」があった。意向表明のタイミングは，安全保障は軍事同盟でなくARFのような地域的制度を強化することを通じて追求すべきであるという考え方を推進することによって，中国が日米安全保障体制の強化に対抗しようとしていたことを示唆している。1997年3月に北京で開催された会期間作業部会においては，中国代表が日米安全保障体制は地域安全保障の基盤であり，ARFは補完的なものであるという考え方に徹底的に反対し，激論が交わされた。

　その後，中国のARFに対する積極性に限界があることが明らかになった。同年7月16日の『人民日報』の論評は，ARFを「新しいタイプの安全保障観」を反映するものとして高く評価しつつも，「新時代の安全保障協力」は以下の3つの特徴を有するとして，その限界に関する認識を提示した。第1に，平等な主権国家の協力に基づき，共通の安全保障を追求する。第2に，協力の発展は安全保障上の利害の一致に基づき，漸進的であるべきである。第3に，協力はいかなる成員国の安全保障にも打撃を与えるべきでなく，その基本的安全保障システムに触れるべきではない。以上の前提のもとに，この論評は「協力的安全保障」は「国家間の紛争に集団的に介入し，すべての具体的な安全保障問題に完全な解決をもたらそうとするものではない」と論じたのである。

　中国のARF関与の限界は，その発展の中核的問題に関してより具体的に示された。ARFは1995年8月の第2回会合において，以後の発展過程は，①信頼醸成措置の推進，②予防外交の発展，③紛争解決，という3段階を経るものとするという「概念文献」を採択した。1997年7月の第4回会合では，信頼醸成措置段階の課題は十分な進展を遂げたため，次の段階（予防外交）への転換を真剣に考慮することは十分正当化されうる，とくにふたつの段階に重複部分があるのであればその点から検討を開始すべきである，という合意が成立した。この会合に先立って，予防外交に関する問題は1995年から1996年にかけてARF主催で開かれたセミナーで検討された。しかし，すでにこの段階で，ARF加盟国の間に，ARFの制度化に関して急速推進グループと漸進的推進

グループの間に深刻な亀裂があり，予防外交の課題は定義と操作化の問題で決定的な困難に直面していた。中国は多くの ASEAN 諸国とともに後者に属しており，日本を含む西側諸国は前者に属していた。中国は予防外交が国連によるもののように軍事力の行使を伴う可能性があることを懸念した。より根本的には，国家主権尊重の立場から，予防外交を国家間紛争に適用することが内政不干渉原則に違反すると主張したのである。中国と東南アジア諸国の抵抗により，予防外交をめぐる議論は，信頼醸成との重複部分の確定以上には進まず，ARF の制度的発展は頓挫してしまった。

予防外交をめぐる中国の議論と前掲の『人民日報』の論評が示唆するように，第 3 段階の紛争解決に対する中国の立場はさらに否定的であった。アミタブ・アチャリアによれば，中国は ARF が紛争の解決において管理者的役割を果たすことはできないと強硬に主張し，第 3 段階の呼称を「紛争解決」から「『紛争に対するアプローチの精密化（elaboration）』という曖昧でほとんど滑稽な表現」に変更するよう ARF に強要した（Acharya, 2001, p. 177）のである。

（4）サブ地域レベルの制度化

中国は，ロシア，カザフスタン，キルギスタン，タジキスタンと自国を含むサブ地域レベルにおける制度化にはるかに積極的に関与した。これら 5 カ国の間の安全保障分野の制度化の出発点となったのは，1996 年 4 月に「国境地域における軍事分野の信頼醸成に関する協定（上海協定）」の署名のために上海で開かれた首脳会議である。1997 年 4 月にはモスクワに同じ 5 カ国の首脳が集まり「国境地域における軍事力の相互削減に関する協定」（モスクワ協定）が署名された。この 5 カ国はこの頃から「上海五国（上海ファイブ）」という集団として認識されるようになったが，これらの協定は基本的に二者間のものであった。この 2 件の協定交渉は中ソ交渉を引き継いだもので，ソ連解体よりソ連の中国と国境を接する部分がロシアと中央アジアの 3 カ国となったため，5 カ国の協定となったのである。そのため，中国語の協定本文における締約者すべてへの言及は「双方」となっている。

第 3 回目の首脳会議が 1997 年 7 月にカザフスタンのアルマトゥーで開かれた際に，この 5 カ国の会合は真の多国間制度へと微妙な転換を遂げた。その際発表された共同声明の中国語版は参加国への言及にあたって「各方」（各国）と

いう表現を使用し、協力を追求する問題分野として人種的分離主義、宗教的極端主義、国際テロリズム、武器や麻薬の密輸などの越境犯罪を挙げていたのである。共同声明はまた、「新安全保障観」に初めて言及するとともに、アフガニスタンにおけるテロリズム、南アジアの核実験のような5カ国以外（域外）の問題に関する共通の懸念を表明した。その後、5カ国は毎年の首脳会議に加えて、1999年12月に公安・法執行部門の指導者会合、2000年3月に国防相会合、同年7月に外相会合を開催することによって、協力の内容を拡大・充実していった。

「上海五国」の制度化は、協力分野の拡大・充実が進展するにつれて対外的に第三者に対抗する制度としての性格を帯びていった。2000年3月に開かれた国防相会合は、ミサイル弾迎ミサイル（ABM）制限条約を維持することを主張し、アジア太平洋地域におけるミサイル防衛システムの配備に対する懸念を表明する共同声明を発表して、アメリカの影響力拡大を牽制する姿勢を明確にしたのである。

持ち回りの首脳会議が一巡し、2001年6月に再び上海で首脳会議が開かれた際に上海五国はさらなる制度的発展を遂げた。前回オブザーバーとして参加していたウズベキスタンが正式メンバーとなって、「上海協力機構設立宣言」が署名されたのである。設立宣言は「相互尊重、相互利益、平等、協業」という「新安全保障観」の核心とされる規範に「文明の多様性の尊重」と「共同発展の追求」を加えた「上海精神」を機構の基底的規範として提示した。設立宣言はまた、毎年の首脳会議に加えて、外相会議、国防相会議がその重要なメカニズムになることを明示した。具体的協力はテロリズム対策で顕著に進展した。設立宣言と同時に「(国際)テロリズム、(人種的)分離主義、(宗教的)ラディカリズムを打破する上海協約」が署名され、設立宣言のなかにキルギスの首都ビシュケクに反テロセンターを設立することが述べられたのである。設立宣言はまたグローバルな戦略的安定性の重要性を強調することによって、アメリカのABM制限条約を撤廃しミサイル防衛システムを推進しようとする計画を牽制した。

ロシア・中央アジアを含むサブ地域レベルでの安全保障協力の制度化と並行して、中国はロシアとの安全保障協力の制度化を推進した。1996年4月に上海協定調印の首脳会議に出席するためにイェリツィン大統領が訪中した際に中国

とロシアは二国間の首脳会議を行い，中ロ「戦略的パートナーシップ」の樹立を謳った共同声明を発表した。この「戦略的パートナーシップ」は新しいタイプの国際関係であり，第三国に向けられたものではないと説明されたが，アメリカの同盟関係の拡充に直面した両国の戦略的利害の収斂を反映したものであることは明白であった。このことは翌年江沢民主席がモスクワ協定署名の首脳会議のために訪ロした際に発表された中ロ共同声明でより明確に述べられた。この共同声明は「世界の多極化と新国際秩序の樹立」と題されており，唯一の超大国となったアメリカの「覇権主義と権力政治」を批判し，多極化と多元化こそが時代の主流であると主張していた。「上海五国」が上海協力機構（SCO）へと進化を遂げた直後の2001年7月には「中ロ善隣友好協力条約」が調印された。

（5）制度による対応の違いをどう説明するか

以上の記述から明らかなように，中央アジアをめぐる安全保障システムとしての上海協力機構が協力的安全保障から安全保障協力へと進化を遂げるうえで中国が発揮した積極性は，ARFの制度的発展に対する中国の消極性とは対照的である。この違いはどのように説明できるのであろうか。この問題への回答としてワン・ジエンウェイは，地域全体の組織においては関係国の利害と懸念があまりにも多様であり制度化は難しい，という「中国の専門家たち」の説明を肯定的に引用している（Wang, 2005, pp. 159-200）。確かに，この説明には一定の妥当性があると思われる。しかしながら，中国が国連安全保障理事会の活動に積極的に関与していることを考えると，それが最も重要な問題であるとは思われない。より重要なことは，ARFにおいて中国は，主要国であるとはいっても，アメリカ，日本，ロシアとともにASEANが地域外から招聘した国のひとつにすぎず，そこで決定的役割を果たすことはできない，ましてや拒否権を行使することはできない，という単純な事実である。ARFにおいては中国にはARFの発展に適応するか，その初期の段階でそれ以上の発展を阻止するという選択しかありえないのである。それに対して「上海五国」においては中国が明らかに「運転席」におり，その発展に決定的影響力を発揮しえたのである。

ワン・ジエンウェイはまた中国が地域起源の多国間制度には積極的になると

指摘している。安全保障分野に特定したものではないが，この指摘は確かにASEAN＋3に対する中国の積極性を説明することができる。しかし，1990年代初期にマレーシアのマハティール首相が提案した「東アジア経済集団（EAEG）」やアジア通貨・金融危機の最中に日本が提案したアジア通貨基金（AMF）構想に中国は反対した。やはり国際協力制度に対する中国の積極性を規定する要因は中国が発揮しうる影響力というべきである。

3　9.11アメリカ同時多発テロ以降の展開

（1）上海協力機構の制度化促進

2001年9月11日にアメリカで発生したニューヨーク世界貿易センターのツイン・タワーとワシントン郊外の国防総省に対するテロリストの攻撃（以後「9.11テロ」と略称）とその後の国際情勢の展開は，アジア地域の3つのレベルにおける安全保障の制度化に対する中国の関与に大きな影響を与えた。

9.11テロは成立したばかりの上海協力機構にとってその設立と同時に調印された「3つの勢力」（国際テロリズム，人種的分離主義，宗教的ラディカリズム）に関する上海協約の先見性を裏づけるものとなった。既定のスケジュールにしたがって9月13〜14日に行われた加盟国首相会議は9.11テロを非難し，テロに対する国際社会の戦いに参加する決意を表明した。しかしながら，10月8日の多国籍軍によるアフガニスタン攻撃にいたる過程で，中央アジアの情勢は上海協力機構の関与なしに進展した。上海協力機構の加盟国である中央アジアの3国，ウズベキスタン，タジキスタン，キルギスタンは，アメリカおよびその有志連合の国々に軍事基地を提供し，二国間の協定によってアメリカとの反テロリズム協力を強化したのである。このような展開は中国の戦略問題専門家の間にアメリカがこれらの協定をアメリカ主導の公式の地域安全保障メカニズムに転化し，それによってこの地域における中国の戦略的立場を実質的に損なうのではないかとの懸念をもたらした。

このような状況に直面した中国は上海協力機構の制度化（機構の整備と規定の明文化）を精力的に推進した。2002年1月に中国は北京でテロリズムに対する国際的戦いに関する諸問題と上海協力機構の役割と影響力の向上を議論する成員国特別外相会合を開催した。この会合で唐家璇外相は地域反テロ機構

(RATS) の設立準備と上海協力機構憲章およびその他の法的文書の起草を加速すべきことを説いたのである。2002年4月に行われた定例外相会合でも「上海協力機構建設に関する諸問題」が取り上げられた。

これらの準備を経て2002年6月にサンクト・ペテルブルクで開かれた上海協力機構首脳会議は上海協力機構憲章と地域反テロ機構に関する合意を採択した。この会議で中国は上海協力機構の事務局を北京に設立することに合意した。2003年5月にモスクワで開催された第3回首脳会議を機会に上海協力機構の制度化はさらに進展した。首脳会議は機構における会議メカニズムを、国家元首（首脳会議），首相，外相，国家間協調員，各省長官，局長からなるとする規定を承認した。首脳会議はさらに，事務局と地域反テロ機構の執行委員会に関する規定を承認し，中国の前駐ロシア大使であった張徳江を初代の事務局長とすることを承認した。北京の事務局と設置場所をウズベキスタンのタシケントに変更した反テロ地域機構は2004年1月に活動を開始した。さらに，上海協力機構の制度的アイデンティティ強化の措置として2003年の首脳会議では機構のシンボルマークが採用され，翌年の首脳会議では6月15日が「上海協力機構の日」に指定された。

2006年に上海で開催された首脳会議で胡錦濤主席は「加盟国間の政治的信頼，団結，協力の基礎を強化し，上海協力機構の永続的活力を保障するような協約を結ぶ」ことを提案した。2006年の首脳会議はまた，国家間協調員評議会に加盟国拡大の手続きに関して勧告をする権限を与えることによって，さらなる制度的発展に向けての重要な最初の一歩を記した。

この間上海協力機構は他の国際機構との関係の制度化を進めた。2002年10月の外相会議は上海協力機構と他の国際機構および国家との関係に関する暫定的スキームを採択した。2004年6月にタシケントで行われた首脳会議の宣言は「アジア太平洋地域におけるすべての地域的組織」間の協力の重要性を述べ，アジア太平洋地域の国際組織やフォーラムが（相互にオブザーバー待遇を与えあうことを含む）協定を締結して「多国間組織間パートナーシップのネットワークの漸進的形成を開始する」ことを提案した。2004年12月上海協力機構は国連総会のオブザーバーとなった。上海協力機構事務局は2005年4月に旧ソ連の独立国家共同体（CIS）の執行委員会およびASEAN事務局と，2006年5月にはユーラシア経済共同体（EURASEC）とそれぞれ了解覚書に調印した。2005年

11月に上海協力機構事務局とアフガニスタンの駐中国大使との間でリエゾン・グループ設立の議定書に調印した。2004年の首脳会議で承認されたオブザーバーの地位に関する規定に従い，2005年首脳会議ではモンゴルに，2006年首脳会議ではパキスタンとインドとイランにオブザーバーの地位が認められた。

　上海協力機構における安全保障協力は，設立の翌年には早くも協議，情報交換，共通の関心事である国際問題に関する国防相や法執行機関の長などの会議における一致した見解の表明を超えて，反テロリズムを目的とした合同軍事演習の実施の段階に入った。上海協力機構の枠内における最初の合同軍事演習は2002年10月に実施され，中国が参加する最初の外国との合同軍事演習であったが，中国以外の参加国はキルギスタンのみであった。しかし，2003年8月に中国とカザフスタンの国境地域で行われた第2回の合同軍事演習には両国のほかにロシア，キルギスタン，タジキスタンが参加し，5カ国の合同演習となった。2005年8月には上海協力機構の枠内で中ロの大規模な合同軍事演習が実施された。2006年3月にはウズベキスタン，キルギスタン，タジキスタンの法執行機関と治安部門による合同演習が実施され中国はオブザーバーを派遣した。2006年4月の国防相会議では2007年にロシアで反テロ合同演習を実施することで合意が成立した。

　これまで述べたような上海協力機構における組織とルールおよび規範の明文化は協力の機能的分野の拡大を伴っていた。とくに顕著であったのは経済協力の急速な制度化であった。本章の趣旨から外れるので，詳細な記述はしないが，ここではとりあえず2003年9月の首相会議で採択された「加盟国間における多角的貿易および経済協力計画」を挙げておこう。この計画に基づき翌年の首相会議で採択された行動計画は127項目にのぼり，そこには貿易，投資，財政，関税，租税，交通，エネルギー，農業，科学技術，テレコミュニケーション，公衆衛生といった内容が含まれていた。機能的協力はさらに文化，教育，環境，救難の分野にまで及んだ。

　これらの機能的分野における協力の制度化は「第三国や地域に対するものではない」という中国の主張を裏づけるものといってよい。しかしながら，安全保障分野における協力の進展はこの主張からの乖離をますます明瞭にすることになった。その最も明瞭な事例は2005年7月にカザフスタンの新首都アスタナで開催された首脳会議の共同声明がアメリカおよびアフガン作戦に参加してい

る国々に中央アジア諸国における基地の「暫定的利用」に「最終期限」を設けることを要求したことである。

9.11テロ後中国の対ロ関係は,ロシアの容認の下にアメリカがウズベキスタンと中国と国境を接するキルギスタンに軍事基地を獲得したことや,2001年12月のアメリカによるミサイル防衛制限条約(ABM条約)からの一方的脱退をロシアが容認したことにより,齟齬を来すと思われたが,目立って悪化することはなかった。中国もロシア同様テロとの戦いに関してはアメリカの立場を支持しており,対米協力を梃子にアメリカとの関係を改善しようとしていたからである。しかしながら,その後中ロ両国はアメリカの中央アジアにおける軍事的存在の継続と,とくにイラクにおける一国主義的行動に対する不満を共有するようになった。アスタナ首脳会議の数カ月後,中国は上海協力機構の枠内でロシアとの最初の合同軍事演習を実施した。

(2) ASEAN地域フォーラム (ARF) への選択的積極関与

9.11テロは中国が予防外交への移行を回避しつつARFにより積極的に関与する機会を提供することとなった。国際テロリズムおよびその他の超国境的諸問題に対する懸念の世界的高まりを背景に,中国は2002年5月のARF高官会議で「非伝統的安全保障問題の分野における協力の強化に関する立場文書」を提出することによって,協力の機能的分野拡大のイニシアティブをとったのである。この文書で中国はテロリズム,麻薬,エイズ,海賊,不法移民といった非伝統的安全保障問題に関する協力を提唱した。2003年6月の年次大会では,防衛当局者による「ARF安全保障政策会議 (ASPC)」を提案することによって,やはり予防外交への移行を伴わない形で,ARFの制度化にさらなるイニシアティブをとった。この提案は翌年の年次会議で承認され,2004年11月に中国は北京でその第1回会合を開催した。

これらのイニシアティブの背景には安全保障分野における中国とASEANの協力の制度的発展があった。1997年に始まった中国・ASEAN会議はもっぱら経済協力を推進してきたが,2000年代以降には,経済協力が自由貿易協定 (FTA) の締結を中心として展開するなかで,協力の分野に安全保障問題を含めるようになった。2002年11月の首脳会議で中国とASEANは,同年5月に中国がARFに提示した立場文書を引き継ぐ形で,「非伝統的安全保障問題に

おける協力に関する共同宣言」を発表し，同時に行われた外相会議で「南シナ海における関係諸国の行動に関する宣言」に調印した。中国が ASPC を提案した2003年6月の ARF 会議では ASEAN の「友好協力条約（TAC）」参加のための国内プロセスを完了させる意向が表明された。この意向は同年10月の中国・ASEAN 首脳会議で正式に実現され，中国は TAC に参加する最初の非 ASEAN 諸国となった。この首脳会議ではまた中国と ASEAN の「平和と繁栄のための戦略的パートナーシップ」に関する共同宣言が発表された。

　以上のような積極性と比較するとアジア太平洋地域におけるもうひとつの安全保障対話に対する中国の熱意の欠如は際立っている。2002年6月にロンドンの国際戦略研究所（IISS）がシンガポールで開始した安全保障領域の首脳会議（シャングリラ・ダイアローグ）は以後毎年実施され，急速にアジア太平洋地域における主要な安全保障対話のメカニズムとなり，東南アジア諸国，イギリス，アメリカ，日本など多くの国が国防長官ないしは副長官級の人物を派遣した。しかし中国は最初の会合に国防部の外事局の局長を派遣したにすぎず，その後数年間にわたってそれよりランクの高い人物を派遣することはなかった。2007年に中国は初めて参加者のランクを副総参謀長に上げ，以後それが継続されているが，依然として国防部門の最高責任者を派遣するにはいたっていない。中国の消極性の理由は，国防長官レベルではないが台湾が参加していたことと，中国が「運転席」にいなかったことであると思われる。

（3）六者協議の推進

　韓国，北朝鮮，アメリカ，日本，中国，ロシアによる北東アジアの平和の枠組みを構築するというアイディアは決して新しいものではない。すでに1970年代に当時韓国の野党指導者であった金大中がそのような考え方を表明している。1998年には，北朝鮮によるテポドン・ミサイル発射実験を受けて，小渕恵三首相がそのような提案をし，金大中大統領の支持を受けた。しかし当時中国を含む他の4国はこのような考えにほとんど興味を示さなかった。

　2002年秋に北朝鮮の核兵器開発疑惑が再浮上し，その対応として中国のイニシアティブのもとに2003年8月に上記6カ国による六者協議が開始されるにいたるとこの協議を北東アジアというサブ地域の安全保障メカニズムに転換しようという考え方が出てくるのは自然の成り行きといえよう。今回は中国がその

ような考え方に積極的であった。第2回六者協議の前日（2004年2月5日），中国外交部のスポークス・パーソンは，中国は関係国が「一定の制度化の水準を維持しつつ」協議を推進し，この「制度」が維持されることを希望していると述べて，六者協議制度化に対する中国の関心を示唆した。当時の新聞報道によれば，中国政府は六者協議を基礎に北東アジアにサブ地域の安全保障協議の制度を構築することを考えており，研究者たちがこの考え方の検討に入っていた。2005年8月に開始された六者協議の第4回会合で中国はこの構想の具体化を推進した。日本の新聞報道によれば，中国は協議参加国に提示した合意文書の初稿に「北東アジアにおける安定と協力のメカニズム」の構築という考えを盛り込んだのである（『朝日新聞』2005年8月28日）。第4回協議終了後に発表された共同声明はこれらの報道を期待させたほど明瞭ではなかったが，「六者は北東アジア地域における安全保障面の協力を促進するための方策について探求していくことに合意した」と述べることによって，このような方向性を示していた。

　いうまでもなく，六者協議をサブ地域の安全保障制度に転換するという考え方が実現するためには，六者協議が北朝鮮の核兵器開発問題の解決に成功しなくてはならない。このような観点からは，中国主導のもとに行われた粘り強い交渉を経て，2005年9月に第4回協議が合意に到達し共同声明が発表されたことは重要な前進であった。共同声明によれば北朝鮮は「すべての核兵器および既存の核計画を放棄すること，並びに，核兵器不拡散条約およびIAEA保障措置に早期に復帰することを約束した」。アメリカは朝鮮半島において核兵器を保有しないことと北朝鮮に対して「核兵器または通常兵器による攻撃又は侵略を行う意思を有しない」ことを確認した。北朝鮮による原子力の平和利用に関しては，北朝鮮が「権利を有する」旨発言し，他の参加国はこの発言を「尊重する」とともに，「北朝鮮への軽水炉提供について適当な時期に議論を行うことに合意した」。

　この共同声明は歴史的合意を示すものではあったが不十分であり，以後に多くの困難な交渉の余地を残していた。たとえば，北朝鮮の核兵器および核計画放棄の検証については一切述べられていない。北朝鮮が核兵器不拡散条約と国際原子力機関（IAEA）保障措置に復帰することを約束した「早期」および北朝鮮への軽水炉提供の議論を開始する「適当な時期」という時期の規定はきわめて曖昧である。とくに，北朝鮮による核兵器及び核計画の放棄と北朝鮮への

軽水炉提供の議論とどちらが先に来るべきかは明示されていない。

しかしながら，さらなる交渉の余地を残すこれらの曖昧性には，少なくとも北東アジアにおける安全保障協力の制度化の観点からは，積極面がない訳ではない。交渉の継続は，毎回最低限の「成功」が達成され，次回の実施が正当化されるのであれば，六者間の「協議の習慣（habit of dialogue）」を強化し，それを正規化する作用を果たしうるからである。サブ地域の安全保障制度の基本的内容はそのような協議を通じて徐々に明確化されてこよう。このような観点からは，六者協議の参加者の間でサブ地域の安全保障協力促進の必要性に関してコンセンサスが成立したのは重要な前進といえる。しかし残念ながら，その後の進展がこのような期待を裏切るものであった。2006年と2009年の2回にわたって北朝鮮による核実験が実施され，協議は停止してしまったのである。

（4）中国の行動の一貫性と変化

9.11テロの結果出現した新しい国際状況は地域の安全保障制度化に対する中国のさらなる積極性をもたらした。中国は引き続き上海協力機構の制度化を推進した。北朝鮮の核兵器開発をめぐる六者協議において中国は明らかに指導的役割を果たし，協議に基づくサブ地域安全保障制度の形成を意図していた。9.11テロ以前は取り組みの消極性が顕著であったARFにおいてさえ中国は非伝統的安全保障問題に関する協力や防衛当局者の会合（ASPC）を提案することによって以前より積極的な姿勢を示した。しかしながら，このような問題と会合の形式の選択は中国が依然として主権問題に厳しく，「伝統的」安全保障問題に関してはARFを依然として信頼醸成の段階に止めておく意向であることを示している。シャングリラ・ダイアローグに中国が開始後5年にわたってランクの低い参加者しか派遣しなかったことは，自国が決定的影響力や拒否権をもたない制度への参加に消極的であることをより明確に示している。

4　暫定的結論――地域安全保障制度化への中国の関与

以上の検討からは，最近の展開が含まれていないためあくまでも暫定的なものであるが，安全保障の地域的制度化に対する中国の対応に関して以下の結論が導かれる。

- 中国は依然として主権の観念と内政不干渉規範に固執しており，それが地域における安全保障の制度化の障碍（しょうがい）となっている。
- 中国の積極性と影響力の間にはプラスの相関関係がある。
- これらの特徴は中国が依然として安全保障制度を国益の観点からのみ捉えていることを反映している。中国は国際制度を，対内的には参加国が国益を追求して競争する場であり，（地域的制度の場合）対外的には中国が非参加国に対して圧力をかける道具と捉えているのである。国際制度への参加を通じて諸国は狭隘（きょうあい）な国益の追求を克服し，公共財の提供のために協力するようになるというリベラル制度主義論者の期待は中国によって裏切られているといわざるをえない。もちろん，中国のみがそのような国でないことはいうまでもない。

●注

（1） 「中国は永遠に覇を唱えない――銭其琛外交部長のASEAN外相会議での演説（1993年7月23日）」『北京週報』第31巻第32号（1993年8月10日），26頁。なお，引用文中の「安全」は安全保障を意味する。
（2） 中華人民共和国外交部外交史研究室（1994）『中国外交概覧　1994』世界知識出版社，571頁。
（3） 陳小功（1992）「世界正処在重要過渡時期」『世界知識』第1期（1月1日），4-5頁。
（4） 日本政府は「周辺事態」は地理的概念でなく，状況的概念であり，日本が米軍の作戦行動に関与するかどうかは事態の性質によって決定されると説明していた。このような説明が中国を納得させるものでなかったことはいうまでもない。

●参考文献

高木誠一郎（2003）「中国の『新安全保障観』」『防衛研究所紀要』3月号，68-89頁。
Acharya, Amitav (2001), *Constructing a Security Community in Southeast Asia*, London and New York: Routledge.
Garrett, Banning and Bonnie Glaser (1994), "Multilateral Security in the Asia-Pacific Region and Its Impact on Chinese Interests: Views from Beijing,"

Contemporary Southeast Asia, Vol. 16, No. 1, pp. 14-34.

Wang, Jianwei (2005), "China's Multilateral Diplomacy in the New Millennium," in Yong Deng and Fei-Ling Wang (eds.), *China Rising*, Lanham: Rowman & Littlefield, pp. 159-200.

Wanandi, Jusuf (1996), "ASEAN's China Strategy: Towards Deeper Engagement," *Survival*, Vol. 38, No. 3, pp. 117-128.

第10章

EUと東アジアの安全保障におけるアメリカの役割

森井裕一

　第二次世界大戦後の超大国としてのアメリカの役割はヨーロッパにとっても東アジアにとってもきわめて大きいが，その意味は大きく異なる。アメリカは冷戦時にはNATOによって西欧に安全保障を与え，西欧は経済統合を進めた。西欧はアメリカの庇護のもとで安全保障共同体を実現した。冷戦後にヨーロッパでは領域防衛が問題ではなくなり，危機管理こそがEUにとっての安全保障の中心的な問題となると，アメリカとの認識の違いから安全保障認識をめぐって政治的な問題が生じた。これとは対照的に，東アジアにおいて安全保障共同体はなお実現しておらず，アメリカとの同盟による安全保障，領域防衛は地域の安全保障に不可欠である。アメリカの安全保障における位置づけを検討していくと，アメリカがどちらにも不可欠な責務を負っているという点を除けば，ヨーロッパと東アジアを安易に比較したり，EUを東アジアのモデルとしたりするのではなく，独自のアイディアを展開しなければならないことが明らかとなる。

1　安全保障と地域統合

（1）主権国家と安全保障

　歴史的に見ると，地域統合もしくは国際統合の考え方は第二次世界大戦後の一定の時期までは，ある特定の地域，すなわち近代の主権国家が誕生したヨーロッパを中心として，議論されてきた。それは主権国家から構成される国際関係のシステムでは，国家に主権を認めているがゆえに，外交によって問題解決がなされない場合には戦争という軍事的な手段による問題解決を前提としていたためである。

第10章　EUと東アジアの安全保障におけるアメリカの役割

　今日の欧州連合（EU）にいたるヨーロッパ統合の動きも，第二次世界大戦後のヨーロッパで再び戦争が起きないようにするにはどうしたらよいか，ということを最も中心的な問いとして始まっている。これは言い換えれば，近代から現代にかけてヨーロッパのなかで常に大規模な戦争の中心となってきたドイツから，再び戦争が起きないようなシステムをどのようにしたらつくりあげられるかという問いであった。安全保障の直接の問題はヨーロッパのなかのドイツであり，ドイツをヨーロッパのシステムのなかでどのように位置づければ安全保障が達成されるかを構想することになっていたのである。この意味で，第二次世界大戦後のヨーロッパ統合は，後に経済がその中心的な位置を占めるようになったものの，始めは安全保障の問題であった。

　しかし，第二次世界大戦はヨーロッパの状況を大きく変えていた。ヨーロッパの安全保障に最も大きな影響を与えていたのは，アメリカとソ連というヨーロッパの外に位置する大国であった。そしてヨーロッパは，次第に進行する冷戦のもとで経済的にもイデオロギー的にも軍事的にも東西にふたつに分断されていったのである。一方の主役であるアメリカは，東西に分断されたヨーロッパの西側半分を軍事的な庇護下におき，経済的な支援を与えて第二次世界大戦で荒廃・疲弊した諸国を復興へと導いたのであった。その状況下でヨーロッパの統合はスタートした。このような歴史的な背景の検討なしに，地域統合の問題や今日のEUの状況を考察することはできない。

（2）冷戦とヨーロッパ統合

　ヨーロッパでは，構造的に戦争を起こさなくするためのシステムについて中世以来多くの思想家が考察してきた。近代の主権国家によって戦争が国際関係のルールとして制度化されていた時代にも，ドイツの哲学者のイマヌエル・カントが『永遠平和のために』で考察したように，戦争をなくすための方法について議論が続いてきた。第一次世界大戦によって戦争の惨禍を経験したヨーロッパでは，第二次世界大戦にいたるまでのいわゆる戦間期に，とりわけ多くの思想家や政治家がヨーロッパを統合するという方法によって構造的に戦争が起きない仕組みをつくることを議論した。しかし，戦間期のこうした理想主義的な思想だけでは，第二次世界大戦の勃発を防ぐことはできず，戦後ヨーロッパは再び荒廃した。

この状況は，それまでのヨーロッパが経験したことのない状況であった。つまり，それまでは国際関係の中心であり続けたヨーロッパ諸国が，第二次世界大戦で疲弊し荒廃した一方で，地理的にその外に位置する米ソが圧倒的に大きな軍事力を背景として，国際関係の主役となったのであった。そしてヨーロッパは米ソが第二次世界大戦の連合国の立場から相互に不信感を抱き，最終的には対立していく過程で東西それぞれの陣営に分断されていったのであった。

　第二次世界大戦を引き起こしたドイツは戦後，米英仏の西側3戦勝国とソ連によって分割占領された。西側3戦勝国は当初それぞれに異なったドイツ占領地域の将来像をもっていたが，アメリカはイギリスとともに早期に西ドイツ地域の復興政策に力をいれるようになり，両国の占領地域を経済的に統合するなど占領復興政策を主導した。フランスは米英と比べると慎重な姿勢をとったが，ソ連が東ヨーロッパ地域での影響力を次第に拡大し，冷戦が強く認識されるようになると，次第に米英と歩調をあわせるようになり，1948年6月には西側占領地域で通貨改革が実施され，翌年のドイツ連邦共和国（西ドイツ）成立の経済的な前提条件が整備されていった。政治的には西ドイツでは占領下で民主的な地方選挙が実施されて州政府が構成され，これら州政府が中心となって1949年5月にドイツ連邦共和国を成立させた。

　この頃にはヨーロッパを統合する運動，とりわけ連邦主義的な運動は多くの大陸諸国で盛り上がったが，1948年5月に開催されたヨーロッパ統合を議論するハーグ会議は急進的な連邦主義的考え方とイギリスを中心とする国家間協力の推進にとどめるべきであるとする考え方の対立から，欧州評議会（CE）の設置以外には期待されたほどの成果は生まなかった。こうして，ヨーロッパの国家間関係を一気に構造的に変えようとする包括的な連邦主義的統合運動は比較的早い時期に全ヨーロッパ的な支持を得られないことがはっきりとした。この連邦主義的な動きは当然に外交・安全保障領域も念頭におくものであったが，その実現可能性は低かった。実際には1948年の時点では西ヨーロッパの主要国にとってなおドイツは潜在的脅威であり，疑心暗鬼の対象であった。英仏とベネルクス諸国は1948年3月にブリュッセル条約という相互防衛条約を締結したが，この条約は主としてドイツを想定して締結されたものであった。

　ブリュッセル条約締結の前後から，冷戦環境のもとでより包括的なヨーロッパの安全保障に関心を有していたアメリカは，新たな安全保障体制の構築を模

索していたが，さらなる冷戦の進展もあって，1949年4月にアメリカを中心として西欧の主要国とカナダを含む北大西洋条約が調印された。この条約に基づき軍事機構の整備が進んだことによって，北大西洋条約機構（NATO）がヨーロッパの安全保障の核となっていったのであった。

こうしてヨーロッパの安全保障にとってアメリカが不可欠な要素を提供し，冷戦下の東西軍事バランスが保たれることとなった。NATOの発足と同時期の1949年5月には西ドイツが独立しているが，西ドイツの国家主権は制限されたものであり，とりわけ外交・安全保障の分野は引き続き米英仏の管理下におかれていた。西ドイツにとっては主権の完全回復がこの時期の最大の目標であり，近隣西欧諸国との和解を達成しながら主権を回復して国際社会へ完全に復帰することがアデナウアー政権のもとでめざされていたのであった。

（3）安全保障共同体

1950年5月9日にフランス外相ロベール・シューマンが発表した石炭鉄鋼共同体（ECSC）構想（シューマン・プラン）は，ヨーロッパの戦争の主要な原因となってきた独仏間の石炭と鉄鋼という軍事的に重要な産業部門をヨーロッパレベルで共同管理することを提唱していた。石炭と鉄鋼部門を超国家的な機関を設立することによって共同管理し，戦争の根を絶つことを目標としたのである。またその際には，石炭と鉄鋼という特定の産業部門から経済統合を開始し，それを核として次第に統合部門を拡大していくことが想定された。シューマン・プランには西ヨーロッパの中心に位置する民主主義の西側諸国であるフランス，ドイツ，イタリア，ベルギー，オランダ，ルクセンブルクの6カ国が参加したが，イギリスは超国家的な色彩をもつこの石炭鉄鋼共同体への参加を拒否した。

シューマン・プランは石炭と鉄鋼というひとつの経済部門を超国家的組織の設立によって統合することで，独仏を中心とする和解をめざしており，経済のプロジェクトでもあったがそれ以上に政治的なプロジェクトであった。また直接に軍事的な色彩をもつものでもなかったが，軍事力の中心を構成する鉄鋼とエネルギー産業の中核であった石炭という領域の共同管理は，軍事的なインプリケーションももつものであった。シューマン・プランがめざしたのは，軍事同盟による仮想敵国からの安全保障ではなく，統合によって敵味方をなくして共同体を設立することによって，友敵関係を構造的に克服することであった。

そしてそのための具体的アプローチ方法が石炭と鉄鋼という経済分野の機能統合であった。

　シューマン・プランの発表後に朝鮮戦争が勃発し，東アジアでは冷戦が熱戦となったため，ヨーロッパでも安全保障の強化が論じられた。その要には東側との長い国境を有し，西欧で最大の人口をもっていた西ドイツの再軍備による西側軍事力の強化があった。しかしドイツの再軍備に対する懸念は当時なお大きく，それを克服するために欧州防衛共同体（EDC）構想が提唱された。しかし，朝鮮戦争の停戦やソ連の独裁的な指導者スターリンの死去などもあってEDCによるドイツ再軍備はフランスの議会によって否決され，実現しなかった。その結果，ドイツ再軍備はヨーロッパにおける統合の枠組みではなく，アメリカが主導するNATO・大西洋同盟の枠組みによって実現した。そしてこの1950年代のEDC失敗によって，経済はヨーロッパ統合，軍事・安全保障は大西洋同盟という枠組みが冷戦の終わりまで続くこととなったのであった。

　EDCの失敗後，ECSC諸国はより包括的な経済統合に向かい，1958年に欧州経済共同体（EEC）と欧州原子力共同体（EURATOM）を設立した。そしてECSC，EEC，EURATOMが1967年に欧州共同体（EC）として融合し，冷戦後に欧州連合（EU）へと発展していったのである。これら機関，とりわけEECによる経済統合がめざましい成果を挙げるなかで，独仏は1963年1月に二国間で独仏友好協力条約（エリゼ条約）を締結した。エリゼ条約は政治・軍事・経済・文化など非常に包括的な二国間協力の強化をめざした条約であったが，とりわけ二国間での人的交流の強化，とくに青少年交流の拡大は大きな成果を生み，両国の国民が相互理解を深めるために大きな役割を果たした。

　こうして1960年代の中頃までにはNATOとアメリカによる安全保障の傘の下で，西欧はECによる経済統合を進め，長年にわたって戦争の原因となってきた独仏対立も解消されていった。この状況を国際統合理論では安全保障共同体（Security Community）と呼ぶ。この安全保障共同体の概念は国際統合理論研究で著名なカール・ドイッチュによって提唱されたものであるが，ある範囲に属する国の国民の間が他国の国民を敵として認識しなくなり，自分たちと同じ仲間であるという心理状態に達した場合に，安全保障共同体が形成されていると考えるのである。各国の国民の間でたとえ国は違っても，国境を越えて相互間で「我々意識（we-feeling）」が形成され，軍事力を保有しているとしてもそ

れを相手に対して向けることはもはやない心理的な状況が達成されているのが安全保障共同体である。国家や軍は存在していても，国民がお互いに仲間であると認識していれば，敵味方という考えが存在しえない心理状況である。

　安全保障共同体には融合的安全保障共同体と多元的安全保障共同体のふたつがあるとされるが，融合的安全保障共同体は社会的心理的な統合と共同体形成が進むのみでなく，さらに政治組織もそれにあわせて融合・統合されている状況である。具体的には，イギリスから独立し南北戦争を経て連邦国家としてひとつの連邦政府をすべての州が承認するようになったアメリカ合衆国の形成過程を想起すればよいであろう。融合的安全保障共同体は国家形成のプロセスとも合致するが，国際関係において興味深いのは，このような融合的安全保障共同体の形成プロセスよりも多元的安全保障共同体の形成である。つまり，政治制度は独立して別個のものをお互いにもちながらも，心理的にひとつの共同体を形成している状況である。ECは1960年代にはもうこのような安全保障共同体を形成していたと考えられるのである。

　この安全保障共同体形成のプロセスでは，エリートによる和解や制度形成のみならず，市民間の交流や相互理解も重要な要素となるが，ECの共同市場における労働者の移動やエリゼ条約によるきわめて大規模な青少年交流の積み重ねなど，経済統合を中心としながらも，ヨーロッパ統合が多様性で二国間交流や国境横断的な地域交流（ユーロリージョンの形成）など多層的であったことが重要なポイントである。そして，冷戦環境のもとで東側陣営という新たな脅威の存在は，西欧における協力を不可欠のものとしたのであった。

2　EUの安全保障とその変容

　冷戦の終焉によってドイツは統一し，ECは外交安全保障分野と司法内務分野の政府間協力を制度化しEUへと発展した。従来想定していた安全保障上の脅威が消滅したことによって，米欧関係もEUの安全保障政策も大きく変容していった。

（1）EUの安全保障とNATO・アメリカ

　冷戦後のヨーロッパは，東側陣営に属した中・東欧諸国の体制移行と市場経

済化と並んで，安全保障体制を再構築する必要に迫られた。当初は米ソも含めたすべてのヨーロッパ諸国が所属する枠組みである全欧州安全保障協力会議（CSCE），後の全欧州安全保障協力機構（OCSE）への期待も高かったが，旧ユーゴスラヴィアでの内戦に際して，さまざまな思惑を有する多様な国が参加し，実際の行動能力を有しない組織には限界があることが認識されるようになっていった。EUは新たに構築された共通外交安全保障政策（CFSP）の枠組みを利用して問題に対処しようとした。そしてCFSPの実際の手段として，軍事的な行動が必要になった場合にはEUのほとんどの構成国とメンバーがオーバーラップする西欧同盟（WEU）の枠組みを利用することも検討され，1992年にはペータースベルク任務として相互防衛以外の危機管理任務がWEUの任務として定義された。

　しかし，経済領域とは異なり，あくまで構成国間の政府間協力の枠組みにすぎないCFSPでは，ボスニア・ヘルツェゴヴィナに象徴される冷戦後の民族紛争を契機とした内戦への対応などができないことも共通の認識となっていった。国連やOSCEなど正統性は高くても実効的な能力を有しない国際機関やEUも，実際には紛争を押さえることができず，アメリカの仲介とNATOの空爆など軍事力の行使が紛争を抑えた経験は，EUとその構成国にとってアメリカの軍事力の大きさとこの分野におけるEUの限界を強く認識させることとになった。EUは前節で検討したように，もともと構成国間の平和を目的として構築されたのであり，外部からの安全保障は主としてアメリカとNATOに依存していた。そのため冷戦後，アメリカとNATOとの関係をどのように再構築し，EUがどのような安全保障上の機能をもつべきかについては議論が継続していた。イギリスを代表として安全保障政策上はアメリカとNATOを最優先すべきであり，EUの行動はこの領域では限定的であるべきと考える諸国と，フランスに代表されるように，ヨーロッパが独自の安全保障アイデンティティを確立すべきであって，WEUの活用によって将来はEUが安全保障領域でも重要な役割を担えるようにすべきであるとの考え方が対立していたのである。1999年春のコソヴォ紛争では再びアメリカとNATOの圧倒的な軍事力が必要となり，EUの行動能力の低さをEUは認識させられた。

　NATOは1994年にロシアを中心とする旧東側諸国と平和のためのパートナーシップ協定（PFP）を締結し，さらに1999年にはチェコ，ハンガリー，

ポーランドが NATO 加盟を果たした。すでに中・東欧諸国は EU への加盟も前提としていたが，安全保障システムへの加盟が先行した。2004年にはブルガリア，エストニア，ラトヴィア，リトアニア，ルーマニア，スロヴァキア，スロヴェニアが NATO に加盟したが，同年には EU にも中・東欧諸国が加盟して EU と NATO のメンバーシップはほぼ重なり，2007年のブルガリアとルーマニアの EU 加盟によって EU と NATO の地理的範囲はほぼ等しくなった。このような新たな安全保障環境において，EU 構成国は自国の領土を守ること（領域防衛）は従来のような重みをもつものではなくなり，新しい安全保障上の脅威に対応することが重要な課題となっていった。

（2）領域防衛から危機管理へ

EU は1999年のアムステルダム条約による条約改正で，WEU のペータースベルク任務を EU の任務として軍事的にもいっそうの役割を担うこととなり，コソヴォ紛争の影響もあって EU は急速に欧州安全保障・防衛政策（ESDP）の構築に進むこととなった。1998年末のサンマロ英仏共同宣言が示していたように，安全保障問題でアメリカとの関係に配慮して EU が独自の行動能力の構築を行ったり作戦行動を実施したりすることに慎重であったイギリスが政策を変更し，EU 独自の軍事能力の構築を認める方向に転じたことがこの動きに拍車をかけた。ESDP は CFSP の具体的な手段であり，EU は ESDP によって地域紛争の抑制や平和維持など，間接的にヨーロッパの安全保障上の脅威となりうるさまざまな危機に対応することをめざしたのであった。この危機管理政策こそがその後の EU の安全保障・防衛政策の中核となってきたのである。

ESDP の構築過程で EU は WEU を完全に吸収し，軍事的な組織も構築してきた。また構成国は EU に軍を派遣するための制度を整備し，従来 NATO との間で実現してきたように，自国軍を EU の任務に派遣する仕組みを構築した。EU はこの過程で具体的な危機管理作戦を迅速に一定期間継続するための枠組みを整え，ESDP が実現したのであった。もっとも ESDP は必ずしも軍事的な要素のみから構成されるわけではなく，警察や法律家など文民による活動の側面も有している。

2001年9月のアメリカにおける同時多発テロを受けて，EU でもテロを中心とした新しい安全保障リスクが検討されたが，2003年に発表された「欧州安全

保障戦略（ソラナ・ペーパー）」では，テロ，地域紛争，崩壊国家，大量破壊兵器の拡散など国土の防衛とは異なった新たな課題が明示的に EU の安全保障問題として定義された。冷戦後の安全保障環境の変化は，こうして EU の安全保障概念も変容させた。

　しかし，ここで重要な問題は EU の安全保障認識が必ずしもアメリカの認識と完全には一致しておらず，安全保障をめぐる国際情勢認識が乖離していることである。また EU を構成する国々の間でも，その歴史，地理的な位置，アメリカとの関係などさまざまな要因によって，安全保障認識がなお異なっていることもある。この問題が先鋭化されたのが2002年夏から2003年にかけてのイラク戦争をめぐるアメリカと独仏を中心とする EU 諸国との対立であった。EU はアメリカと問題認識を共有しともに行動したイギリスや中・東欧の多数の国々と独仏を中心とする国々に分かれ，外交的にはまったく共通政策をとることはできなかった。これはきわめて大きな問題ではあるが，EU という制度内の安全保障が問題なのではなく，EU の外の世界における安全保障の課題がどのように EU やアメリカに影響を及ぼすかに関する認識の違いである点で，以下で議論する東アジアにおける安全保障の問題とは大きく性格を異にしているのである。

3　東アジアの安全保障

　EU は安全保障共同体となっており，さらに NATO や OSCE や CE など重層的な国際機関の存在によって，全体として政治，経済，社会，文化など多様なレベルで制度化が進んでいる。東アジアに目を向けると状況は大きく異なっている。グローバル化の進展によって，経済領域では非常に緊密な関係が東アジアの主要国の間では構築されているものの，とりわけ安全保障の領域ではヨーロッパとは状況が大きく異なっている。

（1）冷戦と冷戦後

　冷戦期の東アジアの政治状況は，ヨーロッパとは大きく異なっていた。朝鮮半島においては戦争が勃発し，韓国と北朝鮮が戦った。アメリカは国連軍として韓国を支援し，中国は北朝鮮を支援した。第二次世界大戦に続いて戦争を経

第10章　EUと東アジアの安全保障におけるアメリカの役割

験した東アジアの状況はヨーロッパと大きく異なるものとなったが，それ以外にもさまざまな条件が異なっていた。中国は共産主義イデオロギーをとっていたが，次第にソ連と対立し，その結果アメリカに接近し，1972年にはニクソン米大統領が訪中し，関係が改善していった。東アジアでは日本，韓国がそれぞれにアメリカと安全保障条約を締結しているが，これはヨーロッパのNATOのような集団安全保障条約ではない。東アジアにはアメリカとの間で多国間の安全保障体制が存在しておらず，二国間の条約によって規定されているのである。

　ヨーロッパでは1989年のベルリンの壁の崩壊に象徴される東欧諸国の体制転換によって冷戦の終焉は大きな変化をもたらしたが，東アジアにおいてはそのような大きな転換は見られない。中国は，経済面では自由化を進め大幅な市場経済が導入されもはや社会主義的統制は経済面では非常に小さくなったものの，政治面では一党独裁体制をなお堅持している。北朝鮮では独裁体制のもとでの社会主義がなお継続している。ヨーロッパで冷戦後に中・東欧諸国がこぞって体制転換を遂げ市場経済を導入し，NATOに加盟した状況とはまったく異なっているのである。換言すれば，ヨーロッパでは冷戦は完全に終焉したが，東アジアにおいてはイデオロギー対立や体制の違いが存続しており，冷戦時代の国際政治の構造がなお残っているのである。

　さらにヨーロッパとの大きな違いは，冷戦期に同じ西側世界に属し，市場経済を共有してきた日本と韓国の間でも政治的な和解がなかなか進展しなかったことが挙げられよう。韓国では長年にわたって権威主義的な独裁体制が続き，民主化が進展しなかったこともあるが，日韓関係はEU構成国間の関係や独仏関係とは比較のしようもない状況が長く続いた。日韓では過去の問題について和解どころか冷静な議論すら容易ではなく，制度的な協力枠組みを構築するような政治的イニシアティブがとられることもなかった。さらに，日米安全保障条約と米韓相互防衛条約は異なった内容であり，アメリカによる安全保障の傘が日本にも韓国にもかけられていても，その内容は同じではない。NATOという安全保障の制度枠組みをアメリカが構築し，その安定した安全保障環境のもとでヨーロッパ諸国がEC/EUのなかで安全保障共同体を構築していたヨーロッパとは状況が大きく異なっていたのである。

　それにもかかわらず，近年東アジア共同体をめぐる議論が登場したのは，中

国の市場経済化とグローバル化の進展によって,経済面では東アジア諸国間の結びつきがきわめて緊密になったためである。ヨーロッパにおいては政治の和解プロジェクトとしてシューマン・プランが打ち出され,その後経済統合の進展によって統合に参加する構成国の間の貿易構造が大きく変化して緊密化していったことと比べると,逆の展開といってもよいであろう。東アジアにおいては経済構造の変化が,政治面の議論を可能にする条件を形成したのである。

(2) 東アジアの安全保障枠組みと制度化

東アジアにおいてもヨーロッパ同様にアメリカが圧倒的な軍事力で安全保障の枠組みを提供している。しかし地域における多角的な安全保障枠組みが存在しておらず,国際機構による安全が保障されないうえに,地域内で安全保障共同体も構築できない状況では,アメリカの存在はヨーロッパとは質的に異なっているといえよう。東アジアにおける地域協力はさまざまなレベルで展開されているが,それらは概ね経済や社会など具体的な機能にかかわる領域に限定されている。

ヨーロッパにおいては冷戦時代にも勃発的な紛争回避や信頼醸成のための交渉プロセスが進展し,1975年にはヘルシンキで CSCE が開催された。CSCE はその後多数のフォローアップ会議を経て,冷戦後は OSCE に発展したが,敵対していた東西の間でも軍事演習の相互公開など,信頼醸成措置がとられるなど重要な制度的な発展が見られたといえよう。東アジアにおいては NATO 型の安全保障システムのみならず,OSCE 型の紛争回避システムの制度化も進展していない状況である。

東アジアにおいては北朝鮮の核開発問題をめぐるアメリカ,ロシア,中国,日本,韓国と北朝鮮による六者協議の枠組みは存在しているものの,北朝鮮の核開発という特定の問題を対象としている。国際原子力機関（IAEA）や核拡散防止条約（NPT）という普遍的な国際的枠組みでは十分に対処できなかった問題に対して,この地域に大きな影響力を有する諸国,とりわけアメリカが参加することによって六者協議という多角的な地域制度を構築することが可能となった点において,アメリカの役割は非常に大きい。しかしながら,北朝鮮の核開発というひとつの問題を越えた広がりを六者協議はもたず,より広範な安全保障問題を議論する枠組みともならなかった(1)。

4 アメリカの安全保障と地域秩序

2001年の同時多発テロ後，世界の安全保障環境は大きく変容した。圧倒的な軍事力を有するアメリカの安全保障認識は，ヨーロッパにも東アジアにも大きな影響を与えるものである。これまで検討してきたように，地域における安全保障枠組みが大きく異なるため，ヨーロッパと東アジアではアメリカの安全保障政策が与える影響は大きく異なる。以下では具体的にどのような点でアメリカの安全保障政策がそれぞれの地域秩序に影響を与え，将来の地域統合や地域協力に含意を有するのかを検討してみよう。

(1) EUとアメリカ

これまで議論してきたように，冷戦後のEUは自らの領域を防衛するという意味での安全保障には重きをおいておらず，テロ，難民，大量破壊兵器の拡散など多様になった安全保障リスクに対処するために，これらの問題を生み出す世界各地での紛争の抑制や貧困，崩壊国家への対処などを中心とした危機管理政策を安全保障問題の中心に据えている。そしてその手段としては，開発援助や法の支配の確立のための警官や法律の専門家の派遣，さらには治安維持や紛争の抑制のための軍の派遣も行っている。これに対してアメリカは，9.11テロで国内が大きな被害にあったこともあるが，必要であれば大量破壊兵器やテロリストを拡散させる国家への軍事介入を必要だと考えた。2003年のイラクへの攻撃はこのような米欧間の政策の違いを際立たせたのであった。その結果，EU内でも意見の対立から政治的に大きな問題となったことはすでに紹介したが，しかし，それによってEU内における安全保障が損なわれたわけではない。NATOの枠組みはこのような政治的な対立が大きな問題となった時点でも機能し，2001年から実施されていたNATOによるアフガニスタンの作戦ではイラク攻撃に反対した国々も参加し続けたのであった。

NATOとEUの間にはベルリン・プラス合意としてNATOが作戦活動を実施しない問題に関しては，EUがNATOの軍事的なアセットを利用することが可能な協定が2002年に締結されている。NATOにはトルコやカナダなどアメリカ以外にもEUに属さない構成国もあるが，実質的にはアメリカが活

動に参加しない場合には，EU 諸国が NATO の設備を利用して EU として行動することを軍事的にも容易にする仕組みである。しかし，このベルリン・プラス合意は EU の防衛に使われるわけではなく，あくまでアメリカが参加しない EU 域外の危機管理作戦に適用される。

アメリカと EU の安全保障の問題は，グローバルな安全保障秩序をめぐる問題となっている。アフガニスタンの安定化をめぐる問題でも，イラクの将来をめぐる問題でも，アメリカと EU 諸国の問題は，どのような政策を展開し，その役割をどのように負担するかという問題となっているのである。すなわち，いかにグローバルな安全保障秩序を構築し，そのためにどのような地域的な枠組みや具体的な貢献が必要となるのか，このような問題に対処することがアメリカと EU の間の課題となっている。

（2）東アジアとアメリカ

アメリカと EU の関係とは対照的に，東アジアの安全保障の問題は，いかに域内の安全保障を実現するかである。もちろん，日本，中国，韓国がグローバルな安全保障レジームの形成や紛争地域でのアメリカとの役割分担や協力について議論されることも多々あり，アメリカと共通の価値を有する日本や韓国がさまざまな場面で緊密な共通行動をとることはしばしば見られる。しかし東アジアにおける安全保障問題は，本質的にはそれぞれの国家の主権問題であって，防衛力の整備や同盟による軍事的バランスの保持など，近代の国際関係において自明とされてきた方法が継続されている。

アメリカはすでに言及した北朝鮮をめぐる六者協議の枠組みや，経済協力を中心としたアジア太平洋協力（APEC）のような枠組みに加わっているが，いずれも制度化のレベルは低く，地域において中核的な役割を担うものではない。東アジア地域において中核的な役割を担っているのはそれぞれの国家である。アメリカがそれぞれの国家とどのような二国間関係，安全保障政策を展開しているか，そしてその二国間関係が東アジアにおいてどのように関連しあっているかを理解することが，東アジア地域では引き続き最も重要なのである。

これまでの東アジア共同体の議論では，さまざまな構想が出されるなかでも安全保障の問題は回避されてきたといえよう。経済や社会など，具体的な機能を国境を越えてよりよく実現するための協力枠組みが議論されることがほとん

どであり、安全保障はいうに及ばず、外交政策領域での協力もほとんど言及されてこなかったのである。それは東アジアにおいては、異なる体制、異なる歴史認識など、政治や外交分野における緊密な協力のために必須となる共通条件が存在していないためである。そのために、東アジアにおけるアメリカの存在は安全保障領域では不可欠なものであるにもかかわらず、東アジアにおける協力を構想する場合には議論されえない。安全保障共同体が形成されていない東アジアにおいては、アメリカによる地域外からの安全保障を欠くことはできないのである。

東アジアでは2010年5月の日中韓3カ国首脳会議において採択された「日中韓三カ国協力ビジョン 2020」において「三者間協力事務局」の設置が合意され、2011年9月には同事務局が機能を開始するなど政府間協力が制度化される芽も見え始めている。[2]しかし、これはあくまで3カ国の間で具体的な協力を進めるための連絡サポートシステムの始まりにすぎない。あくまで実務的な協力の支援組織なのである。それでもこれまで二国間のコミュニケーションのチャンネルしかなかった東アジアの主要3カ国に多角的な制度が芽生えてきたことはもちろん評価できるが、このような展開は当面は安全保障分野では想定できない。また同時に、アメリカを加えた安全保障面の包括的な協議は、体制の異なる中国が東アジアの最重要アクターのひとつである限り、現実的なものは想定できない。2010年12月の日米韓3カ国外相会議では、北朝鮮による韓国延坪島砲撃事件を受けて3カ国がいっそう緊密に連携することが確認されているが、日米韓の協調により、中国への働きかけを強める意味はもつが、中国を含めた制度形成をめざすものではないのである。

「日中韓三カ国協力ビジョン 2020」では、3カ国協力パートナーシップの組織化と強化のための安全保障分野における対話の強化や、防衛当局の交流と協力を進めるための3国間防衛対話の可能性をさぐることが合意されている。この合意が具体的な成果を上げるか否かは不確定な要素が多いが、ようやく中国を含めた東アジアにおける安全保障分野の対話の可能性が検討され始めたことには注目すべきであろう。2011年の第4回日中韓3カ国サミットでは、2011年の東アジア首脳会議にアメリカとロシアを招くことが合意されているが、これまでアメリカとはほぼ関係なく議論されてきた東アジアにおける地域協力の制度化の試みに、アメリカが関与し始めることにより新たな展開が見られる可能

性もあろう。(3)

(3) アメリカの役割――比較とモデル

　東アジアにおける近年の地域協力強化のための議論を見れば，東アジア首脳会議へのアメリカの参加など，これまで個別の二国間関係以外には制度的な関与の薄かったアメリカが東アジア諸国と制度的なかかわりを始める端緒も見られる。たとえば，東アジア首脳会議には2011年7月の外相会議からアメリカとロシアが参加し始めた。そしてアメリカとロシアの参加を受けて東アジア首脳会議はこれまでの協力目標の強化と並んで，政治・安全保障分野の取り組みを強化することも課題として言及した。(4) アメリカの関与なしには，東アジア首脳会議が安全保障分野の議論を行うことは実質的な意味をもちえないゆえに，アメリカの参加によって状況は動き始める可能性がある。しかし，このような動きが始まったといっても，ヨーロッパにおけるアメリカの役割と東アジアにおけるアメリカの役割の間の乖離はなお非常に大きい。

　東アジアの安全保障とアメリカの役割を展望するにあたって，ヨーロッパの経験をどのように援用することができるであろうか。本章を締めくくるにあたって，以下の2点にまとめておこう。

　第1に，ヨーロッパと東アジアのおかれた国際政治の環境は大きく異なり，ヨーロッパにおけるアメリカの関与の経験を到達すべきモデルとして東アジアに適用することはできない。アメリカが第二次世界大戦後のヨーロッパの地域統合を積極的にサポートしたのは，ソ連に率いられる東側陣営と対抗できる強い西ヨーロッパをつくるためであり，アメリカの政策は経済復興という包括的な手段を通しての安全保障政策であった。安全保障共同体を西ヨーロッパが形成し，EC/EUにいたる統合を進めたのはもちろんヨーロッパ諸国による成果であろうが，NATOという安全保障枠組みの供与なくして，ドイツ再軍備やその後の統合はありえなかった。しかしNATO型の集団安全保障体制は東アジアでは想定できず，ハブ・アンド・スポーク型のアメリカを中心とした二国間の安全保障システムが東アジアの安全保障の現実である。

　第2に，新しいタイプの安全保障が重視されるようになり，アメリカの役割と地域協力の役割も変容している。アメリカの外交政策もブッシュ政権期の単独主義からオバマ政権では多角的協調主義に変化が見られる。2003年のイラク

戦争前後の欧米間の軋轢，EU の長年にわたる危機管理政策の展開と軍事面の制度整備の経験などを経て，アメリカと EU の連携と協調は再び回復されてきた。テロを生む崩壊国家や貧困などへの対処にあたって，国際的な連携と協力が不可欠であることがアメリカにも認識されてきた。そして，東アジア諸国とのこの分野での連携は不可欠であると認識されている。東アジア首脳会議をはじめ，多くの地域協力の制度化の枠組みにおいて，テロ，移民，災害，疾病，国際犯罪などといった新しい分野での安全保障協力が中心的な課題として登場している。

　NATO や EU 型の共通政策としての危機管理政策モデルを想定することは東アジアでは困難であり，その意味ではアメリカとの関係もまったく異なったものである。むしろ冷戦時代の CSCE における関与の仕方が安全保障上は近いくらいであろう。つまりアメリカがソ連との軍事的な力のバランサーとして機能し，領土を保全するという前提を提供しながら，ヨーロッパ諸国が東西間で経済交流や人権対話，人の交流を進めたやり方である。しかしグローバル化の進んだ現在，状況は冷戦期のヨーロッパとは同じではない。経済や社会などの結びつきは飛躍的に展開している。そのような状況のもとで，アメリカによる軍事的な力のバランスと古典的な安全保障を前提として，地域協力を新しい安全保障分野から進めていくことも可能であろう。またそうすることによって，日中韓サミットでも言及されたように，防衛担当者間の交流がより密になり，いっそうの協力の基盤も生まれるであろう。

●注
（1）　六者協議と東アジア地域制度の関係についての詳細は，菊池（2010）を参照のこと。
（2）　「日中韓三カ国協力ビジョン 2020」外務省（http://www.mofa.go.jp/region/asia-paci/jck/summit1005/vision2020.html）。
（3）　第 4 回日中韓サミット首脳宣言，外務省（http://www.mofa.go.jp/region/asia-paci/jck/summit1105/declaration.html）。
（4）　東アジアサミット外相会議議長声明，第14項を参照のこと（http://www.mofa.

go.jp/mofaj/area/eas/pdfs/20110721chairman_statement.pdf)。

◉参考文献─────────
植田隆子（2010）「米欧関係の変容と日本──政治・安全保障協力の視点から」森井裕一編『地域統合とグローバル秩序』信山社，3-26頁。
遠藤乾編（2008）『ヨーロッパ統合史』名古屋大学出版会。
鴨武彦（1985）『国際統合理論の研究』早稲田大学出版部。
菊池努（2010）「地域制度とグローバル・ガバナンス──アジア太平洋の地域制度と国際制度」森井裕一編『地域統合とグローバル秩序』信山社，182-205頁。
中村民雄・須網隆夫・臼井陽一郎・佐藤義明（2008）『東アジア共同体憲章案』昭和堂。
宮本光雄（2011）『覇権と自立』国際書院。
森井裕一編（2010）『地域統合とグローバル秩序』信山社。
山下英次編（2010）『東アジア共同体を考える』ミネルヴァ書房。
渡邊啓貴（2008）『米欧同盟の協調と対立』有斐閣。
Jaung, Hoon and Yuichi Morii (2004), *Cooperation Experiences in Europe and Asia*, Tokyo : Shinzansha.

第11章

「東アジア共同体」への疑問
――ロシア研究者の視点から――

袴田 茂樹

　地域統合の諸条件は，欧州や旧ソ連諸国は東アジアよりもはるかに整っていると見られてきた。その欧州でユーロ危機が世界経済危機の引き金になる可能性も強まった。統一されたはずの欧州で，国益やナショナリズムの対立が目立つようになっている。ドイツの元外相兼副首相フィッシャーは，ユーロ危機の原因に関して，「ユーロ圏は主権国家ではなく脆い構造物だ。世界の通貨の中でユーロだけがそれを守る国家を持っていない」と述べた（2011年11月）。フランスの元外相ヴェトリームも「国家には国家の役割があり，国家が主権を放棄しても，他がそれを引き受けてくれるわけではない」と指摘している。東アジア共同体の理念は，この国家主権の問題を等閑視した楽観論ではないかとの疑念を筆者は常に抱いてきた。ロシアのプーチン首相は欧州連合を念頭に「ユーラシア同盟」構想を発表したが（2011年10月），現実性は少なく，旧ソ連諸国をロシアが支配する野心との見方が一般的だ。本章では東アジア共同体への疑念を率直に述べたい。

　本書の議論は，「東アジア共同体」問題が柱となっている。率直に述べると，筆者は，「東アジア共同体」の概念には，懐疑的あるいは批判的である。最初に，その問題について私見を述べ，次いで，今日の国際情勢に対する筆者の認識をロシアの専門家の見解と絡めながら紹介し，最後に，冷戦終結後，独立国家共同体（CIS）地域の共同体形成の試みがどのような結果になっているか，東アジア共同体問題を念頭におきながら考察したい。第1節では，東アジア共同体に関して，主権問題との関連で疑問を呈している。そこで，まず主権に関して，筆者の理解を簡単に述べておきたい。

　19世紀から20世紀にかけて，主要な戦争の背景は勢力均衡（バランス・オブ・パワー）の国際関係，つまり排他的かつ絶対とみなされた主権国家の衝突で

あった。この戦争の問題にどう対応するか、絶対化された主権や国家の衝突をいかに回避するか、これが国際連盟、国際連合、欧州共同体などの創設の中心課題であった。今日の世界の諸問題の多くは主権国家の枠を超えており、したがってそれら諸問題に対応するにも、主権国家という枠を超えた対応が必要だというのは厳然たる事実である。今日の国際政治学においては、主権の絶対性は必ずしもアプリオリなものではない。

　筆者も、主権および国家、国民、領土といった概念は、基本的人権と同様、歴史的に生まれた近代の「フィクション」だと考えている。ただ、基本的人権はフィクションだとしても、芸術におけるフィクション性がしばしば現実以上のリアリティを有するように、基本的人権というフィクションを絶対的な価値として扱うのは、安定的な社会を成立させるための人類の叡智でもあった。

　同様に主権国家の枠を超えた諸関係が発達している21世紀においても、世界における秩序と安定の基礎は、依然として主権国家を基礎とした関係である。歴史的に見て、主権国家間の衝突が戦争の原因であったというのも事実であるが、同時に、今日の世界に安定をもたらしているのも、依然として主権なる概念を基礎とした国際関係である。主権という歴史的に形成されたフィクションを絶対的なものとして扱ってきたのは、やはり人類の叡智であった。当然のことながら、ここには矛盾も生じる。

　たとえば、基本的人権と国家主権というふたつの「絶対」が衝突する場合、どちらかの絶対を制限せざるをえない。コソヴォ事件のように主権（内政不干渉）の原則よりも人権が重視される場合もあるし、また20世紀以来各国が採用した徴兵制のように、国家主権を個人の基本的人権（生存権）の上におく場合もある。また、欧州共同体（EC）のように戦争の脅威に対応するために、あるいは経済的な利害のために、主権の重要な部分を国家の上位の共同体に委譲する場合もある。

　いずれにせよ、国際秩序の基礎としての主権問題にどう対応するかは、21世紀においても国際関係や世界の安定の基本問題である。世界の安定と秩序を主権問題を中心に考えるのは旧い近代の発想であり、21世紀は脱近代（ポスト・モダン）の新たな世界秩序を模索する時代だというのは、あまりにも皮相である。筆者が日本の東アジア共同体論に疑問を抱くのは、中国その他の東アジア国家が主権問題をますます先鋭化させているなかで、日本の国民や専門家、政

治家が，主権問題へのリアルな認識をもたないままで，安易に共同体論を論じているように感じるからである。

1 「東アジア共同体」への疑問

（1）共同体の概念の問題

　東アジア共同体の概念に懐疑的と述べたが，問題はすべて「共同体」の定義次第である。これが，共同体ではなく，東アジア協力機構とか東アジア経済協力体というのであれば，筆者は問題にしない。地域における政治的，経済的な協力システムの構築や信頼の醸成は，当然のことと考えるからだ。ただその場合，共同体という概念を使うのは混乱を招く。通常，地域の共同体という言葉は，欧州共同体をモデルに，あるいはそれを念頭において使われる場合が多い。
　このことを前提に，東アジア共同体という概念を使う場合を考えてみよう。筆者は，東アジア共同体に関する議論が錯綜している最大の原因は，「共同体」の定義を曖昧なままにし，共通理解がないままで議論が行われていることにあると考えている。
　欧州共同体の場合，とくに通貨統合に加わった諸国の場合，各国は通貨管理といった国家主権の重要な部分を委譲した。欧州共同体の発展形態である今日の欧州連合（EU）も，ヒト（労働力），モノ（商品），カネ（資本）の域内での自由移動を基本的に認めた。つまり，域内では国境も本質的な意味をなくし，基本的に関税も撤廃され，主権の重要な部分を委譲したといえる。目標が国家連合（コンソーシアム）か連邦国家（フェデレーション）かという議論はあるものの，欧州共同体は国家統合のファクターが重要な位置を占めている。
　これに対して，たとえば2015年設立を目標としている東南アジア諸国連合（ASEAN）共同体の場合，欧州共同体をひとつのモデルにしているが，主権の委譲あるいは内政干渉容認までは合意に達していない。つまり，基本的に加盟国の独立，主権，領土保全の相互尊重を前提としている。欧州共同体の場合も，財政は国家単位になっているし，安全保障や外交の面でも完全に一体化したわけではない。そのような中途半端な側面はあるが，参加国が主権の重要な部分を委譲したことに変わりはない。
　筆者の理解では，単なる協力機構とか自由貿易圏ではなく「共同体」という

215

以上，ヒト，モノ，カネの自由移動など，主権の重要部分の委譲が前提となると考える。したがって，2015年を目標とする ASEAN 共同体は，筆者の理解ではまだ共同体とはいえない。東アジア共同体に筆者が懐疑的という場合も，このような共同体理解を前提としている。筆者の理解を前提とする場合，体制や価値観がまったく異なる国が共同体を形成することはありえない。また，国家間の経済格差があまりにも大きい場合，共同体形成はかえって域内でのナショナリズムの台頭と衝突を生む。さらに，歴史的，伝統的に，国民の間の法治意識や秩序・規律感覚に大きな差がある場合も，統合は紛争や混乱の基となる。最近のユーロ危機は，ヨーロッパにおいても国益やナショナリズムの対立が過去のものではないことを示した。

　自民党時代以来，日本では東アジア共同体が政治家や専門家によってさまざまに論じられているが，ここに指摘した問題，とくに主権問題を十分詰めることなく，また共同体の概念に対する共通理解も欠いたままで，不毛な議論がなされているように思える。

（2）欧州共同体への誤解

　次のような誤解が広く見られる。つまり，欧州では経済面での協力関係が政治面も含む共同体に発展した。アジアでも，経済面での協力関係が発展すれば，やがて政治面を含む共同体に発展する，という誤解だ。欧州で石炭鉄鋼共同体（ECSC），欧州原子力共同体（EURATOM），欧州経済共同体（EEC）などが1950年代に形成され，やがてそれらが統合されて1960年代に EC に発展した，というのは事実である。大きな誤解は，そもそも石炭鉄鋼共同体などは純粋な経済協力組織として発足したのではなく，当初から主権国家を超克して欧州連邦を形成するのを明確な目標としていたということである。

　「欧州の父」あるいは石炭鉄鋼共同体の生みの親といわれるのは，国際連盟の事務次長を務め，のちに石炭鉄鋼共同体の最高機関（後の欧州委員会）の初代委員長となるジャン・モネだ。モネは，第二次世界大戦を阻止できなかった国際連盟の失敗から，主権国家こそが戦争の原因と考え，フランス外相ロベール・シューマンと協力して，超国家的な ECSC を設立すべく努力した。なぜ石炭，鉄鋼かといえば，第1にそれが戦争遂行の戦略物資であり，第2にアルザス・ロレーヌとザール地方という，歴史的にドイツとフランスが領土争いを

第11章 「東アジア共同体」への疑問

繰り返した地域が主たる産地となっていたからだ。なお，主権国家克服に対するモネの見解は理想主義的だが（きちんとした主権国家間，あるいはその集合体間の関係によって初めて国際秩序が保たれ，しっかりした国家主権の確立によって各国内の秩序が保たれているという面もある），その問題はここでは論じない。

　超国家組織を追求した ECSC は，各国から独立した独自の議会や裁判所を有し，資金も各国に頼らない独立採算制とした。また最高意思決定機関は，主権国家を前提とする全会一致制ではなく，各国の人口などを勘案した特定多数決制とした。これも国際連盟の失敗に対する反省に基づくものだ。この国家主権を超えた組織は，戦争の阻止のためであるが，直接的には復活するドイツの脅威に対応するものであった。皮肉なことに，ドイツの主権回復と再軍備を悲願としていたアデナウアー首相もこれに前向きに応じたが，その理由は，ひとつにはナチス・ドイツから脱却して正常な国家として再び欧州に受け入れられるためであり，さらに，共産主義ソ連への隷属ではなく自由主義陣営に帰属するためであった。ちなみに，最初に欧州合衆国を提案したのは理想主義者ではなくリアリストのチャーチルであった。彼が1946年9月のチューリッヒ演説で欧州合衆国を提案したときは，核心としてフランスとドイツの連合を念頭におき，イギリスの加盟は考えていなかった。彼にとっても欧州合衆国は，理想主義ゆえではなく，まずフランスを利用してドイツの脅威を抑えるという現実主義的な戦略のためであった。

　いずれにせよ，ヨーロッパの ECSC や EURATOM などは，純粋な経済組織ではなく，当初から主権国家を乗り越える，あるいはソ連に対抗するという，きわめて明確な政治的意図を有していた。これと比べると，現在のアジアには，このような主権を乗り越えようという政治的な動きはほとんど存在しないどころか，むしろ逆である。たとえばロシアによる北方領土における共同資源開発の提案も，ロシアの主権承認を前提としていて日本が受け入れられるものではないし，東シナ海や南太平洋では資源問題をめぐって日本やアジア諸国と中国の主権衝突はより先鋭化している。アジアで経済協力やそのための諸機構が発展すれば，やがてヨーロッパのように共同体に発展するという主張は，歴史認識やリアルな政治感覚を欠いた幻想である。

　経済の相互依存関係の深化は主権の衝突を防ぐものではないということについては，もはや，説明はほとんど不要だろう。アジア諸国の間において，ある

いは中国とアメリカの間で，経済面における相互依存関係は近年急速に深まった。しかし，同時に，国家観の主権対立もむしろ先鋭化している。

2 冷戦後の無政府状態

　以下は，ロシアの知識人やエリートが読んでいる新聞の一節を要約したものだ。表明されているのは，冷戦後に世界に生まれたのは，期待された平和と安定ではなく無政府状態だったという失望感である。

　冷戦が終わったとき，これで世界の紛争や対立は過去のものになったとの希望が強まった。ふたつの超大国の核ミサイル対立，イデオロギー対立に終止符が打たれたからだ。分断された世界の人々は，ひとつに収斂すると思われた。しかしすぐに，冷戦の終焉とグローバル化の進展は，世界に平穏をもたらさないということが判明した。ソ連邦の崩壊で生まれた独立国家共同体（CIS）諸国はいずれも，新しい現実に適応するのに四苦八苦している。バルカン半島は，数十年の平穏の後，また第一次世界大戦を生み出したような状況に復帰してしまった。世界の他の地域でも，あちこちで紛争が燃え上がっている。忍び寄った金融危機は，世界の心臓部を揺るがした。世界の二大陣営のバランスが崩れた後，それに代わる新しい安定は生まれていない。世界には新たな安定システムが存在していないし，生じたのは無政府状態である（『独立新聞』2011年6月27日）。

　さらに，ロシアの高級誌『エクスペルト』は，欧州統合とギリシャの財政危機について次にように指摘している。

　ギリシャの危機は，今日の欧州統合モデルの脆弱さを示した。通貨統合はEU成功の証明，欧州統合の基礎とみなされた。欧州憲法やリスボン条約では，財政危機には特別の関心が向けられず，通貨統合で安定が保障されるとしたのだ。しかし専門家たちは問題点を知っていた。イタリアやギリシャは経済的観点からはEUのメンバーに加えるべきではなかったが，政治的観点からは除外することはできなかった。EUは，ギリシャの経済危機は経済のタイプ，財政政策が根本的に異なる諸国の通貨を統合したことによる結果だと事実上認めた。ギリシャへのドイツの厳しい態度は，ギリシャ国民の反ドイツ感情を生んでいる。一方ドイツでは，欧州連合ならぬ「資金分配連合」へのドイツ国民の

第11章 「東アジア共同体」への疑問

不満は強まっている。『フランクフルター・アルゲマイネ・ツァイトゥング』紙（2011年5月7日）は，経済統合，通貨統合というフィクションのために，数年ごとにEU南部の国に数百億ユーロの資金を注ぎ込む「パイプライン」を建設することにドイツ国民の大部分は賛成できない，と述べた（『エクスペルト』2010年5月17～23日，No. 19, 28-29頁）。

　本章では，今日の世界各地の安定と不安定および地域統合の問題を，概観する。安定・不安定の問題と地域統合の問題は，密接に関係している。というのは，地域統合の最大の目的は，地域の政治的安定と経済協力の発展にあるからだ。また，ある程度の安定がないと，地域統合も不可能だからだ。

　冷戦終了後，いや冷戦時代から，世界の多くの地域で，地域協力，経済協力，地域統合，経済統合などの諸組織が生まれたのは事実であり，またそれらが地域の経済や安全保障，その他の面での各国の協力の発展に一定の役割をはたしてきたのは事実である。欧州だけでなく，アジアにおいても，地域協力のためのさまざまな組織が生まれた。それらの諸組織・機構が果たしてきた肯定的役割を否定するつもりはない。米露関係を見ても，オバマ，メドヴェージェフ大統領のイニシアティブで，米露関係のリセット，冷戦構造の克服の努力がなされ，長年の懸案だった戦略核兵器削減のための新戦略兵器削減条約（新START）も締結された。しかし，冷戦後の世界の情勢を総合的に考えるならば，前述の『独立新聞』で述べられているように，平和で安定的な世界が生まれたというよりも，地域紛争は冷戦時代よりかえって強まり，一種の無政府状態が生じているのも紛れもない事実である。

　CISといわれるロシアや旧ソ連諸国も，共同体としての地域内の安定，あるいは冷戦後の欧米や中国との安定的な関係を期待した。しかし実際には，後述のように，旧ソ連諸国は統合あるいは共同体の方向に向かうというよりも，CIS内の紛争や緊張関係がソ連時代よりもいっそう強まり，またロシアと欧米の不信関係も依然として強い。さらに，ロシアと中国の公式的な政治関係の強化が，日本や他のアジア諸国とロシアや中国との間の政治的緊張関係を強めているという側面もある。

　冷戦時代には，欧米など自由主義陣営と社会主義陣営の対立さえなくなれば，世界には民主主義的な平和と安定が訪れるという楽観的な見方が強かった。とくに，1991年のソ連邦崩壊前後は，この楽観主義の雰囲気は，ユーフォリア

(多幸症)とさえいえる状況を生んだ。フランシス・フクヤマの『歴史の終焉』がその典型である。自由世界に対立した共産主義陣営が崩壊したため，歴史発展の弁証法は対立項を失って，歴史は終焉した，というものだ。これに加えて，欧州統合が別のユーフォリアを生んだ。欧州統合によって，20世紀までのつまり近代（モダン）の国民国家や主権の対立は超克され，国家の対立を超えたグローバルな脱近代（ポストモダン）の市民社会が生まれるという楽天主義である。

3　アメリカの一極支配とその後退

　しかし実際に1990年代から2000年代の初めに生じたのは，バルカンやアフリカの混乱あるいはアメリカの一極支配の構造だった。2001年の9.11事件の後，対テロ戦争の旗印のもとに，短期間にアフガニスタンのタリバン政権とイラクのフセイン政権を倒したアメリカは，政治的，軍事的に圧倒的な強大さを世界に示した。北大西洋条約機構（NATO）は，それに対抗したワルシャワ条約機構（WTO）が消滅しても，90年代末以後は旧東欧諸国から旧ソ連のエストニア，ラトヴィア，リトアニアのバルト諸国に拡大し，さらにカラー革命（2004～05年）の後は，ウクライナやグルジアにも拡大の勢いを見せた。こうして，グローバリズムは「アメリカ化」の別称とさえなり，ロシアやイスラム諸国あるいはイスラム過激派は対抗姿勢を見せるようになった。

　この間，1980年代から90年代にかけてアジアの新興工業経済地域（NIEs）諸国の急速な経済発展，90年代末のNIEs諸国およびロシアの金融危機，2000年代に入ると，ロシアの経済復興，そして90年代以来今日にいたる中国の急速な経済・軍事発展が続いた。1992年にマーストリヒト条約を締結してEUとなったヨーロッパも2002年には通貨統合を成し遂げて，欧州独自のアイデンティティを強めた。欧州が独自性を主張するようになった象徴的出来事は，イラク戦争の際のフランス，ドイツの反米姿勢である。

　2008年のリーマン・ショック以来の金融，経済危機により，アメリカ経済が一挙に落ち込み，それに伴ってブッシュ（子）時代のアメリカの強気の対外姿勢も勢いを失った。2008年11月の大統領選挙でオバマが勝利し，翌年1月にオバマ政権が成立した。この流れのなかでアメリカが圧倒的に優位にあった一極

構造が終焉し，事実上の多極構造が出現した。緊張した冷戦時代が終わり，一極構造も後退し，ついに冷戦後の新しい世界システム，つまり多極的な世界構造が出現したかに見えた。しかし，その結果生じたのは，安定ではなくむしろ世界の諸地域における混乱と紛争の激化である。

　アメリカの一極支配に対して屈辱感，懸念，脅威を感じたロシア，中国さらにアイデンティティを強めた欧州などは，冷戦構造あるいは一極構造に代わる多極構造での世界の安定を主張するようになった。しかし，アジアでは中国の急速な経済的・軍事的台頭と強引な主権主張の動きは，中国の周辺諸国や日本，アメリカとの関係を緊張させている。ただ，経済的には，アメリカも日本や他のアジア諸国も中国との相互依存関係を強めた。2010年5月に北朝鮮が韓国の哨戒艦を撃沈し，また11月には北朝鮮が韓国の延坪島を砲撃して，世界に衝撃を与えた。この地域での国家主権の衝突，つまり国家間の戦争はもはや起きえないとの通念が覆されたからだ。スプラトリー（南沙）諸島，パラセル（西沙）諸島をめぐる中国とベトナムやフィリピンの衝突，中国とインドネシアの間の漁船操業をめぐるトラブルなど，東南アジア諸国でも中国の強引な行動に対する懸念が強まっている。尖閣諸島をめぐって，日本は中国と衝突した。中国は，これらの問題を核心的利益にかかわる問題，つまり国家主権にかかわる問題として，強硬な姿勢を打ち出している。さらに，北方領土をめぐる日本とロシアの関係は以前にも増して悪化した。このように，中国もロシアも，アジア太平洋地域で自国の国家主権を強く主張するようになった。このような傾向は，アジア諸国における海軍などの軍事強化の動きを促進している。これらも，アジア太平洋地域におけるアメリカの，あるいは米軍の影響力の後退と密接な関係がある。なお，メコン川上流における中国のダム建設に関して，メコン川下流の4カ国（カンボジア，ラオス，タイ，ベトナム）は，地域の干害を生んでいるとして中国を批判，中国は干害とダム建設は無関係と反論し，経済面でのトラブルも生んでいる。ちなみに，中国の動きに対抗するためにアメリカは2011年に「アジアへの回帰」政策を打ち出した。

　欧米とロシアの間では，NATO拡大問題やミサイル防衛（MD）システムの欧州配備問題が，2008年8月のグルジア戦争を引き起こし，今日にいたるまで欧米とロシアの間では信頼関係を打ち立てることはできなかった。EU内では，統合の理念に反して，イスラム系その他の異民族の流入によって，排外主義的

なナショナリズムはかえって強まった。欧州はナショナリズムを超えて統合に向かったはずなのに，オーストリアやフランス，ドイツなど各国では，統合への反動で右派民族主義あるいは極右勢力が台頭し，国内での政治対立を生んでいる。皮肉なことに，冷戦時代には平穏だったベルギーは，欧州統合のなかでかえって民族対立が激化し，今や分裂の危機にさらされている。最近では，ノルウェーで反イスラム主義者のテロ事件が世界に衝撃を与えた。民族問題を乗り越えるための欧州統合が，かえって民族問題を先鋭化させているのである。

4　表面化した欧州共同体の矛盾

　欧州統合あるいは共通通貨政策の最大の目的のひとつは，欧州圏の経済強化であった。その面での成果を否定するつもりはない。欧州内では，関税，通貨，その他国家観の諸障壁が撤廃され，貧しい国がEUに，あるいは通貨統合に加盟して急速に発展した。欧州はひとつの経済単位として力をもち，ユーロはドルと並ぶ国際通貨となった。東欧諸国，ギリシャやポルトガルなど欧州の経済後進国は，欧州統合の恩恵を十分受けている。その典型はアイルランドで，長年，欧州の最貧国と見られていた同国は，1990年代にはユーロ圏に入って爆発的ともいえる経済発展を遂げ，国民一人あたりのGDPはドイツやフランスを抜き，EUのなかでもルクセンブルクに次いで第2位，世界でも第4位にまでなった。しかし，皮肉なことに，これらプラスの面は，それぞれマイナス面と表裏一体であった。ギリシャ，ポルトガル，スペイン，イタリアなど欧州統合や通貨統合によって経済的な発展を遂げた国が，あるいは欧州統合の成功の証と見られた国が，ユーロの，ひいては欧州経済の爆弾となってしまったのである。ギリシャ一国の財政問題が，通貨統合の結果，欧州全体の経済危機の引き金になったからだ。アイルランドが2010年にはEUのなかでも最悪の財政赤字を抱える国となり，対外債務はGDPの8倍という巨額で，同国の政府が対応できる範囲をはるかに超えた。欧州経済を強化するはずの共通通貨ユーロが，かえって欧州経済全体のひいては世界経済の危機と欧州内部における国家間の対立を生み出した。

　ドイツやオランダなど経済水準の高い国民は，貧しいギリシャなどへの財政支援を苦々しく思っており，国民の間の対立を強めている。この問題は，たと

えばドイツにおいては，支援の必要性を述べるメルケル政権の支持率が大幅に低下するなど，国内政治の対立を生んだ。通貨を統一したにもかかわらず，財政政策だけは各国が独自に行うという欧州経済統合の根本矛盾が，このような経済危機や国民の間の対立，各国内の政治紛争として表面化したのである。ちなみに，福島原発事故のあと，メルケル政権が唐突に脱原発の方向に舵を切ったのも，欧州統合をめぐるドイツ国民のメルケル政権への不満という問題と密接な関係がある。

　中近東でも，いわゆる「アラブの春」といわれる政変や反体制運動のドミノ現象が生じた。チュニジアやエジプト・リビアでは政権が覆され，シリアではアサド政権による反政府運動への武力弾圧と，それに対するアラブ連盟や欧米諸国の批判が続いている。欧米やイスラエルと良好な関係を維持してきたエジプトのムバラク政権の崩壊により，イスラエルとパレスチナ政府の関係も一挙に流動化した。イラク，アフガニスタンからの米軍の撤退の動きは，アメリカによるイラク，アフガニスタン攻撃を批判した国々にも不安を生んでいる。たとえばロシアやウズベキスタンなど中央アジア諸国は，米軍のアフガニスタンからの撤退を必ずしも歓迎していない。この地域で，タリバンやイスラム原理主義勢力が力を得ることを懸念しているからだ。

5　ロシア専門家の国際認識——アメリカの肯定的役割の評価

（1）アメリカの弱体化が混乱をもたらす

　では，冷戦後の世界を，ロシアの専門家たちはどのように見ているか，紹介しよう。注目すべきことは，NATO拡大やヨーロッパへのMDシステムの配備などで欧米諸国やNATOに対する強い不信感を依然として抱いているロシアに，アメリカの影響力の後退が今日の世界の混乱をもたらしたという見解が，主要誌などで論じられていることだ。以下は，ロシアの指導者やエリートの多くが読んでいる高級誌に掲載された論文の概要である。

　少し前まで，世界には唯一の統制者（警官）が存在した。アメリカである。地球上にはアメリカの利害と無関係の地は存在しないほどだった。その善悪は別として，アメリカは世界のすべての紛争を統制しえた。アメリカはその抜きん出た経済力と軍事力によって，どの地域においても競争相手を圧倒した。今

日，アメリカはその国内事情により，統制者の役割を退いているが，しかしそれに代わる者は存在しない。我々は，長い間，多極世界を待ちわびた。世界のどの地域でもアメリカの影響力は目に見えて小さくなった。世界の多くの政治勢力は，「多様性の開花」を期待したが，近い将来我々を待ち受けているのは，著しい不安定と動揺の時代である。アメリカの後退とともに，すべての地域で内紛や地域の指導権争いが始まった。アメリカの力によって凍結されていた紛争や対立が，今や噴出しているのだ（『エクスペルト』2011年1月17～23日，No. 2, 78頁）。

驚く人もいるかもしれないが，ロシアの専門家が同国の主要誌上において，「世界の警官」の役割を果たしてきたアメリカの力の衰退が，今日世界に混乱と無秩序を生んでいると率直に述べているのである。同誌はこの論を，アジアに関連してさらに次のように展開する。

北朝鮮は東アジアでここ20年，不安定の源となっている。北朝鮮のミサイル・核開発，100万を超える軍隊，厳格な軍国体制，指導者の傲慢さ，ソウルを地上から消し去るという脅迫，これらは韓国，日本，中国の指導者につねに緊張感をもたらした。しかし従来はアメリカの積極的な介入により，この紛争が熱い戦争に発展する可能性は最小限に抑えられていた。アメリカは北朝鮮指導部に，越えてはならない一線を明確に示し，もし戦争になれば金王朝はすべてを失うと伝えていた。同時にアメリカは，地域の同盟諸国と密接な連携をとった。金大中や盧武鉉など北との宥和政策をとっていた韓国政府の平和維持政策も支持し，日本の侵略性も抑えてきた。日本に対しては，アメリカの核の傘によって北朝鮮（あるいは中国）のミサイルなどから守るという確たる保障を与えていた。

これらの結果，この危機の時期においても比較的平穏が保たれていた。しかし，最近状況が急変した。北朝鮮では金正日から金正恩への後継問題が浮上し，金正恩は軍の将軍たちの間で権威を樹立する必要が生じている。そのために北朝鮮の攻撃性は著しく高まっているのだ。唯一の同盟国で主たるパトロンでもある中国でさえも，もはや統制が効かなくなっている。北朝鮮の新指導者のキャンペーンの最初の犠牲となったのが，北朝鮮の潜水艇によって撃沈された韓国哨戒艇「天安」である。事態を複雑にしているのは，2008年に，北朝鮮に対してきわめて厳しい態度をもつ李明博が大統領になったことだ。韓国は北

との経済関係（経済支援）に関しては，北の非核化が実際に始まらないうちは，金正日との会談のテーブルにはつかないと声明した。しかも李明博は，武力に対しては武力で対応すると宣言し，北朝鮮の攻撃が再度あったなら，北のミサイル基地を攻撃するよう指令を出した。韓国のこの強硬姿勢に，北朝鮮が黙っているはずはない（同前，81頁）。

筆者が組織者でもあった2010年9月の「ウラジオストク・フォーラム」（安全保障問題研究会主催）で，ウラジオストクのある政治学者は，「アメリカのプレゼンスはアジア太平洋地域の安定にとって重要だ。したがって，東アジアで反米的なナショナリズムが高まるのを懸念する」と述べた。これも，中国の軍事拡大，北朝鮮問題や普天間基地問題などを念頭においた発言である。

中近東に関しては，アメリカはイスラエルの後見人として，イスラエルを政治・経済的に支持し，同国に武器を売って強く肩入れしてきた。しかしロシアの専門家は，近年アメリカは二重の態度をとっており，イスラエルを支援すると同時に同国を抑制し，一線を越すのを，つまりイスラエル軍がエジプトやシリアの首都を攻撃するのを許さなかった，としておよそ次のように述べる。

アメリカはアラブ諸国ともパイプを築き，アメリカのおかげでイスラエル・エジプト平和条約（1979年）もイスラエル・ヨルダン平和条約（1994年）も成立した。また，ロシアに対してはS-300ミサイルのイランへの売却を止めさせた。これによってイスラエルに，武力以外の解決方法があると保証した。イランの台頭を恐れるその他の湾岸諸国に対してもアメリカは安全を保証し，そのことによって紛争のエスカレーションを抑えた（同前，78頁）。

2010年にイスラエル国内で，政治が右傾化し，右派内閣が成立したのも，あるいはイスラエルがより攻撃的になったのも，アメリカが中東政策で消極的になり，パレスチナ政権への影響力も後退して，オバマ政権のアメリカがイスラエルを必ず守ってくれるという信頼がなくなったからだとロシアの専門家は見ている。つまり，中近東でアメリカのプレゼンスが弱まると，この地域がかえって不安定化するとの見方がロシアの専門家の間に存在するのだ。

2011年のいわゆる「アラブの春」に関しても，アメリカのこの地域に対する影響力の後退と無関係ではない。アメリカは，アラブ諸国における下からの反政府運動の勃発に戸惑った。それは，対エジプト政策で当初のムバラク支持の姿勢から，途中で反政府運動支持の姿勢に転じたことに現れている。また，リ

ビアのカダフィへの攻撃に関して，フランスやイギリスよりも消極的な態度をとったことにも，アメリカの戸惑いが現れている。

　2003年にアメリカがイラクを攻撃し，フセイン政権を倒したとき，当時の（ロシアの）世界経済国際関係研究所（IMEMO）のナダリ・シモニア所長はアメリカを厳しく批判し，フランスやドイツを支持した。彼の批判の要点は，フセインの独裁体制を倒しても，イラクに民主主義が簡単に根付くはずがないし，状況はかえって混乱する，というものだ。理想主義的なアメリカはイラクや中近東の政治，社会情勢にあまりに無知だということであった。この批判はある意味で正しかった。シモニア氏の批判通り，フセイン政権崩壊後のイラクは，米軍の駐留にもかかわらず，国内での紛争はかえって激化したからだ。

　この状況のなかで2009年2月，オバマ新大統領は公約通り2010年8月末までにイラクから米軍を撤退させると発表した。すると，アメリカに対して，とくにブッシュ（子）に対してつねに厳しい批判をしていたシモニアが，米軍の撤退に強く反対したのだ（筆者との会話にて）。秩序維持に貢献している米軍が撤退すると，混乱がさらに深まると考えられたからである。典型的なリアリストの発想だ。政権の立場に近く，「反米主義者」のシモニアが，アメリカや米軍の中近東での秩序維持者としての役割を評価しているところに，米露関係の複雑さがある。ロシアがアメリカのアフガン政策，つまり対テロ作戦を支持しているのも，親米的観点からというよりも，アフガニスタンでの混乱に乗じてイスラム過激派が台頭するのを抑える役割を米軍に期待しているからだ。同じロシアが，中央アジアに対するアメリカの進出，とくに基地を設けるなど軍事的な進出に対しては強い警戒心や反発を示している。中央アジアをロシアの特殊権益圏と見ているからで，米軍は中央アジアでは，対アフガン政策を超えた野心を有していると見ているのだ。このようなロシアの二重の態度は，必ずしも矛盾しているわけではない。同じ，リアリストの見地から出たものなのである。

（2）ロシアの対米・NATO不信

　では，ロシア指導部は世界の警官としてのアメリカの役割を高く評価しているのか。実際は逆に，アメリカに対するロシアの不信感は以前と同様，たいへん強い。2010年11月にポルトガルのリスボンでNATO首脳会議とともに，NATOロシア理事会が2年半ぶりに開かれ，オバマ，メドヴェージェフ会談

第11章　「東アジア共同体」への疑問

ももたれて，「米露関係のリセット」がマスコミで大々的に取り上げられた。しかし，同じ時に，NATO内では，ロシアの脅威からバルト諸国やポーランドを守る作戦が練られていたということがウィキリークスで明らかにされ，ロシアの態度は硬化した。政府の立場，それもメドヴェージェフよりもプーチンの立場に近い評論家のアレクセイ・プシコフは次のように述べる。

　彼ら（アメリカ）にとってリセットとは，新たな米露関係の樹立ではなく，アフガン問題やイラン問題でロシアの協力を得る単なる戦術にすぎない。リセットの時代にアメリカが行った唯一の譲歩は，チェコ，ポーランドへのMD施設配備の中止だ。新STARTは双方の利益のためであり，アメリカの譲歩ではない。その後，結局，より短距離のものとはいえ，ポーランド，ルーマニアにMDが配備されることがわかった。一方ロシアはイラン問題でアメリカに協力した。アメリカのために，ロシアはS-300ミサイルのイランへの売却を止めた。その結果約10億ドルを失った。アフガニスタンへのリガ，ロシア経由の物資輸送を認めた。空路輸送も認めた。その結果ロシアが得たものは，握手と笑顔だけだ。ウィキリークスによると，リスボンでロシアとNATOの関係改善が話し合われているとき，NATO側はロシアの攻撃からポーランド，バルト諸国を防衛する計画を作成していた。これが意味することは，言葉のうえではNATO諸国とロシアは戦略的パートナーだが，作戦の次元では，NATOは依然として潜在的な敵国ということだ。ロシアとNATOの関係では，2011年もこのようなマヌーバーが続くだろう（『論拠と事実』2011年1月12〜18日）。

　プシコフは，アメリカでオバマが大統領から引退したなら，米軍のイラン攻撃もありうると見ている。衰退する国は，力を誇示しようとする，というのがその理由である。ちなみにプシコフは統一ロシアから下院議員となり，2012年1月に下院国際政策委員長に任命された。

　ロシアはアメリカに対して，アンビバレントな感情を抱いている。多極構造を望んだロシアであったが，アメリカの影響力が後退して事実上一極構造から多極構造に移行すると，欧州でも中近東でもアジアでもかえって民族紛争や宗教対立，国家間の緊張関係などが強まった。イスラム過激派の台頭はロシアにとっても深刻である。ビン・ラディン殺害問題などでアメリカとパキスタンの関係は最悪になったが，パキスタンがアメリカのコントロールを離れ，結果的にパキスタンの後ろ盾によってタリバン勢力が復活するのも由々しい問題だ。

東アジアでは，中国の経済的，軍事的台頭が懸念要因となってきた。中国に対するロシアの武器輸出はほぼ停止された。日米関係がギクシャクして，その隙間を埋める形で東シナ海，太平洋地域で中国が勢力を伸長するのも問題だ。このような現実を見て，国際的安定あるいはパワーバランスのために，アメリカが影響力を保持して一定の役割をはたすことをロシアは期待している。ロシアが，アフガニスタンでのアメリカの対テロ戦略を支援しているのもそのためである。

しかしこのことは，米露の冷戦構造がリセットされて，オバマとメドヴェージェフの間に信頼関係が樹立されたことを意味しない。プシコフ論文にも表れているが，NATO拡大問題やMD問題などで，あるいはウィキリークス情報などで，ロシアがアメリカに基本的に強い不信感を抱いていることに変わりはない。アメリカに対する一定の期待は，信頼に基づくものではなく，あくまで現実主義的な政治力学の観点からである。

（3）独立国家共同体の非共同体的現実

次にソ連邦崩壊後，ソ連邦を形成していた15の共和国は独立国家となり，バルト3国を除く12カ国はCISを形成した。その後，CIS諸国内で単一の共産党支配というソ連時代とは異なる形での，つまり各国の平等を前提とした再統合や新たな協力機構設立の試みもさまざまな形でなされた。ここでは，旧ソ連諸国内でソ連時代とは異なる形での新たな共同体構築のプロセスがなぜ失敗したのを概観する。

旧ソ連から独立した諸国は，ソ連時代を想起させる共産党支配とかロシア支配ではない，新たな地域統合あるいは新たな共同体形成にとって，その諸条件には最も恵まれていたといえる。まず，経済的にCIS諸国は，同じソ連の共和国として近い水準にあった。また全体の経済水準が比較的低かったので，共同体として統合することによりCIS諸国が協力して経済水準を引き上げるのが最も合理的であった。しかも，ソ連時代には各共和国の分業システムが確立していたので，経済的合理性の観点からも，共同体としての経済協力は最も合理的だったともいえる。さらに，文化的，社会的にも，共通言語としてのロシア語があり，第二次世界大戦や冷戦時代をともに戦ったという一体感，また歴史的にも帝政ロシアやソ連時代以来の文化や価値観の共有という過去もある。

第11章 「東アジア共同体」への疑問

　ヒトの移動に関しては，各国の独立後も，中央アジアやカフカスの諸国からロシアに数百万人の出稼ぎ労働者が流入している。ヒトの移動という観点からは，CISはすでに共同体状況に達しているともいえる。このようにCIS諸国には，共同体形成には最も恵まれた諸条件が存在していた。

　したがって，実際にCIS諸国では，1991年の独立後も経済，政治，安全保障その他の分野でさまざまな協力機関が創設された。CIS諸国の首脳会談，防衛相会談，閣僚会談およびそれらのための諸委員会はもちろん，関税同盟，ユーラシア経済共同体，統一経済空間，CIS安全保障条約機構，集団緊急作戦部隊，その他の諸組織が次々と創設された。イスラム圏に属する中央アジア5カ国内でも，さまざまな経済協力組織が設立された。CIS諸国間で締結された諸条約だけでも，1000を超える。東アジア地域と比べても，旧ソ連諸国での共同体創設の諸条件は比較にならないほど恵まれていたといえるだろう。

　しかし実際には，CIS諸国の協力のための諸制度はほとんど機能せず，締結された諸条約も，その大部分は単なる空文と化している。CIS諸国間の信頼関係も構築されていない。2010年10月にモルドヴァで開催されたCIS首脳会議には，メドヴェージェフ大統領の出席にもかかわらず12カ国のうち4カ国の大統領が欠席するという状況だった。そのときロシアの『独立新聞』も，形骸化したCISの実態を次にように報じている。

　CISの経済協力の諸協定はすべて成果を生んでいない。ベラルーシ，ウクライナ，モルドヴァが期待を寄せた統一経済空間は，水の泡となった。ユーラシア経済共同体も言葉だけに終わっている。ロシア，ベラルーシ，カザフスタンの関税同盟もおとぎ話に終わる可能性がある。CISのどの国も現在では二国間関係の方を重視している。4カ国の大統領のCIS首脳会議欠席は，ロシアへの抵抗の意味も有する。CISは当分の間維持されるだろう。経済的，人道的などの面でCIS諸国はロシアと結びついているからだ。したがってロシアがCISの廃止をいわない限り，人為的であれそれは維持されるだろう（『独立新聞』2009年10月8日）。

　2003年から2005年にかけて，いわゆるカラー革命がCIS諸国で生じ，バラ革命，オレンジ革命でグルジア，ウクライナに親欧米政権が成立しNATOやCIS加盟を主要な外交方針として掲げた。これにロシアが激しく反発して，2008年8月にはグルジア戦争が生じた。ロシアは支援してきたグルジア内のア

229

ブハジア自治共和国，南オセチア自治州の独立を認めたが，CIS 諸国でこの独立を認めた国はない。ロシアとウクライナとの間には，いわゆる「ガス戦争」が幾度か生じた。ウクライナに2010年2月に親露派といわれるヤヌコビッチ政権が成立したが，今日にいたるまでガス価格やパイプライン問題で両国は対立している。中央アジア諸国とロシアとの間でもギクシャクした関係が続いている。キルギスでは2010年4月に下からの革命で腐敗したバキエフ政権が打倒され，大統領制から議会民主制への移行が宣言された。これに対して，ロシアやウズベキスタン，カザフスタンその他の CIS 諸国は，冷たい態度をとっている。経済的合理性の観点からは統合すべき中央アジア諸国内部では，水，資源，エネルギー，領土，民族，民主化問題などで，対立は以前よりもさらに強まっている。

6 地域の不安定化を強める東アジア共同体構想

　第二次世界大戦後の，あるいは冷戦後の世界では，主権国家が対立し戦争を幾度も起こした近代世界が克服され，ポストモダンの安定した平和世界，主権国家や帝国主義を超克した新たな世界秩序が構築されるという理想主義的な期待が高まった。こうして，世界平和のためにも，主権国家間の勢力均衡（バランス・オブ・パワー）や帝国主義，あるいはアメリカ的「民主主義の正義」の押しつけを克服するのがひとつの目標という考えも強まった。経済的にも，国際競争に対応するためには，一国単位ではなく地域統合がより合理的と思えた。戦後，地域統合とか地域共同体への関心が高まったのもそのためである。この流れのなかで生まれたさまざまな地域統合の組織が一定の成果を挙げたのも事実だ。しかし，冷戦後の世界は，そのような脱近代の試みにもかかわらず，今日の世界は冷戦時代よりもより不安定となり，民族・宗教紛争や主権国家間の対立はかえって強まった。この状況のなかで，冷戦時代や帝国を再評価する動きさえも生まれている。

　ロシアおよび東欧の共産主義体制が崩壊したあと，ロシアが民主主義と市場経済の国をめざしたとき，欧米とロシアの関係はより安定的なものになると思われた。しかし，実際にはロシアと欧米の緊張関係や不信関係は絶えていない。旧東欧諸国やバルト諸国の対露不信も消えていない。ソ連邦崩壊後に成立した

CIS 諸国は，共産党支配，ロシア支配を脱した形での新たな地域統合や共同体形成に最も相応しい諸条件が備わっていると見えた。だが，CIS は，共同体の名称にもかかわらず，域内での諸対立や不信感がむしろ強まっている。EC は，近年はその長所よりも問題点の方が目立つようになっている。プーチン首相は2011年10月に CIS 諸国を再統合する「ユーラシア同盟」構想を発表したが，現実政策とは見られていない。

　東アジア地域において，これまで指摘したような国際場裡における，あるいは旧ソ連諸国における不安定要因や不信関係を克服する諸条件が整っているかと考えて見るとき，少なくとも東アジア共同体を形成するための諸条件は存在しない。中国も一時東アジア共同体を唱えたが，今は真剣な関心を有していないだけでなく，強引なまでの行動で，核心的利益や国益を主張している。

　筆者は，東アジア共同体をめざす日本の動きは，それを推進している人たちの善意や意志に反して，かえって地域の不安定を強めている，あるいは一部の国の横暴を許し，日本の国益を損ねているのではないか，とさえ考えている。その最大の原因は，今日の世界における国家関係や主権問題に対するリアリスト的な認識の欠如にあると思われる。友愛とか和解といったスローガンで主権問題や国益の対立を克服できるわけでもなく，地域の安定や平和が生まれるわけではない。筆者のこの辛口の問題提起が，東アジア共同体問題の再検討に多少とも貢献すれば幸いである。

◉参考文献

ユベール・ヴェドリーヌ（2009）『「国家」の復権』橘明美訳，草思社。
木村汎・袴田茂樹・山内聡彦（2010）『現代ロシアを見る目』NHK ブックス。
渡辺利夫（2008）『新脱亜論』文春新書。

第Ⅳ部

FTA・人の移動と東アジア

第12章

日本とモンゴルの経済連携協定
——鉱物資源エネルギーをめぐる交渉——

岩田 伸人

　FTA は WTO の GATT 第24条に定めた「実質的にすべての関税を発効後10年以内に撤廃する」ことを最低条件とする複数国間のみの域内自由貿易協定であり，EPA はこれに加えてサービスや人の自由移動あるいは投資の自由化などが含まれ，TPP も EPA のひとつである。日本の FTA・EPA 戦略は，当初は域内加盟国間の自由貿易からの利益の最大化に重点がおかれたが，2010年10月の APEC 横浜会議を境に，TPP に象徴される国家安全保障にかかわる EPA 締結も視野に入れた交渉へと転換されつつある。本章で扱う日本・モンゴル EPA 交渉は，表面上は両国がともに経済的な利益を享受する目的でスタートしたが，望ましいのは，北東アジア地域の政治経済的な安定に寄与する FTA・EPA である。つまり日本とモンゴルが EPA を締結しないことで生じる当該地域の政治経済的な不安定性を回避するために，両国の EPA 締結は大きな意義がある。

1　モンゴルの FTA・EPA

　自由貿易協定（FTA）はその加盟国間で財（工業品や農産物）の関税撤廃によって域内の貿易自由化をめざすものであり，これに投資やサービスおよび人の移動の自由化を加えたものは経済連携協定（EPA）と呼称される。環太平洋経済連携協定（TPP）も EPA のひとつであるが，従来のタイプよりも世界貿易機関（WTO）がめざす自由貿易を先どりし，逆に国内措置については WTO のそれよりもルールが緩い。WTO ではこれらを地域貿易協定（RTA）と総称している。

　RTA の根拠規定である関税および貿易に関する一般協定（GATT）第24条

によれば，RTA を締結する国（加盟国）は，第1にすべての関税を実質的に撤廃すること，第2に発効時から原則10年以内に完成することのふたつが必要条件とされる。
⁽¹⁾

　モンゴルは，WTO 加盟の153カ国・地域のなかで唯一，いずれの国とも FTA・EPA を締結していない唯一の国といわれる。WTO では，加盟国を大きく「先進国」と「途上国」のふたつに区分し，途上国間で締結されるタイプの自由貿易協定は，上記のふたつの条件を満たさなくとも WTO 違反とはならないうえに，協定締結を WTO 事務局に通報する義務すらもない（これは GATT・WTO ルール上から途上国を配慮する「授権条項」と呼ばれる）。いわば途上国が締結する不完全な自由貿易協定の有無を確認する情報は，WTO 事務局に存在しないのである。他方，先進国が締結する FTA・EPA は WTO 事務局へ通報する義務がある。モンゴルは WTO 上の「途上国」であるが，このような不完全な形の FTA ですら，どの国とも締結していない。最近，ロシアがモンゴルを含めて旧ソ連邦の諸国に関税同盟への参加を呼びかけているが，ガソリンや重油の供給をロシアに全面的に依存してきたモンゴルは，長年にわたってロシア政府が課すエネルギー輸出税に苦しめられてきたこともあって，これにも参加する動きはない。

　モンゴルと日本が締結しようとする EPA は，日本には長期的には石炭のみならずレアメタルなどの鉱物資源の獲得権益，モンゴルには環境保全効果および雇用創出効果のある技術（テクノロジー）を日本企業を経由して根づかせる効果が期待される。今まで中国とロシアの圧力を受けてきたモンゴルと，北東アジアへの影響力が皆無だった日本の両国が EPA を締結することで，両国一体でのプレゼンスが強化され，TPP とは別のアライアンスが形成される可能性がある。

2　鉱物資源大国モンゴルの FTA・EPA 交渉

（1）モンゴルの概要

　東アジアに位置する市場経済国家「モンゴル国（Mongolia）」は，国土面積が日本の約4倍，人口はわずか約270万人，年間の気温高低差が最大50〜60度，中国とロシアの超大国に完全に囲まれた内陸の小国家である。過去にモンゴル

（蒙古）帝国（1206～1388年）として世界を制したが，近年は1920年代の初頭に当時のソ連邦（赤軍）の支援を受けて独立した後，ソ連崩壊までの約70年間，社会主義国家「モンゴル人民共和国」（旧名称）として存続した。

1991年12月25日に起きたソ連大統領ゴルバチョフの辞任に伴うソ連邦崩壊と経済相互援助会議（COMECON）の消滅の前年（1990年），モンゴルでは，それまでの社会主義政党「人民革命党」（2011年に「人民党」に改称）による一党独裁制から，新たに結成された「民主党」などからなる複数政党制を導入し，1992年1月には新憲法が制定され，同年2月には新たな国名を「モンゴル国」へ変更するなど，急速な民主化・市場主義経済化の機運が平和裡に全国へ浸透していった。

（2）モンゴルの WTO 加盟

1997年，モンゴルは WTO に加盟すると同時に，原則すべての関税を即時に撤廃した。しかし近隣の中国などからの輸入急増により国内産業に弊害が現れたため，数年後には，すべての品目の輸入関税をいったん7％に引き上げ，その後，今日にいたるまで一部の例外品目を除き原則一律5％という途上国のなかでも低い輸入関税率へ設定している。なお，小麦や野菜（ジャガイモ，キャベツ，玉ネギなど）といった一部の農産品にはやや高めの15％の季節輸入関税が設定されているが，国全体としての食料自給率は，上昇傾向にある[(2)]。他方で，世界的なエネルギー・鉱物資源の需要逼迫のもと，2009年10月には外資企業（リオティント社）とモンゴル政府間で締結されたオユロルゴイ（略称 OT）金・銅鉱床の採掘事業（銅鉱石はすべてが中国向け），および現在交渉中の世界最大級といわれるタバントルゴイ（略称 TT）石炭鉱床の開発プロジェクトでは，同鉱床が世界最良質のコークス炭を含んでいることもあり，同鉱床開発のための国際入札では近隣諸国（中国，ロシア，アメリカ，韓国，日本など）の政府・民間企業を巻き込んだ政治色の強い交渉が展開されている。他方，日本政府は当初（2007年）よりモンゴルとの FTA・EPA 交渉には慎重な対応で臨んでいたのが，WTO の多数国間自由貿易交渉（ドーハ・ラウンド）が2010年末になっても妥結する見込みがないこと，および年率8～9％の経済成長著しい中国が鉱物資源獲得への取り組みを激化させていることなどを受けて，2011年には立場が逆転し，日本側がモンゴル側へ（TT 鉱床の石炭獲得を条件としつつ）EPA 締結を迫

る勢いを見せている。

3　日本を含む近隣諸国との関係

(1) 日本との貿易取引

　日本とモンゴルの貿易取引は，1972年の「日・モ国交樹立」の後，国連工業開発機関（UNIDO）などの支援で当時の安宅産業（1977年に伊藤忠商事が吸収合併）が，自社の繊維事業強化の一環としてモンゴル産カシミヤ原毛の商品化に向けて実施した技術支援と現地工場の建設に始まる。

　その後，モンゴルに向けたソ連の食糧援助停止やモンゴルの社会・経済の急速な悪化の状況下，海部首相（1991年8月）の現地訪問を契機に，日本の政府開発援助（ODA）による経済支援が本格化して以来，日本はモンゴルにとって最大のODA拠出国となっている。そのこともあって，モンゴルの人々は日本および日本人を最良のパートナーとみなしている。だがモンゴルの輸出入貿易を見るとつねに，中国とロシアが最大の貿易相手国であり，日本とモンゴル間のそれは非常に少なく韓国よりも下位にある（在モの日本人が約500名なのに対し，韓国人はその約10倍といわれる）。

　モンゴルは2012年現在，自由市場経済の維持・拡大をめざすWTOの加盟153カ国・地域のなかで唯一，いずれの国ともFTA（EPA）を締結していない。その理由としてこれまで掲げられていたのは，第1に，1992年の憲法改正から間もない市場主義経済国家であり国内市場も人口約270万人で小さいこと，第2に，仮にモンゴルがFTA・EPAを締結して関税を撤廃しても，中露いずれかの大国を必ず通過せねばならず，その際の輸送コストが加算される結果，本来のFTA・EPAによる経済効果が弱まること，第3は，モンゴルの輸入関税率が一律5％という途上国のなかでもかなり低い水準に設定されているため，パートナー国自身も関税撤廃を迫られるFTA・EPAはその分メリットが減少すること，など経済的要因であった。だが実際に，モンゴルとFTA・EPAを締結しようとする国々が獲得したいのは，関税の相互撤廃によって直接・間接的に生じる経済的利益のみではなく，モンゴル国内の鉱物資源をめぐる権益の長期的確保と，中国・ロシアに囲まれたモンゴルの地理的条件を活用することによる政治的便益の獲得にある。前者には，主に日本と中国および韓国，後者

にはアメリカとロシアの国家戦略がかかわる。

　他方，1990年代後半より，モンゴル政府は中国・ロシアからの政治経済的な圧力を緩和するために，それ以外のパートナー国を「第三の隣国」と総称して，これと政治経済的な連携強化を目的に FTA・EPA の締結可能性を模索してきた。ロシアは，モンゴルに対して重油，ガソリンなどほぼすべてのエネルギーを独占的に供給しており，モンゴル側の複数のエネルギー輸入業者向け輸出価格を自由に操作できる立場にある。他方，中国はモンゴル経済を長らく支えてきたエルデネト鉱山の銅鉱石を独占的に輸入しているため，モンゴル産銅鉱石の価格決定権は中国側にある（これに今後はオユトルゴイ金銅鉱床が加わる）。

　アメリカは，北東アジアに位置するモンゴルとの政治経済的な結束を強めることが，結果的には自国に有利な形で同地域の安定を維持できると考えている。こうした状況下，モンゴル政府は，当初よりアメリカ，EU，日本，の３つを（中国とロシアに次ぐ）「第三の隣国」と位置づけ，中国・ロシアからの圧力をかわそうとしてきた。

　その方策としてモンゴル政府は1990年代初頭から最大の ODA 拠出国であり続ける日本に対して2007年より"FTA"の締結を提案してきた。

（2）日モ官民合同協議会

　2007年にスタートした日モ官民合同協議会は，モンゴル政府からの FTA 締結の要請を受けた日本政府がその可能性を踏まえて慎重に交渉へ臨んだものである。主管轄省庁は，日本側が経済産業省，モンゴル側は産業通商省（当時）であり2008年の省庁再編に伴い「外交・貿易省」へ移管した。

　官民協議会は，第１回（2007年：東京），第２回（2008年：ウランバートル），第３回（2009年：東京），第４回（2010年：ウランバートル），第５回（2011年12月：東京）と進むにつれて，当初はモンゴル側が交渉に積極的であり日本側は粛々と慎重な対応であったのが，2011年は逆に日本側がモンゴルに締結を迫り，モンゴル側は隣国の中国とロシア，韓国の出方を見ながら日本との交渉に臨むという慎重な姿勢へと逆転している。

　こうした日本とモンゴル両国の EPA 交渉における立場の逆転が起きた背景には，世界的な資源エネルギー需要の高まりを受けて，モンゴルに豊富に存在する鉱物資源の重要性が高まってきたことがある。

第Ⅳ部　FTA・人の移動と東アジア

　今や日本は，モンゴルの鉱物資源の獲得競争に参加する近隣諸国（中国，ロシア，インド，ブラジル，日本，韓国，EU など）のなかの一国という位置づけとなった。

　モンゴルの交渉優位性は今後さらに高まる。ただし，モンゴル側が取り組む大きな課題はふたつ，すなわち第1に日本との FTA・EPA 締結交渉の妥結，第2に鉱物資源の開発事業を進めるにあたって外国政府・企業を競争させながら，自国の政治経済的な安全保障を確保・強化することである。

　アメリカとモンゴルの関係は，大きくふたつに集約される。第1は経済的な側面である。モンゴルの鉱物資源が今ほどには開発されていない1990年代半ば，アメリカ政府は，モンゴルとの間で繊維協定を締結し，モンゴル産のカシミヤ製品（ワイシャツなどアパレル品）に輸入数量割当（import quota）を設けた。

　このことは，モンゴルで製造された繊維・アパレル品をその品質や価格に関係なく，アメリカが一定の数量枠内で必ず買い上げること，すなわちアメリカ政府によるモンゴルへの最恵国待遇の例外適用を意味した。その際，アメリカ政府は「当該国（モンゴル）産と認めるためには糸の製造も当該国国内で行うこと」を定めた「ヤーン・フォワード（yarn forward）」と呼ばれる措置を適用した。これにより，モンゴル国内には地元のモンゴル企業を含め近隣の中国および韓国のアパレルメーカーが工場を建設し「メイド・イン・モンゴリア」のアパレル製品をアメリカに輸出した。モンゴル政府にとって，アメリカとの繊維協定はモンゴル国内の雇用確保と繊維産業発展に貢献することになった。モンゴル政府は同協定の失効による国内経済の悪化を恐れて，これをアメリカとの FTA 締結に発展させたいと考え，アメリカ政府に要請したが結局実現しなかった。[3]

　第2は，政治的な側面である。1991年に発生した湾岸戦争（イラク軍のクウェート侵略）の勃発時，モンゴルは親ソ連の社会主義国家から脱却したばかりにもかかわらず，当時のアメリカ（ブッシュ政権）主導による軍事介入に合わせて正規のモンゴル軍（統計上は約250名）を派遣した。なお，これに続くイラクおよびアフガニスタンにおけるアメリカの軍事介入時にも，引き続きモンゴル政府は軍隊を派遣し，アメリカとの関係強化を進めていった。

　このようにモンゴルはアメリカとの政治経済的な関係を強化しつつも，他方で，中国，ロシアおよび他の近隣諸国（インド，アフガニスタン，トルコ，北朝鮮，韓国，EU，日本）との関係にも配慮し，それらのバランスのなかで，国家とし

ての独立を維持している。

　しかし今のところアメリカとのFTA・EPAが締結される可能性は少ない。というのも，中国・ロシアに囲まれた内陸国家という地理的条件に鑑みると，モンゴルとのFTA・EPAはアメリカに経済的なメリットが少ないこと，および締結されれば，中国・ロシアにとっての政治的な脅威となる可能性がきわめて高いからである。

　モンゴル政府としては，自国の国家安全保障上から最も重要な15の「戦略的鉱床」の権益をより安全かつ強固なものにするために，アメリカの政府または企業の参画を認める戦略をとるはずである。2011年にはタバントルゴイ石炭鉱床の採掘事業へアメリカ企業「ピーボディ社（PB）」の参入を受け入れたのはその一例である。

　次に，EUとの関係は，モンゴルが社会主義時代より旧東ドイツとの経済交流を行ってきたことに起因する。EUは2000年代よりスタートした「GSP（一般特恵関税制度）プラス」と称する途上国の一次産品輸出を促す経済支援策をモンゴルに対しても行った。同支援策は，EUが指定した国際標準的な自然環境や人権の保護を定めた国際条約に加盟すれば，EU側が，それらの国々から一次産品を中心に輸入関税ゼロで無制限に輸入を受け入れるものである。しかし，「GSPプラス」によってモンゴル経済が目に見えて好転したとはいえず，またEUとの経済的な交流が以前に比べて活発になったともいいがたい。しかし，昨今の世界的な資源・エネルギー不足のなかで，EUもまた何らかの足がかりをモンゴルとの間に構築するのは間違いない。

　このようなモンゴル政府の資源交渉には，いくつかの特徴が見られる。以下では，モンゴル経済の今後の発展の牽引役となるタバントルゴイ石炭鉱床（以下「TT鉱床」）を事例に，その特徴について述べる。

4　タバントルゴイ石炭鉱床をめぐる交渉

（1）TT鉱床

　2010年頃より始まったTT鉱床をめぐる交渉の構図は，中国とロシアおよびアメリカを加えた今後の北東アジアにおける政治経済的な動向を見通すうえで，ひとつの示唆を与える。モンゴル国内に約6000ある鉱床のなかで，国家安

全保障の観点から，石炭やレアメタル，ウランなどのとくに重要な「戦略的鉱床」と称される総計15の鉱床は，すべての所有権がモンゴル政府にあり，なかでも TT 鉱床は質量ともに世界最大規模の石炭（コークス炭）を埋蔵する。

　世界の工場として慢性的なエネルギー不足に直面している中国は，モンゴルとの国境近くにある TT 鉱床の石炭（コークス炭）獲得に積極的であり，すでに同鉱床の（TT 鉱床開発の国際入札に含まれない）区域で採掘された石炭を中国領土の内モンゴルに大型トラックで輸送している。

　他方，自国内に豊富なエネルギー資源（天然ガス）を保有するロシアは，慢性的なエネルギー不足の中国とは異なる目的で，モンゴル政府の TT 鉱床開発プロジェクトにかかわろうしている。

　ロシアの目的は，TT 鉱床から採掘されるコークス炭をロシア国内の鉄道で日本海沿岸部まで運ぶ輸送料収入を確保することに加え，モンゴル国内のロシア国境に近いウラン鉱床の権益確保も視野に入れて，モンゴルへ一定の影響力を確保することにある。

　ちなみに，モンゴル国内の主要鉄道路線を所有する「ウランバートル鉄道」は，1991年に社会主義から市場主義経済国家へ移行した後も，社会主義時代のままロシアとモンゴル両政府の共同出資で運営されている。

（2） TT 鉱床の国際入札

　モンゴル政府は，2010年に TT 鉱床の石炭開発事業を国際入札にかけると表明し，これに参加意欲を示したのは　ブラジルの大手鉄鋼メーカー「ヴァーレ」，インドの世界最大手鉄鋼メーカー「アセロール・ミッタル」およびスイスの石炭採掘企業「エクストラータ」を含む，米・露・中および日韓の有力企業グループであった。それらはモンゴル政府が提示した諸条件のもと，5つのグループ（①日系四社連合「伊藤忠商事，住友商事，丸紅，双日」，②韓国の資源開発会社「コリアン・リソーシズ」，③ロシアの「国営ロシア鉄道」，④日中二社連合「三井物産（日本），神華集団（中国，国営）」，⑤アメリカのピーボディー・エナジー社）に絞られ，さらにいくつかのコンソーシアム（企業連合）を形成して応札に向けた準備を行った。というのも，モンゴル政府が TT 鉱床の石炭輸送にロシア・ルート（ナホトカ港経由）と中国ルート（天津港経由）のふたつの鉄道路線敷設を提案し，その建設コストも応札グループが負担するよう求めたためである。

TT鉱床開発事業の国際入札はその後2011年になっても結果が出されなかった。その間，日本の四社連合（上記）は，シベリア・ルート（ナホトカ港経由）の敷設コストを賄うために一定量の石炭輸送量を確保する必要があり，韓国の「コリア・リソーシズ，ポスコ，韓国電力公社（KEPCO），LGインターナショナル，大宇インターナショナル」，およびロシア鉄道（RZD）などとコンソーシアムを組む戦略をとった。他方，日本の三井物産は，鉄道敷設コスト負担を軽減するために石炭大口需要者である中国の神華集団とコンソーシアムを組むことによって中国ルート（天津港）から石炭を日本まで輸送する戦略をとった。よって最終的に，応札者はこれらふたつのコンソーシアムに絞られた。加えて，モンゴル政府は，TT鉱床の石炭の売手（モンゴル）と買手（中露その他）のバランスをとるために，アメリカの大手採掘企業「ピーボディ社」を売手側に加える戦略をとった。これにはバイデン米副大統領のモンゴル訪問（2011年8月下旬）というアメリカ政府のサポートもあったと推察される。

　2011年6月にモンゴル政府が暫定案として公表したのは，TT鉱床の権益を「中国（神華集団）と日本（三井物産）のコンソーシアムに計40％」，「ロシア（国営ロシア鉄道），モンゴル企業および日系四社連合のコンソーシアムに計36％」，「アメリカ（ピーボディ）に24％」とする内容であった。しかし，実際に公表された政府案には，中国，ロシア，アメリカの3カ国の企業のみが明示され，日本企業（四社連合と三井物産）と韓国企業（コリアン・リソーシズなど）はリストから完全に削除されていた。日韓の両政府はTT鉱床の国際入札が不透明であるとしてモンゴル政府に抗議した。

　その後，同年7月9日，同政府案はモンゴルの大統領，主相および国会議長の三者から構成される「国家安全保障委員会（NSCM）」によって却下されたため，TT鉱床をめぐる国際入札は白紙に戻り，あらためて国会で再検討されることになった。2011年12月現在，TT鉱床をめぐる交渉に進展は見えない。

5　TT石炭鉱床と日モEPAの関係

　2007年にスタートした日モ官民合同協議会は，モンゴル政府からのFTA締結の要請を受けた日本政府がその可能性を踏まえて慎重に交渉へ臨んだものである。だが当初より省庁の縦割り行政もあって，鉱物資源協議会と貿易投資協

議会のふたつに分けられてしまい，FTA・EPA 交渉は後者の協議会で行われることになった。そのため，当初にモンゴル側が期待した「日本へ鉱物資源を輸出し，代わりに日本から環境保全かつ雇用創出型の技術を受け入れる」というバーター案は断ち切られてしまった。結局のところ FTA・EPA 交渉が鉱物資源交渉とリンクしない形で進められることになり，両国の交渉意欲が結果的に弱められることになった。

● 注
（1） 日本がこれまで締結してきた RTA は，すべてが EPA に分類され，FTA に分類されるものは皆無である。
（2） 2009年時点で，小麦20万5800トン（国内自給率50％），ジャガイモ14万2100トン（同100％），野菜 8 万600トン（同49％）であった。最近，中国政府は小麦・野菜などのモンゴルからの農産物輸入関税を一方的に撤廃したため，現在モンゴルの小麦自給率は100％に達したといわれる。それまでは小麦の自給率アップに向けて助成金の支給などが検討されていた。
（3） 2009年当時，モンゴルとアメリカで定期的に開催されていた貿易投資委員会の第 4 回目が終了した頃，当時のゾリグド鉱物資源エネルギー大臣は，筆者の「アメリカとの FTA 締結可能性はあるか」との質問に対し，その締結可能性を否定しなかった。ただし，モンゴル国内でアメリカとの FTA 締結への期待が最も大きかったのは，繊維協定が失効した2004年であった。

● 参考文献
岩田伸人編（2010）『モンゴル・プロジェクト』日本地域社会研究所。
外務省経済局（1995）『WTO』日本国際問題研究所。
経済産業省（2010）『日本・モンゴル経済連携協定（EPA）官民共同研究報告書』
　　（http://www.mofa.go.jp/mofaj/gaiko/fta/pdfs/j_mongolia_epa03_jp.pdf）。
JICA（2009）『モンゴル投資ガイド』。
WTO (2005), *Managing the Challenges of WTO Participation*, Cambridge : Cambridge University Press.

第13章

地域統合と移動するマイノリティ
—— ヨーロッパとの比較における東アジア ——

宮島　喬

　欧州統合を可能にした一要因として「人の自由移動」に注目し，それに照らしアジアにおける地域統合の課題を考察する。欧州統合が，NAFTA など他のいかなる地域統合とも異なるのは，市場統合の一環として労働者の域内自由移動を実現し，さらに人の移動一般にもこれを拡大したことにある。これに伴い地方参政権を含む欧州市民権を実現した。アジア内で1980年代から始まる国際労働移動は，送り出し国―受け入れ国の経済格差がきわめて大きいうえに，後者の日本，シンガポール，香港などの国益中心のプラグマティズムが，平等，対等な関係の形成を阻害し，人権問題を引き起こしている。これに対し EU 内の人の移動システムの特徴は「人権レジーム」といえるであろうが，しかし第三国出身移民には自由移動の権利が認められず，市民権の制限がある。アジアでは，近年韓国が永住外国人の市民権拡大を行うなど注目される動きがある反面，東アジアの緊張，人権重視に転換できるか否かの ASEAN の試練など，課題が多々ある。

1　地域統合への一視点

　「東アジア共同体」の可能性が，ある時期盛んに論じられたが，現在，議論は停滞に陥っている感がある。日，中，韓トライアングルの内部関係，それと東南アジア諸国連合（ASEAN）との関係の現状などに種々の困難があるようだが，そもそも自らの参加しない経済共同体や通貨基金がアジアに生まれることに警戒的な大国アメリカの存在（深川，2009，228頁）は，東アジアが果たして自立的地域となることができるのかという疑問も抱かせる。だが，本章では，経済協定を主とする議論を行うのではない。人の移動（migration）に着目して，

地域統合の問題にどのような切り込みができるだろうかを考えてみたい。

　地域統合は，政治改革（国家主権の制限や移譲による相対化），経済改革（障壁なき共同市場の形成）を基礎要件とし，歴史認識や人権のかかわる価値共有を進めることなしには不可能と見るのが妥当だろう。その場合，人の自由な移動・交流をその必須の要件とはしない考え方もある。だが，その内部での国境を超える人の活発な，対等な移動，受け入れなしに，コミュニティ意識の醸成を要する地域統合は実現されるだろうか。過去半世紀を振り返ると，少なくともヨーロッパ統合は，市場統合，民主主義と人権にかかわる規範共有（欧州人権条約など）とともに，人の自由移動の実現なしには達せられなかったものである。これは北米貿易自由協定（NAFTA）などと区別される，欧州連合（EU）式の統合の特徴といえる。かつ，市場的タームでいわれる労働力の自由移動にとどまらず，家族移動，人道的移動，就学，市民権享有なども可能にする移動の保証は，ヨーロッパならではといえる。

　それに対しアジアの現実はどうか。各国で内なる凝集を呼びかけるナショナリズムがより強力である。今，アジアの内部で送り出し，受け入れの行われている移動者は粗い推計で500〜600万人と見られるが，それはアジア諸国の間に統合への紐帯を生むのに寄与しているだろうか。肯定的答えを見出すのはたぶん困難だろう。では，ヨーロッパ式に達せられてきた人の移動と，アジアのそれとの違いはどこにあるのだろうか。問題点はどこにあるのか。

　また，一個のモデルともされてきたヨーロッパの人の移動の自由体制にも，しばらく前から矛盾，きしみが生じている。そのことも問わなければならない。

2　ヨーロッパ統合と人の自由移動

（1）人の自由移動へ

　人の移動から見たヨーロッパ統合は，半世紀の間にいくつかの変遷を経ている。

　戦後からあの高度成長期にかけ，西欧諸国が大量の外国人労働者の導入によって経済の復興と発展をマネージしてきたことは今更いうまでもない。戦後，早い段階で外国人労働者の受け入れを制度的に準備したのはフランスであるが，「1945年11月2日オルドナンス（政令）」は，移民庁（ONI）の創設（民間業者に

よるリクルートの排除のため），受け入れの条件を定めた二国間協定とそれによる募集，そして熟練や民族による選別は行わないこと（渡辺，2009, 34頁），をその大綱としていた。後の（西）ドイツの定める受け入れシステムでも，連邦雇用庁が独占的窓口とされた。実際にはこれらの意図に反するさまざまな問題が生じるのだが，出発点では公正と透明が制度的にめざされていた。そして，形成期の欧州共同体（EC）で，労働力移動に域内国境を開くことの積極的な意味が認められ（Van Naters, 1955），ローマ条約で「自由移動」のタームが登場し，同時に「雇用，報酬，およびその他の労働条件に関する国籍による差別の廃止」（第48条2項）が謳われている。その対象は域内者だったが，実際には北アフリカのマグレブ系やトルコ人の来欧が増えても，その貢献が必要である以上，コントロールしつつも排除はせず，受け入れが図られた。

　しかし，ひとつの事実がこの受け入れの性質を変える。ECは1973年1月，当初の6カ国から，イギリスなどを加え9カ国へと初の拡大を見，発展の気運に包まれていた。だが，それも束の間，同年秋からの第四次中東戦争後，欧米諸国は深刻な「石油危機」に見舞われ，多くの国は国内雇用状況の悪化から，翌74年にかけ，新規外国人労働者の受け入れを停止するにいたる。これは各国が個別にとった措置だが，どこでもEC域内からの労働者の受け入れは停止されないこととなった。以来，内向きのヨーロッパの一面が見え始める。この受け入れストップは，40年後の今日も引き続き維持されている国があり，アフリカやアジア諸国からの新規入国者への正規の労働ビザの発給はまだ限られている。

　それでもヨーロッパの外国人人口は増え続ける。労働移動は制限されたが，家族の呼び寄せ，難民申請，留学生といった道は閉ざされず，これらの道をとる者がかえって増えるからである。最近の数字でも，たとえば2006年1年間のフランスの第三国外国人（EU構成国以外の国籍の者）への滞在許可発給数18万3000余件のうち，常雇の給与稼得者の資格で認められた者は5400人余と，3％にすぎない（SGCICI, 2011, p. 53）。それでも，18万人の中・長期滞在者外国人が第三国からも受け入れられ，家族移民が9万6000，留学が4万5000，人道的受け入れが1万6000に達している事実は，それなりの開放性と人権・人道原理を示している。

（2）人権レジームとしての特徴

　さて、ここで少し整理してみたい。かつて筆者は、人の受け入れとその統合に関する「人権レジーム」という表現を用い、それを仮に次のような要件を満たすものとして特徴づけた（宮島, 2008, 5頁）。①難民条約, 国際人権規約A規約などの諸条約の批准と遵守、②就労外国人への労働法規の全面的な適用、③条件付きにせよ、家族の同伴や呼び寄せが認められること、④自由権的, 社会権的な市民権が認められていること、⑤居住の実績, 当該国民との結婚などに応じて永住の権利や国籍取得が認められること。そして西欧諸国の受け入れはこれに近いレジームによっているとした。域内他国からの入国については、このレジームの適用というよりは、むしろ国民との同等扱いがなされているといってよく、後にふれる。また、植民地または独立国となった旧植民地からの人の受け入れを主とした国（イギリス, 一部フランス, オランダ）では、形式的にこれらを満たしていて、しかし入国者が劣悪な労働条件、居住条件を課され、民族差別の眼差しのもとにおかれるケースがある。

　さらに考慮すべきことは、植民地を一切もたないドイツが、やはり多くの非西欧出自の外国人人口を擁するにいたっている点である。二国間協定でいわゆるガストアルバイターとして導入されているトルコ人を別として、アジア、アフリカ系の人口、すなわち全体の15％は、難民、すなわち庇護申請者（Asylbewerber）としての受け入れの帰結であると推測しても大きな誤りはないだろう。さらに、ヨーロッパ系のボスニア・ヘルツェゴヴィナ15万4000人余（2009年）なども難民受け入れに相当する。このドイツのケースは、人道原理による外来移民の受け入れを、少なくとも前世紀末までは代表するものだった。(1)

　さらに、ヨーロッパ的なレジームを特徴づけたのは、移民定住および正規化の許容である。これは各国の権限で行われたことだが、高度成長期の70年代初めまでは激しい労働力不足への対応から、非正規者でも当局に出頭・申請し、即日滞在が許可される例も少なくなかった。当時はプラグマティックな動機に基づく正規化であったが、のちに非政府組織（NGO）の運動、欧州人権裁判所（欧州人権条約を法源とする）の判例の蓄積などによって人権の配慮も付け加えられていく。正規化を、いわゆるアムネスティ（一斉許可）の方式で行ってきたのはフランスだが、90年代から2000年にかけてはイタリア、スペインもかなり大量アムネスティを行った。

ここで左に触れた欧州人権裁判所について一言すると，在住外国人の訴えにより，各国政府のとる滞在不許可（更新拒否）や国外退去の措置が欧州人権条約に対して違反するか否かの判決を下すことが多い。馬場里美の紹介する一判例を示すと，アルジェリア国籍でスイスに入国・滞在し，スイス人女性と結婚した男性が，武器の不法所持と強盗の容疑で起訴され，有罪判決（2年の自由刑）で服役中に，在留許可の更新が拒否され，出所後スイス人の妻と離れてイタリアで暮らすことを余儀なくされ，これが欧州人権条約第8条（家族生活・私生活の尊重）に違反するとして，訴えたものである（馬場, 2008, 352-356頁）。人権裁判所は2001年，スイス当局が滞在不許可の理由とした男性の公共の秩序への危険性はかなり限定的であるとし，それに比すると8条は侵害されていると判断した（三裁判官一致）。たまたま EU 加盟国ではないスイスのとった措置に対する判断であるが，EU 加盟国に下されたこれに類した判例もいくつかある。

また，移民の定住の意思が確認されるようになる70年代後半から，紆余曲折はあれ，彼らによる家族呼び寄せが認められるようになり，これも上記8条，およびそれを援用する NGO の働きかけが大きな影響力をもった（宮島, 2010, 122-124頁）。ホスト国で出生した外国人の子に一定の要件を満たせば国籍を認める出生地主義（jus soli）の原理が，西欧諸国の国籍法に導入され，最後の「血統主義大国」といわれたドイツも，1999年，「このうえなくラディカルな革新」と称される条件付き出生地主義を加味した新国籍法を制定した（Alba, Schmidt and Wasmer 2004, p.4）。

それでも，第三国出身移民への制度的差別に加え，今世紀に入ってより強められてくる同化の圧力（後述）は，この人権レジームに陰りをもたらしているように思われる。

3　アジアにおける人の移動

（1）国益，私益中心のプラグマティズム

アジアに目を転じる。

日本では1989年12月，出入国管理及び難民認定法の改正案が成立した。「画期的な大改正」と政府側自ら称したが，高技能労働者，専門職の外国人の積極

的な受け入れが制度化され，他方「単純労働者は受け入れない」というスタンスが示された。しかしその姿勢とは裏腹に，日系外国人の優遇受け入れや，外国人研修生の受け入れの拡大を可能にする，いわばその代替受け入れの途が開かれた。

　日本が1980年代後半から，また香港，シンガポール，台湾，韓国などもそれに前後して外国人労働者受け入れ国／地域として登場する。なかにはタイ，マレーシアのように国内の大きな経済格差を反映して，受け入れ国と送り出し国の両面をもつ複雑な国もある（Ananta and Arifin, 2004）。もともと経済格差の大きかったアジア諸国であるが，そのなかで，工業化 and/or サービス経済化によって先進的な市場・人口構造を示す国々が抜け出すようになり，それらに向け周囲の，または多少の距離をもつより低開発のアジア諸国から労働力が流入するようになったのである。

　送り出し国については，フィリピンの存在が大きい。国民が多少とも英語のコミュニケーション能力をもつことが有利な条件となり，欧米中心に海外滞在者は750万人にのぼり，うちアジア内滞在者は，日本を最多に100万人程度に上ると思われる。続いてインドネシア，ミャンマー，タイ，ベトナム，スリランカなどが挙げられるが，実は無視できない位置にあるのは中国である。アジア内では，日本，韓国，台湾に在る者をあわせると滞在中国人は百数十万人と，フィリピン人をもしのぐ数となっている。

　一方，受け入れ国とその特徴についてはどうか。日本についてはすでに触れたが，韓国，台湾，香港，シンガポール，マレーシアを含め多くの国にとり，外国人労働はまず第1に実際的必要の問題であって，受け入れにおける公正や人権の原則は概して二義化されるか，しばしば無視された。戦後のヨーロッパでも，受け入れには国益，国策の観点は明確にあったが，それでも公正さと透明への顧慮は，上述のように働いていた。加えて，欧州人権条約と欧州人権裁判所も小さからぬ役割を果たした。だが，これに対応するものはアジアにはない。

　一例として，東アジアに属するとはいいがたいが，シンガポールに注目する。ここでは二元的な外国人政策が特徴であり，専門家，技術者，熟練労働者など高待遇で永住資格も取得可能であるようなカテゴリと，主に建設，製造業，家事労働の分野の未熟練・半熟練労働者に分けられ，後者は，滞在は2年が上限，市民権へのアクセスは認められず，労働法規の適用も十分でない。政府当局は

後者が「労働市場の調整」の手段であることを公言してはばからない（田村，2001，121-123頁）。労働者受け入れに限らず，こうした「プラグマティズム」はバステイオンが書くには，「もっぱら自分自身のことを考え，他者にも益するように考えるとか，他者を考慮に入れることがない。プラグマティックな態度は，人格，価値，社会について芳しからぬ結果という報いを受けている」(Bastion, 2005, p.145)。政府のみならず，雇用主も外国人労働者には低賃金や虐待の挙に出ることがあり，家事労働者について，コンテンプラシオン事件の(2)ような，国際的な非難を浴びる人権に悖る扱いが行われた。女性労働者には定期的に妊娠チェックの検査が行われ，陽性であると送還されるという管理方式がとられている（田村，2001，146-147頁）。

もっとも，香港の受け入れはやや異なっており，15万人以上といわれる家事労働者の待遇はよりよく，休日はより保障されている。たとえ失職しても新雇用主をみつけるまで2週間の滞在が猶予される（シンガポールでは，即，送還）。香港市民との結婚や同棲の禁止の規定はなく，妊娠を理由とする解雇などは禁止されている（Bell and Piper, 2005, pp.198-199）。

これらの国では，専門職や高度熟練外国人の受け入れではトランスナショナルな紐帯を諸外国との間に織り上げているように見えながら，外国人労働者受け入れでは，逆に差異化，差別化が明瞭である。香港の場合でも，外国人家事労働者たちには，労働時間の規制がなく，家族を伴うことは認められず，滞在更新は認められないわけではないが，永住や市民権取得のような道は閉ざされている（Bell and Piper, 2005, p.199）。

プラグマティズムのいまひとつの特徴は，市場原理の容認，とくに労働者の募集から訓練，ホスト国への送り出しから入職にいたるまでを民間斡旋業者に委ねる傾向にある。日本も例外ではないが，送り出し，受け入れを国策としているアジア諸国でこの特徴が目立つ。フィリピンのように国の機関が関与する労働者送り出しで，在外公館の保護などがあっても，募集，訓練，海外雇用先への送り込みにいたるまでの多くの過程は，民間業者に委ねられていて，シンガポールなどの受け入れ国でも，業者仲介は大きな役割を演じている。周知されない契約，中間搾取，前貸しでしばる人身売買に近い斡旋など，問題が起こりやすく，人権問題を発生させている。

このアジア的プラグマティズムは，少し形を変えるが，台湾が高齢者介護の

要員（ケアギバー）を東南アジアから躊躇なく受け入れ，また韓国が主に「農村花嫁」として外国人配偶者を数多く迎え入れていることにも表れている。ここでも，介護労働を誰が，どんな仕組みで行うべきか，社会がどのように関与すべきか，などの多方面の議論を尽くすことはなかったようである。また農村家族の存続のためとして，国内での問題解決の議論があまりないまま，大量に，文化的距離の遠い途上国から配偶者を迎える，安易な外国人依存ではないだろうか。

（2）自由移動の承認が EU のなかに生む二分化

一方，EU 諸国では1990年代以降，複雑な動きが進む。

マーストリヒト条約が成立し実施されるにつれ，すでに述べたが EU 加盟国国民をもはや出入国管理の対象としないようになり，たとえばドイツはその外国人法の適用対象から EU 加盟国国民を外す。フランスも彼らを外国人出入国の記録の対象とすることをやめる。したがって，以来，域内を移動し，居住するたとえばギリシャ人，スペイン人，ポルトガル人などは，80年代までは"外国人移民"だったが，今ではそのような扱いは消滅し，彼らが「不法」あるいは「非正規」滞在者となることもなくなっている。この一事をとっても，決して小さなことではない。

そして「EU 市民権」（マーストリヒト条約第8条）は，加盟諸国の領土の自由移動・自由滞在，他の加盟国での市町村選挙や欧州議会議員選挙への参加の権利などを認めている。これによって，ヨーロッパ内15カ国市民の間の共同性の意識は強まったということがいわれ，そうした個人の言葉も聞かれる（宮島，2004，111頁）。けれども，加盟国国民の差別なき処遇が全面的になるにつれて，第三国国民との権利格差はそれだけ広がらざるをえない。一例を挙げると，外国人移民が母国から家族呼び寄せを行おうとすると，一定以上の所得があり，一定以上の広さの住宅が確保されていることが認められる条件となり，また最近では，その家族（妻）のホスト国言語の能力やホスト国の知識が条件に加えられたりする。だが，加盟国出身の外国人にはそうした条件は課されず，家族呼び寄せの自由はほぼ全面的である。

そして，いまひとつの事実を挙げれば，EU 諸国内に居住する「外国人」とはどのような構成をとっているかを見てみるに（データとしてやや古いが），

2002年，イギリス，ドイツ，フランス，スペインなど主要移民国，7カ国における外国人約1500万人のうち，EU 加盟国出身者は28.1％にすぎなかった（宮島，2010，100頁）。04年以降の加盟国の大幅な EU 東方拡大があった後も，この率はたいして変わっていないと思われる。EU 内外国人とは，第三国国民が主体をなすのである。それだけにこの権利差の意味するところは大きいといえる。

　もっとも，欧州委員会も第三国国民の地位を改善することの必要性を認めていないわけではなく，一応のアクションは起こしている。2003年11月，その「長期居住第三国国民の地位に関する指令」において EU 国民と「限りなく」同等の権利を認めるべきであるとした。しかし，欧州委員会の権限は不十分で，加盟諸国に一律に具体的改革を及ぼしうる法律の形はとっていない[3]。各国で改革は行われてはいるが，EU 市民権の改革や拡大へのインパクトとなるような変化は見てとることができない。

（3）人権原理が根づくか

　再びアジアに目を転じたい。

　日本は2005年，「興行」（エンターテイナー）の名で認めてきたアジア人女性の大量受け入れ，すなわちフィリピン人を中心に年間で実に十数万人を受け入れてきた政策に終止符を打ち，その審査の厳格化の方針に転じ，法改正にも着手した[4]。これはアメリカ国務省が，人身売買にかかわる人権問題として指弾するなどして，国際的批判が強まってのことである。こうした国際的批判が，他のアジア内の外国人労働者受け入れ国にも差し向けられることがないとはいえない。「ハイパーガミー」（上昇婚の意）とも呼ばれる，途上国の女性と先進国男性の間で行われる結婚も，近年の国際人権の議論の場では人身売買のひとつの形とみなす見解も強まっている。アジアで，こうした「国際結婚」が人の移動に大きな位置を占めていることはすでに述べた。

　上述した香港では，NGO や法曹による女性など弱い立場にある外国人労働者を放置せず救済する活動があって，シンガポールと違い，公の場でのデモその他による訴えも行われることがある。その香港についての最新のニュースは，2011年9月，永住権の申請が認められなかったのを不当として訴えた一フィリピン人メイド（7年以上滞在）に対し，高等法院（高裁に相当）は，同女性の申

請を制限する入管法の規定は「香港基本法」に違反するとの判決を下した（『朝日新聞』10月2日）。香港政府は直ちに上訴したと伝えられるが，市民権をめぐる議論は新しい段階を迎えるかもしれない。

シンガポールでは，民族関係の現状維持にセンシティブな，締めつけの厳しい事実上の一党支配の政治体制もあって，市民社会の活動は育ちにくい。しかし1990年代にたびたび起こった「メイド虐待」とその報道，司法の判決がライトを浴びることなどを通して，一部の市民の活動が始まっている。

むしろ国外に出る自国労働者の人権保護を内外に訴える活動が最も活発で，幅広い運動としてあるのは，送り出し国のフィリピンであり（小ケ谷，2008），同国は「移住労働者・家族の権利条約」の批准国でもある。もしこうしたフィリピン国内の運動に呼応して，連携する動きが，香港，シンガポール，日本など受け入れ国のNGOなどとの間に起こり，広がれば，アジアのなかに人権原理の根づきも起こるのではないかと思われるが，そのような連携はまだ弱い。

アジア唯一の地域統合の志向をもつ組織であるASEANは，その内部に移住労働者の送り出し国と受け入れ国を含み，活発な人の移動の舞台になっている。ここに，人権の尊重，労働者の権利保護などの規範を導入できるかどうかは重要であり，東アジアに与える影響も小さくないと思われる。2008年にASEAN憲章が批准され，発効したが，その人権機構において移動労働者の権利と保護などの課題が取り上げられるかどうかは明らかではない。ただ，困難だろうという見方も強い。「内政不干渉」を原則とし，「隣国の阻害なしに国家建設を進める土壌を提供されえた」と考えるASEANは，この内政不干渉に合理性を見出し，地域全体の民主化，あるいは「民主主義の集団防衛」には進みにくい条件のもとにあるといわれる（湯川，2010，34頁）。人の受け入れ国であるシンガポール，タイ，マレーシアなどが，この点で抵抗を示すことは予想され，展望は明らかではない。

4 グローバル化への適応と内なる統合

移民に関しての政策ではヨーロッパには今ふたつの施策の流れがあるように思われる。

ひとつは，グローバル化対応，経済の国際競争力強化をめざして，今世紀に

入りIT関係などの高度技能移民の優遇受け入れに乗り出していて，2005年のドイツの移民法に続き，フランスも2006年の移民法でその方向に舵を切った。(5) ここでは，公正や人権よりも効率が価値づけられ，EUとしての共通の規範を打ち立てる動きもあるが，各国間のしのぎを削る競争が支配している。

　いまひとつの流れは，一般の移民の入国・滞在に関して，長期滞在をめざす者（とくに結婚や家族合流のための入国希望者）には，ホスト国の言語や知識の習得を課することが，2000年代にはフランス，ドイツ，イギリス，オランダなどで相次いで定められている。たとえばフランスの2003年法による「受け入れ・統合契約」は，長期に滞在しようとする外国人は，フランス語教育および，フランスの制度や価値に関する市民教育の受講を定め，後にこれは義務化されている。"多文化主義の終焉"という言い方がなされ，また内なる統合の強化，"同化のヨーロッパ"へのシフトが起こっているといってもよいが，そのねらいは国によって多少の違いがある。フランスでは，移民たちのコミュノタリスム（閉鎖的な民族コミュニティの形成）や第二世代の非行などへの懸念があり，ドイツやオランダでは雇用，教育などでの統合を促すという要求があるようである。それとともに，これらの社会の民衆意識の底流として，増大する移民（とくに非西欧出身の第三国人）へのゼノフォビア（外国人嫌い）感情があり，この高まりを懸念し，それに対応するのに各国政策は上記の文化的統合政策の強化をもって臨んでいるともいえる。

　これが，移民の受け入れ・統合の人権レジームにどのような影響を及ぼすか，その判断は軽々とはできない。ただ，この変化とあいまって，第三国出身者への入国コントロールがより厳しくなり，その非正規滞在者に対しては，従来なされていたような，滞在の実績を考慮した正規化措置はとられにくくなっている。非ヨーロッパ出身者の統合も進めながらダイナミックに行われてきたヨーロッパ統合が，守勢にまわり，後退しつつあるという声もある。

　フランス映画『壁の間で』（邦題『パリ20区，ぼくたちのクラス』，L. カンテ監督，2008年）は，おどろくほど多民族化が進むパリ市内の一公立中学校が舞台である。クラスのなかにふたり，孤独感を漂わせながら東アジア系の生徒が座る。そのひとりウェイは「中国人です，フランス語がまだよく使えないので……」と自己紹介。周囲の奔放でにぎやかなアフリカ系や南欧系の生徒と対照的に，教師の言葉に耳を傾け，静かに笑みをたたえている。教師はよい生徒だと彼を

絶賛する。ところが，数日後，「ウェイの母親が不法滞在で逮捕された，中国に強制送還か」とのニュースが飛び込み，職員室のなかに驚きが走る。

ルポルタージュならぬドラマ映画だが，子どもをフランスの学校に就学させている親は申請により正規化される，と長年信じられてきたフランスの最近の状況を映したものだろう。ヨーロッパ内に在る移民たちが二分されていく厳しい現実を読みとるべきであろうが，「ウェイの母が……」というニュースに衝撃を受けるフランス人教師たちは，やむなく諦めるのだろうか，それとも中国人家族在留を求めて，「国境なき教育ネットワーク（RESF）」などとともに何らかの行動を組織していくのだろうか。

5　東アジアの展望

章を結ぶにあたり，狭義の東アジアの今後に触れておきたい。

日本，韓国，台湾，などの関係を見ると，人の受け入れの点では，中国からの流れがいずれも大きく，しかしフィリピン，タイ，ベトナムなど東南アジアからの流れも小さくない。そして，人権レジームの模索は一部で行われているが，日本の研修生受け入れに見る，国際的非難を招くような劣悪な労働力の受け入れと利用も続いている。

一部での人権レジームの模索といったが，日本では，外国人多住自治体で統合施策が試みられる例が多い。また過去10年来，国は在留特別許可制度を通して人道的な見地からの正規化を，年間，数千〜1万件行うようになっている。しかし，西欧の外国人地方参政権を，モデルとした永住外国人地方参政権は，国会に上程までされながら成立するにいたらない。日本を取り巻く東アジアとの関係が一部困難を増し，政治の流れ，世論の動向が変わったことが一因であろう。

一方，韓国では，外国人人口が90万人以上へと，増加している。すでに同国は2005年永住外国人地方参政権を成立させており，その後，多少とも包括的な外国人統合政策の大綱を打ち出している（宣，2009）。アジアでは初めての試みとして注目されるが，ただ，その対象が，韓国人と結婚し定住する「農村花嫁」などの外国人に事実上絞られている点に，人権原理の普遍性を欠く，国益レジームの支配を感じさせる。

筆者はかねて，政治・経済体制の比較的近い日本と韓国が相互の間の壁を取り除く，あるいは低める形で，移動の自由，一部市民権の共有（相互の外国人地方参政権の承認）を実現し，東アジアの地域統合の出発の礎石とすべきではないか，と書いてきたが（宮島，2010，278頁），最近，この展望を抱くことが必ずしも容易でないことを感じる。

● 注
（1） ドイツ連邦共和国基本法（1949年）では，第16条で，政治的被迫害者は庇護権を有すると規定し，これに従い40年以上にわたり多数の庇護申請者を審査，認定し，受け入れてきた。1993年，ドイツは同基本法の第16条に修正を加え，政治的迫害がないと推定される国から入国する者などは庇護権を援用できないとした。以後，庇護申請者数は減少し，今日イギリス，フランスと変わらない水準となっている。
（2） フィリピン人家事労働者フロール・コンテンプラシオンは，1991年5月に生じた同国人家事労働者及びその雇い主の子ども2名の殺害の罪を問われ，冤罪の疑問の提起や，ラモス大統領（当時）の執行延期願いもありながら，死刑に処せられた。
（3） EU法では，「指令（directive）」とは，達成すべき目標を示し，達成手段については各国の裁量を認めるという法形式をいう。
（4） 2005年，政府は，刑法の一部改正を行い，人身売買関係の罪への処罰を強化した。
（5） ITなどの技術者の優遇受け入れを目標化した2005年のドイツの移民法に続き，06年のフランスの新移民法「移民と統合」も，有用な技能，資格をもつ外国人に3年ごとに更新可能な（修士以上の学位をもつ学生には4年以上の）滞在許可を与える制度を新設した。

● 参考文献
小ケ谷千穂（2008）「アジアにおける移住労働者の権利構築の持つ意味」『EUとアジアの人の移動における人権レジームの構築の調査研究』（平成17～19年度科学研究費補助金基盤研究A研究成果報告書，代表者・宮島喬），153-166頁。

宣元錫（2009）「韓国の『外国人基本法』と『統合政策』の展開」『法律時報』第81巻第3号，78-83頁。

馬場里美（2008）「外国人の在留と私生活・家族生活の尊重――犯罪を犯した外国人の追放と家族生活・私生活の尊重――ブルティフ判決」戸波江二ほか編『ヨーロッパ人権裁判所の判例』信山社，352-356頁。

深川由紀子（2009）「東アジア自由貿易の可能性」廣田巧編『欧州統合の半世紀と東アジア共同体』日本経済評論社，225-245頁。

宮島喬（2004）『ヨーロッパ市民の誕生』岩波書店。

宮島喬（2008）「人の国際移動と人権レジーム――EUとアジアの比較の視点から」『EUとアジアの人の移動における人権レジームの構築の調査研究』（平成17～19年度科学研究費補助金基盤研究A研究成果報告書，代表者・宮島喬），3-15頁。

宮島喬（2010）『一にして多のヨーロッパ』勁草書房。

田村慶子（2001）『シンガポールを知るための60章』明石書店。

湯川拓（2010）「地域機構における民主主義体制の集団防衛――ASEANとECOWSにおける行動規範の比較」『アジア経済』LI-4，23-41頁。

渡辺千尋（2009）「移民と移民政策の変遷――1945年から1974年まで」宮島喬編『移民の社会的統合と排除』東京大学出版会，31-45頁。

Alba, Richard D., Peter Schmidt and Martina Wasmer (eds.) (2004), *Germans or Foreigners? Attitude toward Ethnic Minorities in Post-Reunification Germany*, Palgrave Macmillan.

Ananta, Aris and Evi Nurvidya Arifin (eds.) (2004), *Intrenational Migration in Southeast Asia*, Institute of Southeast Asian Studies.

Bastion, Arlene (2005), *Shingapore in a Nutshell*, Pearson Prentice Hall.

Bell, Daniel A. and Nicola Piper (2005), "Justice for Migrant Workers? The case of Foreign Domestic Workers in Hongkong and Shingapore," in W. Kimlicka and Baogang He, *Multiculturalism in Asia*, Oxford University Press pp. 196-222.

SGCICI (Secrétariat général de comité interninisérière de contrôle de l'immigration) (2011), *Les orientations de la politique de l'immigration et de l'intégration*, Paris : La Documentation Française.

Van der Goes van Naters, Marius (1955), *Le development de l'intégration éconimique de l'Europe*, Communauté Européenne du Charbon et de l'Asier.

第V部

欧州からのまなざしと東アジア統合

第14章

地域統合とアイデンティティ

吉野良子

　地域統合とそれを支えるアイデンティティの形成とはいかなる関係にあるのだろうか。本章は,「東アジア共同体」構築における共通のアイデンティティ形成を考察するための試論である。地域統合とアイデンティティ形成との関係についてヨーロッパと東アジアの事例を考察することを目的としている。まずは, EU と ASEAN 共同体の構築過程におけるアイデンティティ形成について概観する。次いで, 両地域における加盟国国民のアイデンティティ状況を世論調査のデータなどを用いて分析する。そのうえで, ヨーロッパや東アジアといった地域と国家というふたつのレベルは, アイデンティティ形成のなかで必ずしも排他的関係にあるのではなく, むしろ共存可能な関係にあることを指摘したい。最後に, ASEAN＋3 を核とする東アジアにおける共通のアイデンティティについて若干の展望を述べたい。

1　アイデンティティから何が見えるか

　21世紀初頭の世界を見渡せば, 各地で地域統合の進展が観察される。とりわけ, ヨーロッパにおいては欧州連合 (EU) が今や単なる国家連合以上の存在となり, さらなる政治統合の深化が議論されている。東アジアにおいても ASEAN (東南アジア諸国連合)＋3 を中心に, 経済領域を核としながらも防災, 非伝統的安全保障なども視野に入れた, 共同行動の構築が模索されている。こうした現象を分析しようとするならば, 制度や法, 政策や共通課題といった政治的・経済的な枠組みだけでなく, 地域統合体を構成する主体の意識に焦点を当てることがますます求められよう。一連の統合が強制的ではなく各国の合意のもと民主的に進展するものであればあるほど, そこに参加する国家と市民の地域統合に対する意識は無

視できないものとなるからである。アイデンティティという視点は，固有の領域としてのヨーロッパや東アジアという新たな地域的・経済的枠組みの形成過程を対象とするだけではない。域内に住む人々の生活や内面という社会的枠組みの形成過程をも対象とする。この意味において，地域統合がより市民に受容され支持されながら確固たる発展の土台を築いていけるのかどうかを考察するには，地域的なアイデンティティ形成についての分析は欠かせないものとなろう。

しかしながら，これまでの地域統合研究においては十分な検証がなされることのないままに，共通のアイデンティティは強力なナショナル・アイデンティティの存在ゆえに，弱いか，形成すらされていない，とみなされてきたように思われる。とりわけ東アジア共同体をめぐる議論においてはこの傾向が強い。本章では，ヨーロッパ統合や東アジアの地域機構が取り組んできた共通のアイデンティティ形成の過程を分析することにより，こうした指摘の妥当性を再検討する。当然ながら，ヨーロッパあるいは東アジアをどのように定義するかによっても結論は大きく異なってこよう。すでにEUは半世紀以上にわたりヨーロッパの名を冠した統合の歴史をもち，相当程度の拡大と深化を遂げている。そのEUにおいてさえ，ヨーロッパ概念はいくつもの境界線が重なりあう可変的で流動的なものとされる。いわんや，その形成が模索段階にある東アジアにおいては共同体の範囲もASEAN，ASEAN+3，東アジア首脳会議と，いまだ多分に論争的である。実際，それは問題ごとに柔軟に伸び縮みする空間として設定されるべきものとの意見もある（天児，2010，16-22頁）。ここでは地域を核として共通のアイデンティティ形成の試みをすでに実践してきた主体に焦点を当てるという観点から，東アジアをASEAN+3に，ヨーロッパをEUとりわけ拡大以前のEUに限定して論を進めたい。

まずは，ヨーロッパと東アジアでさらなる統合の深化が図られたときとあわせて，共通のアイデンティティが上から確立されようとしてきた過程を明らかにしてみよう。

2　統合の進展と共通のアイデンティティ形成

（1）EU構築とヨーロッパ・アイデンティティ宣言

かつての西欧列強は，戦後，「西欧の没落」といわれるまでにその国力と存

在感を低下させたが，1952年の欧州石炭鉄鉱共同体（ECSC）創設に続き，58年の欧州経済共同体（EEC）設立により EEC 加盟6カ国は黄金の60年代成長期を迎えた。65年には EEC 全体で年平均9％もの成長率を誇るまでになっていた。こうした好景気に陰りが見え始めたのは，金とドルの交換停止いわゆるニクソン・ショックや石油危機が発生した70年代初頭であった。世界的な経済危機は，経済不況による大量失業の発生など67年に欧州共同体（EC）へとさらなる発展を遂げていた加盟国にも多大な影響を与えた。欧州為替相場同盟の失敗に象徴されるように，ヨーロッパ統合の要であった経済統合も行き詰まりを見せるようになっていったのである。しかしながら，統合の将来を見据えた大きな政治的決断が下されたのもまた，まさに「共同体の暗黒時代」とされてきた1970年代初頭のことであった。

　1972年にパリで開催された初の首脳会議の席上，国際政治の場においてヨーロッパが単一の声で語る主体となるべく，70年代末までに「加盟国関係全体を EU へと転換」することが決議された。当時の EC 委員長マンスホルトが EU への転換をして「正真正銘のヨーロッパ政府を樹立するために」と発言するなど，EU は国民国家のイメージが投影されるような加盟国関係全体を包含する統合の形態と理解されていた。翌73年には，共同体の情報政策の一環としてヨーロッパ世論の創出を目的としたユーロバロメーターが EC 委員会の主導により設立され，同年暮れに開催されたコペンハーゲン外相会議においてヨーロッパ・アイデンティティ宣言が採択された。この宣言では，分断された歴史から生まれた敵対心を克服するとの決意のもと，代表制民主主義，法の支配，ヨーロッパ文明の枠内での多様な国民文化の保持，社会正義，人権尊重といった共通の価値と原則が，ヨーロッパ・アイデンティティの基本的要素として明記された。そして，世界におけるヨーロッパの責任を自覚し，「対外関係において9カ国は，他の政治的実体に対して独自のアイデンティティを徐々に形成することに努める」と宣言されたのである（吉野，2008）。

　このように，EU 構築の試みがヨーロッパ・アイデンティティという象徴の創造を伴うものであった点は注目に値しよう。それは，これまでばらばらに並存していた域内における多様な諸国民の声をヨーロッパ世論として可視化させるだけでなく，外交の舞台でヨーロッパがひとつの声でその利益を語ることを可能にするための一歩となったのである。それまでのヨーロッパ統合において

はECSCや防衛共同体（EDC），EECなど部門ごとの統合がめざされていたことからすれば，経済危機は統合のあり方を部門統合から全体的な統合へと大きく舵を切らせる契機となったといえる。

　加えて，これらすべてが1973年の第一次拡大，すなわち，イギリス，デンマーク，アイルランドの加盟にあわせた動きであったことは重要であろう。それまでイギリスのEC加盟申請はド・ゴールによってアメリカから送り込まれた「トロイの木馬」とみなされ，三度に及ぶ加盟申請すべてが拒否されてきた。にもかかわらず，EU構築が図られる契機にあわせてイギリスのEC加盟は実現した。この背景には，1969年のド・ゴール退陣によるフランス政府の方針転換があっただけでなく，60年代におけるドイツ経済の力強い成長が共同体内部の勢力均衡を不安定化させるとするフランスの危機感があった。フランスは，イギリスを取り込むことによって共同体の経済成長の原動力たるドイツの成長を阻害することなく域内の勢力均衡を図ろうとしたのである。すなわち，EUへの転換とヨーロッパ・アイデンティティの構築という政治課題は，ヨーロッパのドイツ化といういまだ忘れがたい悪夢を消し去り，ドイツのヨーロッパ化をいっそう強固なものにすることで不戦共同体をより確実にするための実践でもあったといってよい。それは，かつての西欧列強が戦後の経済復興を遂げるも米ソ冷戦の狭間でかつての政治的影響力を発揮しえなくなるなか，再び国際社会においてグローバル・パワーとしての存在感を発揮するための重要な布石でもあったのである。

　注目すべきは，この一連の動きが加盟国国民の高い支持を得ていたことである。EUへの転換や「ヨーロッパ合衆国」の是非を問う70年代前半に実施された各種世論調査では，いずれもEC平均60％以上の賛意が示された。統合によってもたらされる経済成長と不戦共同体としてのヨーロッパを各国民は歓迎していたのである。こうした支持を背景に紆余曲折を経ながらも，EU創設は1993年のマーストリヒト条約で現実のものとなった。冷戦の終焉とドイツの再統一を待たねばならなかったため当初の期限からは10年以上遅れてしまったが，EU市民権の創設やオンブズマン制度の導入などを盛り込んだEUの創設は，1951年のパリ条約が掲げた「分断されてきた諸国民の間により広範でより深いひとつの共同体を創造する」という目標に向けての大きな一歩となった。21世紀初頭のEUにおいて，人々は域内をビザなしであたかも国内のように自由

に移動できるだけでなく，ユーロ圏であればどこでも為替レートの変動を気にせず買い物ができ，両替の煩わしさに悩まされることもない。共通パスポートをもつ EU 市民であれば，域内で自由に労働したり，居を構えたりすることができる。居住地では，当該国国民でなくとも国民と同様の権利が保障され，欧州議会選挙での選挙権を行使でき，社会保障も受けられる。こうした新たな現実は域内の国境をほぼ消滅させ，後述するように，EU 市民のアイデンティティ形成に少なからぬ影響を及ぼしている。

（2） 社会文化共同体の構築と ASEAN アイデンティティの提唱

では東アジアの現状はどうであろうか。まず東アジア共同体の核と目される ASEAN の経緯から見てみよう。ASEAN 諸国が共通のアイデンティティ形成を共同体構築に必要な資源と認識したのは，1976年にまでさかのぼる。ASEAN 創設より約10年後のことであった。加盟諸国は ASEAN 協和宣言のなかで，「地域としてのアイデンティティ意識を発展させるとともに……，力強い ASEAN 共同体を創造するために全力を尽くす」と宣言した。しかしながら，宣言の力強さとは裏腹に，共通のアイデンティティ形成に向けた動きが具体化されるには1992年の第4回 ASEAN 首脳会議まで待たねばならなかった。

同会議で採択されたシンガポール宣言において，既存の大学間ネットワークをさらに強化し，それを基盤として最終的には ASEAN 大学を設立するという目標が設定された。これは加盟国間の連帯と地域的アイデンティティの形成を加速させる必要があるとの認識が共有された結果であった。この合意に基づき，1995年の第5回 ASEAN 首脳会議において採択されたバンコク・サミット宣言のなかで共通の地域的なアイデンティティが「ASEAN アイデンティティ」という言葉で初めて表現され，ASEAN 大学ネットワーク（AUN）が結成された。1998年には加盟国国民のなかにさらなる ASEAN 意識と共通のアイデンティティを醸成し，人的交流の促進を目的とする ASEAN 基金が創設された。こうした ASEAN としてのアイデンティティ形成に向けた動きは，2000年以降さらに加速していく。

なかでも注目すべきは，2003年の第2 ASEAN 協和宣言において，2020年までに安全保障共同体（ASC），経済共同体（AEC），社会文化共同体（ASCC）

という三本柱で構成されるASEAN共同体の設立が決議されたことであろう。ASEANアイデンティティの形成は、この三本柱の一角を担う社会文化共同体のなかに位置づけられた。これを契機に、2004年にはASEAN共同体に向けたロードマップであるビエンチャン行動計画が採択され、教育カリキュラムや交換留学制度を活用した相互言語学習、芸術、旅行、スポーツといった領域での交流促進がASEANアイデンティティ形成の具体策として掲げられた。続く2007年には、第12回ASEAN首脳会議でASEAN共同体構築の期限が2015年までに前倒しされ、第13回首脳会議の席上、共同体の基本法となるASEAN憲章が採択された。ASEAN憲章では、「アイデンティティと象徴」という章（第11章）が設けられ、その第35条「ASEANアイデンティティ」において、「ASEANは加盟国国民の間に、共有された運命と目的そして価値を獲得するために、その共通のASEANアイデンティティと帰属意識を促進させる」と記された。ASEANのシンボルとして、「ひとつのヴィジョン、ひとつのアイデンティティ、ひとつの共同体」というモットー、旗、エンブレム、記念日、歌が設定された。

　他方、ASEAN＋3を核とする「東アジア・アイデンティティ」なるものへの取り組みは、いまだ十分には具体化されていない。東アジア共同体という文脈における共通のアイデンティティ形成に向けた動きは始まったばかりである。東アジア共同体という展望は、90年末に当時首相であったマハティールがAPECに対抗するものとして打ち上げた東アジア経済集団構想（EAEG）を淵源とする。具体的課題として初めて提案されたのは、98年に韓国の金大中大統領（当時）の発案によって設立された民間有識者からなる東アジア・ヴィジョン・グループ（EAVG）が2001年第5回ASEAN＋3首脳会議に提出した報告書『東アジア共同体にむけて』のなかであった。そのなかでEAVGは、教育・研究・文化・芸術・メディアといった領域における協力と交流を通じた東アジア・アイデンティティの醸成と浸透の重要性を指摘した。それを受けて同年、政府関係者を中心に東アジア協力のあり方を検討する東アジア・スタディ・グループ（EASG）が設置された。EASGは2002年の第二次報告書のなかで、「真の地域協力を促進するためには、力強い東アジア・アイデンティティの醸成が不可欠である」として、文化教育機関との協働を通じた東アジア・アイデンティティ形成の必要性を促した。以後、このEASG報告書に基

づいて17分野48の政府間会合が組織されている。

　日本では2007年に文部科学省の経済支援を受け，早稲田大学を中心にアジアにおける地域統合に関する研究と，東アジア共同体構築という目的に共働して取り組める人材の育成を目的とした「アジア地域統合を目指す世界的人材育成拠点形成」（GIARI）という「アジア版エラスムス計画」の実現をめざす動きが具体化している（天児，2010）。また，各国政府の支援を受けて民間の研究者主導によりアジアン・バロメーターやアジア・バロメーターといった東アジア発の大規模な世論調査も開始されている。ユーロバロメーターがEC委員会の主導により共同体の情報政策の一環として設立されたのに対し，東アジアにおける大規模世論調査は各国政府の支援があるとはいえ，ASEANではなく民間主導により実施されている点は興味深い。

　このように東アジアでの地域統合は，制度設計ではなく取り組むべき課題ごとに実態として進展し，とりわけ教育や文化の領域から共通のアイデンティティ形成に向けた取り組みが開始されたのである。

3　ふたつのアイデンティティ

（1）ナショナル・アイデンティティと国境を越えたアイデンティティ

　こうしたヨーロッパと東アジアにおける「上から」のアイデンティティ形成の試みは，徐々に一部の人々のアイデンティティに変化をもたらしつつある。とりわけヨーロッパにおいては，すでに長期に及ぶ調査結果の積み上げからもそうした変化が見てとれる。

　その顕著な事例がエリートであろう。EU15の意思決定にかかわるエリートたち（加盟国国会議員，欧州議会議員，全加盟国の高官，産業界や労働組合，メディア界のリーダー，学術や文化などで指導的役割を果たしている人物）を対象とした調査によれば，教育政策や福祉政策は依然として国家による実施が適切とされているが，通貨政策はもとより移民政策や防衛政策，外交政策においてもEUでの実施がより適切であるとの考えが共有されている。たとえば，小国にとっては外交政策を形成する過程において自国の資源だけで独自の情報を入手することは難しいとされる。しかしEUに加盟すれば，小国であっても欧州政治協力（EPC）という枠組みのなかで新しい情報源にアクセスできるようになる。

第Ⅴ部　欧州からのまなざしと東アジア統合

EUに対して消極的とされているデンマークでさえ，EPCによって「われわれの認識は今や大幅に向上している」との見解を示している。EPCの発展はある意味，エリートのヨーロッパ化を促しているといえよう。今や彼らは，問題を国家のレベルから，我々ヨーロッパ内のパートナーたちは何といっているか，ヨーロッパにおける意見はどうか，というレベルに移行させているのである。ヨーロッパにおける地域統合は，EUにナショナルなものを埋め込むと同時にナショナルなものにEUを埋め込みながら進展しており，国家を越えてEUという枠組みのなかで共通の課題に取り組む機会をもつ人々の意識を変化させてきたといえよう。

　このような変化はEUに「近い」エリートたちにのみ観察されるものではない。一般にEUから「遠い」と考えられているEU市民の間にも同様の変化が観察される。表14-1は，EU市民が抱くヨーロッパおよび国（ネーション）への愛着度が10年間でいかに変化したかを示したものである。1991年と2000年のユーロバロメーターにおいてヨーロッパと国への愛着度を計る指標から得られたデータが，国よりヨーロッパにより愛着をもつ，ヨーロッパより国により愛着をもつ，対等な愛着をもつ，という3項目に再分類して表示されている（Herrmann, Risse and Brewer, 2004, pp.169-170）。この表によれば，ヨーロッパにより愛着を感じると答えた人の割合はほぼ変化がない。これに対して，国により愛着を抱く人はギリシャを除くすべての国でマイナス17％と大幅に減少した。2000年のデータでは，両者に「対等な愛着」をもつ人の割合が「国により愛着」をもつ人の割合と同じか，上回る場合も少なくない。EU平均で見ると，「国により愛着」の減少分と同じだけ「対等な愛着」が増加している。この表からは，西ヨーロッパにおけるナショナル・アイデンティティの減少傾向が指摘できると同時に，国によって差はあるものの，ヨーロッパとナショナルというふたつの異なるアイデンティティは必ずしも排他的な関係にあるのではなく，むしろ共存関係にある可能性が見出される。

　この傾向は，EU実現の翌1994年に「西ヨーロッパにおけるナショナリズムの衰退」を著したマッティ・ドーガンの調査結果によっても裏づけられる。ドーガンは，1930年代から1990年にかけての各国の教科書や歴史研究の成果の上にユーロバロメーターなどの調査結果を補足的に活用し，市民の態度や価値観あるいは感情に関する意識調査分析を行った。彼によれば，「愛国心

表14-1 ヨーロッパと自国への愛着度の変化 (%)

	ヨーロッパにより愛着			対等な愛着			国により愛着		
	1991年	2000年	変化	1991年	2000年	変化	1991年	2000年	変化
フランス	4	5	1	34	46	12	61	49	−12
ベルギー	12	8	−4	38	57	19	50	35	−15
ドイツ	5	4	−1	28	53	25	67	43	−24
イタリア	7	5	−2	39	49	11	54	45	−9
オランダ	5	8	3	25	46	20	70	46	−24
ルクセンブルク	3	4	1	33	57	24	64	39	−25
イギリス	4	3	−1	18	30	12	78	67	−11
アイルランド	0	1	1	17	31	14	82	68	−15
デンマーク	2	2	0	21	41	20	77	57	−20
スペイン	6	4	−2	33	52	20	62	44	−18
ギリシャ	1	1	0	20	21	1	78	78	−1
ポルトガル	1	3	2	15	41	26	85	57	−28
EU12平均	4	4	0	27	44	17	69	52	−17

出所：Jack Citrin and J. Sides (2004), "More than Nationals : How Identity choice matters in the New Europe," in Richard K. Herrmann, Thomas Risse and Marilynn B. Brewer (eds.), *Transnational Identities*, Lanham : Rowman & Littlefield Publishers, p. 170, table 8.3 (Eurobarometer No. 36 and No. 54.1).

(national pride) は多くの国において限定されたものであり，自国軍隊への信頼は完全なものではなく，自国のために戦う意志はないが，その代わりに隣国を信頼する」傾向が見出された（Dogan, 1994, p. 294）。こうした一連のデータとその分析は，古典的ナショナリズム・ドクトリンの基盤がすでにEU域内で浸食され始めていることを示唆している。その一方で，減少傾向にあるとはいえ表14-1にも示されるように，約半数のEU市民にとってナショナル・アイデンティティはいまだ強力な帰属意識のままであることにも変わりはない。だがそれは同時に，○○人でもあり，ヨーロッパ人でもあるという意識のあり方，換言すれば，ナショナル・アイデンティティとヨーロッパ・アイデンティティが一個人のなかで共存するという新たな現実が生まれ始めていることを意味している。

(2) アイデンティティの共存関係

アイデンティティにおける重なりあう地域と国家という構図や，ナショナル・アイデンティティがいまだ強力であるという現実は，ヨーロッパに限られ

たものではない。ASEAN においてもこうした傾向が見受けられる。当然ながら，アンケートの問題設定やその受け止められ方に左右される点もあろうし，東アジアとヨーロッパとを単純に比較することもできないだろう。だが，ASEAN においてはヨーロッパで観察されたナショナル・アイデンティティの減少傾向は見られない。むしろ地域と国家という異なるふたつのアイデンティティの共存関係という仮説をより強化するような傾向が認められる。

　たとえば，2004年に実施されたアジア・バロメーターの分析によれば，アジアと国家というふたつの異なるアイデンティティは共存関係にある。ASEAN 諸国では，「あなたは自分を○○人であると考えていますか」との問いに対し，ほぼすべての国で自国民を選択する人が90％超と圧倒的多数を占めた。一方で，自国民意識が強いほどアジア人意識は弱くなるとの予想に反し，ナショナルなものへのアイデンティティの強さが必ずしもアジアに対するアイデンティティの弱さに結びついているわけではなかった。「世界では，自分のことを，アジア人とか華僑のように同じ言語や宗教をもつ『国境を越えた集団』として意識している人がいます。あなたは，自分が国境を越えた集団に属していると思いますか？　①アジア人，②他の国境を越えた集団（具体的に），③自分はとくに国境を越えた集団に属しているとは思わない，④わからない」という質問と選択肢が示された際に，インドネシア以外の ASEAN 諸国で約60％以上の回答者が①を選択し，アジア人としてのアイデンティティをもつとしたのである。カンボジアでは99.3％と回答者のほぼ全員が「アジア人」を選択した（猪口ほか，2007, 372-373, 482-483頁）。ASEAN では，文化・言語・宗教・民族の多様性にもかかわらず，経済的相互依存の深化や厚みある人の国際移動を背景として（西川・平野，2007），少なからぬ人が国境を越えたアジアに親近感を抱いているだけでなく，すでに自己を世界のなかに位置づける認識枠組みとして国と同時にアジアをも採用し始めているといえるかもしれない。

　他方，北東アジアでは ASEAN 諸国に比してアジア人意識が著しく低い。だが同時に，ナショナル・アイデンティティもまた概して低い。上述のアジア・バロメーターによれば，日本の回答者の約60％が「国境を越えた集団へのアイデンティティはない」と回答し，アジア人意識をもつとした人は27％にとどまった。しかしだからといって，回答者が自国を強く誇りに思うほどのナショナル・アイデンティティを保持しているかといえば，必ずしもそうではな

いようだ。自分を日本人であると考える人は92％に上るが，それを「非常に誇りに思う」人は26.4％であった。中国と韓国においても国民であることを強く誇りに思う人は34.5％と14.9％であった。ASEAN諸国の平均値82.4％とは大きな開きがある（猪口ほか，2007，481-483頁）。自国民としての誇りとアジア人意識の関係を国ごとに分析し類型化を試みた園田茂人によれば，全体としては自国民としての誇りが高くなるほどアジア人意識が高くなる傾向があるとされるが，概してアジア人意識が弱い北東アジアでは自国への誇りもまた相対的に弱い傾向にある（園田，2008，30-31頁）。個人のナショナル・アイデンティティが強ければ強いほど，地域統合に対する支持やアジア人意識が弱まるという指摘はしばしば見受けられるが，データからはその逆の姿が浮かび上がってくるようである。

　このようなアイデンティティに関するASEANと日本の対照的な状況は，大陸ヨーロッパとイギリスの状況に類似するように見える。表14－1でも1991年時点ではイギリスは「国により愛着」を感じる人の割合がアイルランドとポルトガルに次いで高い。なぜこの三国は「西ヨーロッパにおけるナショナリズムの衰退」が指摘された時期にこのように強いナショナル・アイデンティティを示したのだろうか。

　まずイギリスを見てみよう。イギリスは，アイデンティティに関する調査においてほぼつねに加盟国中最も高いナショナル・アイデンティティを示してきた。たとえば，ユーロバロメーターでは冷戦終焉後の1990年以降，EU市民のヨーロッパ・アイデンティティに関する継続的調査が実施されてきた。1992年から2010年まで「近い将来，あなたは自分自身を何人とみなしますか？　①自国民のみ，②まず自国民それからヨーロッパ人，③まずヨーロッパ人それから自国民，④ヨーロッパ人のみ，⑤わからない」という質問と選択肢が用いられた調査において，イギリスでは自らのアイデンティティとして「自国民のみ」を選択する人々がつねに50〜70％程度存在した。19年間で18回の調査が実施されたが，この間のイギリスにおける「自国民のみ」の選択者の平均は60.3％であった。こうした結果ゆえに，しばしば「ヨーロッパはいまだ明らかに大陸的観念である」（Eurobarometer）とも評されてきた。これは一見，国と国境を越えた地域というふたつのアイデンティティが共存関係にあるとする仮説の反証のように見える。だがイギリス国内に目を転じれば，イングランド，ウェール

ズ，スコットランド，北アイルランド，それにパキスタン系移民に代表されるエスニック・マイノリティなど多数の下位民族集団を抱える多民族社会の姿が浮かんでくる。しばしば「不安定なアイデンティティ構築の最も顕著な事例」とも指摘されるように，自身をイギリス人（British）と感じる割合は，イングランド人では48％存在するが，ウェールズ人では35％，スコットランド人では27％にまで減少する。つまり，ユーロバロメーターで示されるイギリスのナショナル・アイデンティティの強さをもってしてイギリスには強固な国民意識が共有されていると評価することには疑問が残るのである。北東アジア諸国の状況と同様に，イギリスのヨーロッパ・アイデンティティの弱さはイギリスが抱える国民国家としてのナショナル・アイデンティティの弱さと関連しているとの見方もできるだろう。

　他方，アイルランドとポルトガルも先のユーロバロメーターの調査において「自国民のみ」が19年間平均でそれぞれ48.8％，47.8％という高い割合を示している。「自国民のみ」が低いルクセンブルク（24.4％）とイタリア（29％）の約2倍の高さである。しかし両国の状況は多民族連邦国家であるイギリスとは幾分異なる。両国とも国内に大きな下位民族集団をもたず，アイルランドはケルト系のアイルランド人が，ポルトガルはポルトガル人が国民の大部分を占め，大国を隣国にもつ国土面積の小さな国であり，GDPがEU平均の90％未満の国に支給される結束基金を受給している，という共通点がある。いずれも結束基金の恩恵を受け，世界銀行のデータによればアイルランドは1973年の加盟から，ポルトガルは1986年の加盟以来，リーマン・ショックまで右肩上がりの経済成長を続け，GDPは加盟時と比べて2008年時点でそれぞれ約37倍，約7倍となった。とくにアイルランドは2007年には国民一人あたりの購買力平価がルクセンブルクに次ぐ2位の豊かな国となった。失業率も1988年に記録した最悪の16.3％から2001年には3.8％にまで減少し，その後も2008年までは4％台で推移していた。アイルランドとポルトガルの国民意識の強さは，EUに加盟したことによってもたらされた豊かさと自信の表れでもあり，大国中心で進む統合への危機感や経済力に見合った政治力を求める心理などが働いているといえるかもしれない。実際，ユーロバロメーターの調査によれば，「自分は自国民であるだけでなく，ヨーロッパ人でもあると思いますか？」との問いに対し，「頻繁に」と「たまに」をあわせれば，2006年時点でアイルランドでは52％が，

ポルトガルでは61％が，ヨーロッパ人でもあるとの自己認識を示したのである。

ASEAN や日中韓，それにイギリスやアイルランド，ポルトガルのこうした状況は，ナショナル・アイデンティティの強さが地域的な共通のアイデンティティの強さの基盤として機能するという，アイデンティティのプラスサム的な関係が存在しうることを示唆しているとはいえないだろうか。もちろん，それはしばしば極右政党などによって政治的に利用される一部の偏狭なナショナリズムを意味しない。地域と国家というふたつのレベルは，「別々の競争的ネットワークとしてよりも，むしろひとつのコミュニケーションのネットワークとして機能」していると考えるほうがより現実に近いのである（イングルハート，1978, 57, 332頁）。

4　東アジア・アイデンティティ？

これまで見てきたように，経済的領域に限られてきたECが政治的領域を含むEUへと転換を図るなかでヨーロッパ・アイデンティティが提起されたと同様に，東アジアにおいてもASEANからASEAN共同体へ向けたさらなる統合の深化がめざされるなかでASEANアイデンティティは提起された。しかしながら，ヨーロッパ・アイデンティティ宣言が発表された当時のヨーロッパにおいては，ナショナル・アイデンティティの根幹とみなされる教育や文化は重要政策として加盟国の手に残されたままであった。それに対し，東アジアではまず，ASEAN を核とする文化・教育・人の交流といった社会的領域から開始された。教育を通じた直接的な人の交流は域内移動の拡大と強まる相互依存を背景としてマスとしての「アジア人」誕生の土台を築きつつあるといえるだろう。この基礎の上に，ASEAN諸国はASEAN共同体を構築し東アジア共同体へと発展しようとしている。すでにASEANにおいては制度よりも実態が先行するなか，共通のアイデンティティがASEAN共同体構築以前に広く共有されつつあるといえるかもしれない。

当然ながら，ASEANアイデンティティを論じるには，より長期的で継続的な調査を待つ必要がある。とりわけ日中韓を含めた東アジア・アイデンティティともなれば，ほとんど形成されていないといっても過言ではない。だがこれまで論じてきたように，ASEANを中心にアジア人意識は広く共有され始

めており，そうした人々の意識変化の上に東アジアでは実態的な統合がますます進展している。たとえば，自由貿易協定（FTA）や経済連携協定（EPA）による重層的な経済ネットワークをはじめとして，海賊や鳥インフルエンザ対策など20を超える分野での超国家的な協力，国境周辺自治体による越境的な協力や交流と日常生活の国際化，経済格差に起因する労働力の国際移動とそれに伴う膨大な海外送金による貧困削減，経済成長を背景とする中間層の増加とライフスタイルの収斂傾向，日本の漫画やアニメといったサブカルチャーの国境を越えた浸透，共通の歴史認識形成の試みなど，多数の分野を挙げることができる。グローバリゼーションに付随するこうした新しい現実はアイデンティティ形成や世界認識にもさらなる影響を与え，いっそうの意識変化をもたらす土台となるであろう。実態としての統合の進展と人々の共通のアイデンティティ形成とは相互に作用しあい，互いに不可欠な基盤となっている。近年の東アジアにおける相互作用の拡大と新たな現実は，長期的に見れば，ASEANと日中韓の間に見られるアイデンティティの溝を埋める可能性を秘めるものと期待できるのではないだろうか。

●注
（1） 東アジアとは何かという問いは，植民地支配を目的とした他者からのものが長く主流であった。アジアの多様性を過度に主張する態度は多国間ではなく二国間による関係構築といった大国のアジア戦略と一致してきた。この意味において，近年，アジア内部からの問い直しが増加している点は注目に値しよう。
（2） 21世紀初頭のEUは70年代当時考えられていたような「ヨーロッパ政府」をもつ政体にはなっていない。ただし，本章執筆中の2011年8月16日，フランスのサルコジ大統領とドイツのメルケル首相がギリシャを発端とする経済・財政危機に対応するために，ユーロ加盟国首脳を閣僚としEU大統領を長とする「ユーロ圏経済政府」の創設を提案したことは興味深い流れであろう。
（3） しかし21世紀初頭のEUでは，民主主義をヨーロッパ・アイデンティティの重要素に掲げながらも，欧州議会の権限が小さいために，EUレベルでの政策決定に民意を直接反映させる機会は十分でない。いわゆる民主主義の赤字問題であ

る。この問題が注目されるようになったのは，国民投票によるいくつのかの重要法案否決を契機としている。マーストリヒト条約ではデンマークとフランスが実施し，デンマークが否決，フランスが僅差で批准。憲法条約ではオランダとフランスの否決により予定されていた多くの国民投票が中止され，実施は両国とスペインとルクセンブルクの4カ国であった。スペインとルクセンブルクは，それぞれ賛成76.7％・反対17.3％，賛成56.5％・反対43.5％で批准した。リスボン条約ではアイルランドのみで実施された。ただし，リスボン条約におけるアイルランドの国民投票は計2回実施されている。その内，国民投票において反対53.4％が賛成46.6％を上回ったのは2008年6月に実施された1回目のみ。2回目の国民投票では賛成67.1％，反対32.9％で可決されている。ただし一連の諸条約は，各加盟国の国会で圧倒的多数の賛成票をもって承認されている。

（4） 2000年に台湾教育省の支援により，台湾大学民主主義研究プロジェクトの一環として東アジアの13カ国・地域およびアメリカの研究者30人以上が参加する東アジア・バロメーター（EABS）が設立された。調査は，2001年から2003年にかけて，台湾，香港，韓国，タイ，日本，フィリピン，中国，モンゴルで実施された。EABSは，東アジア地域における最初の大規模に組織化された世論調査となった。第2 ASEAN協和宣言が発表された2003年には，EABSがインドなど南アジア5カ国を中心とした南アジア・バロメーター（SABS）と合併し，アジアン・バロメーター（Asian Barometer Survey：ABS）へと発展する。ABSは東アジア13の地域・国家（日本，モンゴル，韓国，台湾，香港，中国，フィリピン，タイ，ベトナム，カンボジア，シンガポール，インドネシア，マレーシア）と，南アジアの5カ国（インド，パキスタン，バングラデシュ，スリランカ，ネパール）の研究者が参加している。また同年には，日本外務省と文部科学省などの支援により猪口孝を中心にしたアジア・バロメーター（AsiaBarometer：AB）も開始された。ABSが民主主義や政治参加，価値を中心にした調査であるのに対し，ABは中央アジアを含む全アジア地域を対象に，市民の日常生活に焦点を当てている。

（5） ユーロバロメーターでは，EU市民のアイデンティティを調査する際に3種類の質問を使用している。最も長期にわたり使用された同一の質問は，「近い将来，あなたは自分自身を何人とみなしますか？（In the near future do you see yourself as〔Nationality〕only,〔Nationality〕and then European, European and then〔Nationality〕, or European only?）」というものであった。これは1992年春から2001年秋までと，2003年秋から2005年秋まで，および2010年春の調査において使用されている。この質問が使用されなかった1990年春から1992年春まで

と2005年・2006年の調査では,「あなたは自分自身を自国民だけでなくヨーロッパ人でもあると思いますか？ (Do you ever think of yourself as not only [Nationality], but also European?) との質問が, 2004年秋から2007年秋までの調査では,「人々は自分の町や村, 地方, 国, EC, 一個の全体としてのヨーロッパに異なる程度で愛着を感じます。あなたはどこに愛着を感じますか？ (People may feel different degrees of attachment to their town or village, to their region, to their country or to Europe. Please tell me how attached you feel to……)」との質問が使用されている (Eurobarometer, 1990-2010)。

（6） しかしこのデータは, 若干古く, 2010年がどのように変化しているかというデータ分析が今後は不可欠となろう。

●参考文献

天児慧 (2010)『アジア連合への道』筑摩書房。

猪口孝／田中明彦／園田茂人／ティムール・ダダバエフ編 (2007)『アジア・バロメーター』明石書店。

ロナルド・イングルハート (1978)『静かなる革命』金丸輝男ほか訳, 東洋経済新報社。

園田茂人 (2008)「『アジア・バロメーター』に見るアジアのカタチ第3回　アジアの中のアジア人意識」『ワセダアジアレビュー』No. 3, 28-31頁。

西川潤・平野健一郎編 (2007)『東アジア共同体の構築　第3巻　国際移動と社会変容』岩波書店。

吉野良子 (2008)「EU の構築とヨーロッパ・アイデンティティの創造——EU 構築過程と国民国家形成過程との連続性：1969年～1973年を中心に」『日本 EU 学会年報』第28号, 200-220頁。

Dogan, Mattei (1994), "The Decline of Nationalisms within Western Europe," *Comparative Politics*, Vol. 26, No. 3, pp. 281-305.

Herrmann, Richard K., Thomas Risse and Marilynn B. Brewer (eds.) (2004), *Transnational Identities*, Lanham : Rowman & Littlefield Publishers.

Yoshino, Ryoko (2010), "The Construction of Identity in the European Integration and the USA as the Other : 1969-1973," in Robert Frank, Kumiko Haba and Hiroshi Momose (eds.), *The End of the Cold War and the Regional Integration*, Tokyo : Aoyama Gakuin University, pp. 369-387.

Asian Barometer Survey (http://www.asianbarometer.org/).

Asia Barometer (https://www.asiabarometer.org/).

Eurobarometer (http://ec.europa.eu/public_opinion/index_en.htm).

第15章

戦後ドイツと地域統合
──西ヨーロッパと東アジアの国際政治──

清水　聡

　激化する米ソ冷戦のなかで，ヨーロッパの秩序形成をめぐり，1947～55年の期間，西側（米・英・仏）とソ連との間では激しい主導権争いがあった。戦後ドイツを中立化することを模索したソ連に対して，西側は西ドイツを西ヨーロッパの統合のなかへと「封じ込め」ることをめざしたのである。西側のなかでは，ナチス後のドイツに対する不信感は根強く，戦後ドイツの政治・経済・外交にかかわる脅威を，「統合」を通じて，制度的に「封じ込め」ることが求められた。他方，ソ連は，西側の軍事的な「統合」政策を阻止することをめざして，1952年にドイツの「中立化」構想（スターリン・ノート）を提案した。しかしソ連の外交攻勢は，「統合」政策を優先した西側により拒否された。ドイツの「中立化」構想は失敗し，西ヨーロッパの秩序形成は「統合」を基調としていったのである。

　冷戦が終焉する過程においても，戦後の「統合」過程は再確認された。ドイツは「ヨーロッパのなかのドイツ」としての自国の役割を強調し，冷戦後もヨーロッパ統合の強力な推進力となったのである。本章では，戦後のドイツと西ヨーロッパの統合を分析し，そこから導き出される「統合」の経験が，東アジアの統合にどのような教訓を与えるのか検討する。

1　西ヨーロッパの統合とドイツ中立化構想

　ドイツはヨーロッパ大陸の中心部に位置し，ヨーロッパの統合を牽引してきた。第二次世界大戦への反省から，ドイツはフランスとの歴史的和解をめざし，欧州石炭鉄鋼共同体（ECSC）を設立することにより，国民国家の枠を超えた地域統合をめざした。しかし，冷戦時代において，そうしたドイツは西ドイツであった。ドイツの西側部分が，主権の委譲を求める西ヨーロッパへの統合過

程に参加したのである。

　1949年5月，冷戦の影響を受けて，ドイツ連邦共和国（西ドイツ）が成立し，同年10月，ドイツ民主共和国（東ドイツ）が成立した。西ドイツは西側連合国（アメリカ，イギリス，フランス）の影響を受けながら，西ヨーロッパ統合政策を進めた。これに対して，ソ連は東ドイツを管轄下におきながら，冷戦初期の段階においては，ドイツの中立化構想を検討していた。

　ソ連によるドイツの中立化構想は，スターリン・ノートとして，1952年に西側連合国に提示された。1947年のトルーマン・ドクトリンとマーシャル・プランにより，アメリカの「封じ込め」政策に輪郭が与えられ，1949年には，ベルリン封鎖の影響を受けて，東西ドイツが成立した。1950年には朝鮮戦争が勃発し，東アジアにおける熱戦が，ヨーロッパにも影響を与える可能性が懸念された[1]。

　この過程のなかで，西ドイツと西ヨーロッパは，アメリカの影響を受け，西ヨーロッパの統合政策を推進した。それは，「鉄」と「石炭」を共同管理するための超国家機構の設立（欧州石炭鉄鋼共同体：ECSC），さらには西ヨーロッパ統合軍の創設構想（欧州防衛共同体：EDC）であった。これに対抗したソ連は，スターリン・ノートを提案した。スターリン・ノートは，西ヨーロッパの統合政策を零地点へと戻し，ヨーロッパの中心に中立化されたドイツを配置することで，新しい勢力均衡（バランス・オブ・パワー）をつくりだすことを目的としていた。

　戦後初期のヨーロッパにおいては，西ヨーロッパ統合構想（西側）と，ドイツの中立化構想（ソ連）が対峙していた。秩序形成をめぐり，1947〜55年の期間，主導権をめぐる西側とソ連との間の対立があったのである。しかし冷戦という時代において，新しい時代を切り開いたのは，西ヨーロッパ統合構想であった。ドイツの中立化をめざしたスターリン・ノートは，西側連合国と西ドイツによって拒否され，西ドイツは西ヨーロッパへの統合を進めたのである。1955年には，北大西洋条約機構（NATO）への西ドイツの加盟と，ワルシャワ条約機構（WTO）の設立により，冷戦の秩序が確定される[2]。

　ドイツの中立化構想は，冷戦の終焉期に，再びソ連から提案された。1990年のドイツ統一に際して，ゴルバチョフが，ドイツの軍事的中立化を要求したのである。西側同盟（アメリカ，イギリス，フランス，西ドイツ）は，再びソ連のドイツ中立化構想を拒否し，統一されたドイツはNATOに帰属した。統一ドイ

ツは西ヨーロッパ統合政策も継続し，ドイツの中立化を歴史的に拒否したのである。

本章は，ヨーロッパの統合とドイツの中立化との関係を探る。とくに，スターリン・ノートが示したドイツの中立化構想や，冷戦末期のゴルバチョフによるドイツの軍事的中立化構想が，それぞれ拒否され，西ドイツならびに統一ドイツが西ヨーロッパへと統合されたことが，歴史的にどのような意味をもったのか，そしてそうしたドイツと西ヨーロッパの経験が，東アジアの統合にとってどのような教訓を与えるのかを検討する。

2　西ヨーロッパ統合構想と冷戦

（1）ECSC と「独仏和解」

西ヨーロッパの統合は，ドイツとフランスとの歴史的和解，すなわち「独仏和解」を重要なシンボルとしている。歴史的に，普仏戦争（1870～71年），第一次世界大戦（1914～18年），第二次世界大戦（1939～45年）は，ドイツとフランスのヨーロッパにおける覇権闘争が根底にあった。とくにドイツとフランスの国境地帯のアルザス，ロレーヌ，ルール，さらにザールは，石炭資源が豊富に埋蔵されていることから，資源争奪の最前線であった。

第二次世界大戦後，今日では「欧州統合の父」と呼ばれているジャン・モネにより，石炭資源の共同管理のための機構として，欧州石炭鉄鋼共同体（ECSC）の構想が提唱された。フランス，西ドイツ，イタリア，オランダ，ルクセンブルク，ベルギーの6カ国により，石炭資源を共同で管理するための機構を創設することで，ヨーロッパ各国を制度的に結びつけ，その結果，戦争が未然に防止される可能性が主張されたのである。モネは，アメリカと西ヨーロッパのゆくえ，さらには冷戦という脅威のなかで，西ヨーロッパの統合と超国家機構の設立を次のように考えていた。「ヨーロッパを取り囲む情勢，脅威，そしてアメリカの努力に対応するためには，西ヨーロッパ諸国は，国をあげて真のヨーロッパ建設の努力をしなければならない。これには，西ヨーロッパ連邦の結成以外に道はない」（モネ，1985，49頁）。

ジャン・モネはフランス政界に働きかけ，ロベール・シューマン仏外相により，ECSC 構想は進められ，同構想はシューマン・プランと呼ばれるように

なった。ECSC の創設交渉はアデナウアー西独首相とシューマン仏外相が中心となり、「上から（政治決定）」のイニシアティブにより、統合は進められた。この過程で西ドイツとフランスの対話は進み、西ヨーロッパ統合への青写真が議論され、両国の共同作業は「独仏和解」と呼ばれるようになった。1952年にECSC は設立された。そしてこの後、西ヨーロッパの統合は、西ヨーロッパ統合軍の創設を新しい課題とした。

（2）EDC と「二重の封じ込め」政策

　西ヨーロッパ統合の進展にあたり、西側同盟（アメリカ、イギリス、フランス、西ドイツ）にとって最大の問題は、冷戦の影響であった。1950年、朝鮮戦争の勃発により、同じ分断国家であった東西ドイツにおける戦争への不安心理が高まったのである。アジアにおける分断国家（南・北）の「熱戦」が、ヨーロッパにおける分断国家（東・西）に飛び火することを西側同盟は恐れた。この段階から、西側同盟は、西ヨーロッパにおける統合軍の創設と、西ドイツの再軍備について、その検討を余儀なくされたのである[3]。

　しかし西ドイツの再軍備問題は、西ドイツの近隣諸国（とくにフランス）の神経を逆撫でし、さらには、ドイツ国内（東・西）の反戦主義者のデモを活気づけた。課題とされたのは、ソ連の脅威を「封じ込め」つつ、同時に、ドイツの「軍国主義」の復活を「封じ込め」ることであった。この二重の要請を満たす方式として考案された政策が EDC であった。

　「二重の封じ込め（double containment）」として定式化された EDC 構想は、再建される西ドイツ軍の指揮権を、超国家機構である EDC が統括することにより、西ドイツ軍が暴走する可能性を減じ、さらには、西ドイツと西ヨーロッパとを連結することで、西ドイツの国家基盤を、西ヨーロッパ型の民主主義の土台のうえに基礎づけようとするものであった。

　西ヨーロッパ統合軍の創設について、1951年6月末、モネは、アイゼンハワーに、「ヨーロッパは統合することによって初めて強力になり、責任感を持つようになる」と強調したうえで、次のように説明したことを回想録のなかで指摘している。「統合しなければ、各国は自国の強化にのみ走る。そしてドイツは、東側と協定を結ぼうとするだろう。すくなくとも『中立』という姿勢をとるだろうが、これではヨーロッパのモラルの低下につながる。

ヨーロッパの力というものは，そこに何個師団があるかということでは決まらない。むしろ統合部隊と精神のあり方が重要なのではないか。ドイツ国軍をあわてて作り上げ，フランスの敵意をかうようなことは，ヨーロッパの安全保障に破局的な結果をもたらすことにもなる。

しかし反対に，フランス，ドイツ，そしてその諸隣国の共同の富を開発し，ともに防衛するという観点に立てば，レジスタンスの精神は必ずやヨーロッパに生まれるだろう」。モネによれば，この「共同体」という思想の説明に，アイゼンハワーは非常に関心を示した，とされる（モネ，1985，101-102頁）。

ジャン・モネはEDCの創設について，プレヴァン仏首相とアデナウアー西独首相に働きかけ，EDCはプレヴァン・プランと呼ばれることとなった。さらにこのEDC条約は，西ドイツの主権回復に関する「総括条約（Generalvertrag）」（別名，ドイツ条約）と連結した。西ドイツから見れば，西ヨーロッパへの統合は，自国の再軍備（EDC条約）と，主権回復（ドイツ条約）の双方を同時に成立させることを意味していた。アデナウアー政権は，西ヨーロッパへの統合政策を強力に推進した。1952年，EDC創設をめぐる交渉は最終段階を迎え，西ヨーロッパ統合には，ECSCに続き，EDCが加えられる手続となった。

（3）西ヨーロッパと冷戦

冷戦初期の西ヨーロッパの統合政策に対して，東側は繰り返し反発した。とくにEDCに対して，ソ連は対抗構想を示し，ドイツの中立化を主張した。後にスターリン・ノートとして知られることになるスターリン最後の外交政策である。

アデナウアーはそのようなソ連のドイツ中立化政策を次のように見ていた。

　その地理的位置よりして，われわれは，対立して譲らぬ理想を掲げて争う二大勢力圏の谷間に置かれた。扼殺の運命に甘んじたくないと思うなら，われわれはいずれかの側につかなければならなかった。両勢力間にあって中立的態度をとるのは，わが国民にとって非現実的である，と私は考えた。いずれにせよ，早晩，どちらかの側がドイツという潜勢力を自分の側に獲得したいと考え始めるであろう。ソ連は，自分に委ねられたドイツ領を差し当って手放す意志がなく，それのみか，他のドイツ部分をも次第にたぐり寄せようとしていることを明瞭に示していた（アデナウアー，1967，94-95頁）。

他方，アメリカの抱くドイツに対する究極の恐怖は，ドイツがソ連側に立つことであった。モスクワには，「ドイツ統一の可能性，ポーランドの境界線の修正，経済的利益をちらつかせる」ことが可能であり，ソ連がドイツの「中立化」というカードを切り，ドイツ国民がそれに魅惑されてしまう可能性が，アメリカの激しい恐怖であったのである（ルンデスタッド，2005，24-25頁；清水，2010，167頁）。

3　ドイツの中立化構想と冷戦

（1）スターリン・ノート

1952年3月10日，ソ連は東西ドイツの中立的統一提案（スターリン・ノート）を西側連合国（アメリカ，イギリス，フランス）に提案することで，西ヨーロッパへの「統合」とは別の道をドイツ国民の前に示した。当時，西側連合国はこれに震撼し，スターリン・ノートを拒絶する選択肢を選んだ。そしてアデナウアー西独首相もソ連の提案を断固として拒否する姿勢を示し続け，西ヨーロッパへの「統合」政策に邁進した。

スターリン・ノートはEDC創設交渉の最終段階の時点に示された。そこでは，ドイツの中立化が提案され，その手順として，中立化を基礎として東西ドイツを統一させ（統一政府の樹立），新しく樹立された統一政府が講和条約の締結作業を進める，とされていた。[4] スターリン・ノート構想により，西側同盟（アメリカ，イギリス，フランス，西ドイツ）は，ドイツの中立化による統一か，あるいは，西ドイツの西ヨーロッパへの統合の推進か，二者択一の状況に置かれたのである。

東西ドイツ国民の反応は，分裂していた。ソ連の提案に不信感を寄せる者から，ソ連の提案に関心を示す者まで，さまざまであったのである。スターリン・ノートに共鳴した西ドイツの政治勢力は，「第三の道」と呼ばれた。資本主義にも，社会主義にも与しない中立のドイツに，戦後の復興と平和への道を描いたのである。西ドイツの政治家，知識人の一部はスターリン・ノートに興味を示し，ドイツ統一のチャンスが到来したと考えた。「第三の道」を重視したヤーコプ・カイザー全ドイツ問題相（西ドイツ）は，スターリン・ノートを慎重に検討する必要があることを力説した。またジャーナリストのウォル

ター・リップマンは、ソ連が「陸・海・空軍を配備したドイツの再統一をドイツ人に与える約束をする決心を固めた。……ソ連は真剣に提案している」と述べ、スターリン・ノートの重要性を指摘した（清水、2009、64頁）。

EDC創設交渉と西ドイツの再軍備政策は守勢に立たされた。スターリン・ノート構想は、ドイツの統一と講和、中立化の原則の他、中立化されたドイツの再軍備（陸・海・空軍の保有）、軍需生産（制限あり）、国際連合への加盟、戦後ドイツの領土範囲（オーデル＝ナイセ線の最終確定）、などが示されていた。スターリンの通訳の経験があるとされるダニール・E・メルニコフによれば、スターリンはヴァイマル共和国のようなドイツの統一を考えていたとされる（清水、2009、59-65頁）。

守勢に立たされた西側同盟の内部では、西ドイツの世論の展開に注意が払われた。スターリン・ノートは、ドイツのナショナリズムに訴えかける内容であった。分断国家であった西ドイツは、仮に西ヨーロッパへの「統合」が進み、EDC条約と、主権回復に関するドイツ条約が発効したとしても、引き続き、西側連合国（アメリカ、イギリス、フランス）により、主権の一部が制限され続ける見通しであった。ドイツ条約の発効後も、制限され続けることとなっていた主権とは、①ドイツ統一問題、②ドイツとの講和問題、③ベルリンの法的地位をめぐる問題であり、この3点については、西側連合国の留保がついていた（ドイツが完全主権を回復するのは、1990年の統一時である）。これに対して、スターリン・ノートは、中立化される形ではあったが、完全主権の回復が約束されていた。

（2）スターリン・ノートと西側同盟

西側同盟は、ドイツ世論の動向を詳細に検討しながらスターリン・ノートを拒否する立場へと追い込まれた。アンソニー・イーデン英外相はこれを「覚書戦」と表現した。1952年3月12日、イーデン英外相はスターリン・ノートをソ連の「マネーヴァー（策略）」とみなしつつも、「ドイツの再統一の達成をめざしたソ連の真剣な願望」も反映されていると考えた。また、3月15日、イギリス外務省は次のように分析した。「ドイツ東部（Eastern Germany）ではキリスト教民主同盟（CDU）の勢力は弱く、全ドイツ自由選挙の結果は、おそらくシューマッハー政権の成立であろう」、そしてそのような政府は、「アデナウ

アーの西側統合政策と逆行し」，さらには，「東西間の中立化政策と日和見政策を駆り立てるであろう」(Steininger, 1985, pp. 120, 141-143, 269)。

　イギリスは，スターリン・ノートを通じたドイツ統一の手続（自由選挙の実施）の過程で，西ドイツの与党CDUのアデナウアー政権が敗北し，当時，野党であったドイツ社会民主党（SPD）によるシューマッハー政権ができる可能性を危惧した。アデナウアーの敗北は，西ヨーロッパ統合政策の推進力を失うことを意味していたのである。

　3月14日，フランス政府は，スターリン・ノートが西側のヨーロッパ政策とEDCを破棄させることを意味していると認識した。さらにスターリン・ノートのなかの経済問題にかかわる条項に注目し，ドイツが中立化されることの意味を次のように分析した。「西ヨーロッパ諸国には共産圏との貿易に深刻な制限を課されるが，ドイツには東ヨーロッパとの貿易の完全な自由が残される。そのため，経済諸条項はおそらくいっそう，危険であった。ドイツは，東ヨーロッパやロシア・中国など自然の後背地と，巨大なスケールで貿易をすることによって，これまでよりもより手に負えないような経済単位へと，急速に建設されるであろう。さらにドイツが，ソ連やその衛星諸国の軍隊を補充するために巨大な軍需産業を建設する場合に，それをやめさせる方法はないであろう」(Steininger, 1985, p. 136)。

　フランスは，東ヨーロッパを「生存圏」へと組み込んでいったナチス・ドイツのイメージと，スターリン・ノートによるドイツとを，重ねて見ていた。軍事問題からスターリン・ノートの拒否へと向かったイギリスとアメリカに対して，フランスは経済問題からドイツの中立化に反対した。

　西ドイツのアデナウアーもスターリン・ノートを拒絶した。3月23日，スターリン・ノートとヨーロッパ統合について次のように指摘している。「スターリン・ノートは，ドイツの国家主義者に働きかけ，ヨーロッパの統合とEDCの創設を先へ延ばす試みである」(清水, 2009, 59頁)。

　西側同盟は，西ヨーロッパの統合政策を重視し，スターリン・ノートを拒否した。EDC条約とドイツ条約が調印されるまで，世論の動向を分析しながら，「時間稼ぎ」に重点をおいたのである。

　1952年5月26日，西側同盟は，ドイツ条約の調印に漕ぎ着け，5月27日，EDC条約が調印された。ドイツ条約とEDC条約の調印により西ヨーロッパ

の統合政策の前進が刻印づけられたのである。5月28日,西側連合国の内部では,西側同盟が「『覚書戦』に勝利した」ことが確認された(Steininger, 1985, p.269)。EDC条約の調印により,スターリン・ノートをめぐる東西間の覚書交換も終息した。スターリン・ノートは拒否され,ドイツの中立化の可能性は排除されたのである。

EDCはこの後,1954年にフランス議会により批准が拒否され,代わって,西欧同盟(WEU)が基礎となる形で,1955年に西ドイツはNATOに加盟した。この方式は,軍事的な連結(NATO)であり,軍事的な統合(EDC)ではなかった。しかし,1950年代にスターリン・ノートが拒否されたことにより,西ヨーロッパの統合思想は断絶されることなく,今日にいたるまで継続されることとなったのである。

西ヨーロッパは国民国家の枠組みを超えた地域統合を進め,ドイツの中立化の可能性は遠のいていった。ゴルバチョフは回想録のなかで次のように述べている。「思うに,スターリンはドイツの『中立化』のために最後まで代価を支払うつもりでいたようである。だがNATOが創設され,ドイツ連邦共和国が加盟した後は,ドイツ統一案に関するいかなる話合いも,西側,ソ連のいずれにおいても,儀式的・宣伝的性格をもつようになった」(ゴルバチョフ,1996, 176頁)。

ドイツの中立化が再び議論されるのは,冷戦の末期になってからである。[6]

(3) ヨーロッパ思想とドイツの中立主義

スターリン・ノートに示されたドイツの中立主義が,ヨーロッパの統合思想にとって,危険であることは,汎ヨーロッパ運動の先駆者であったリヒャルト・クーデンホーフ・カレルギー伯爵によっても,次のように指摘されている。

> ドイツの中立主義者は,東西ドイツの合併がドイツの対外政策の最高目標でなければならないという考えから出発している。しかしながら,この目標はソ連の同意なしには達成されないから,東西合併したドイツを西欧の同盟体制から切り離すことによってソ連の同意を得なければならなくなる。そこでドイツの中立主義者は,オーストリアの場合と同じ国際的立場となるような,統一された,中立の,かつ解放されたドイツを要求しているのである。

しかしながら、領土に対する要求を持った国家がいつまでも中立を保ち得るかどうか、またそのような国家が、自国の領土要求を満たしてくれる意志があり、また満たすことのできるような強国、または列国グループとの同盟を早晩求めないだろうか、という点に疑問がある。すべての大国のうちで、オーデル・ナイセの国境線の改訂を行い得るのは、ソ連だけである。この点から見て、ドイツの中立から、将来いつか独ソ同盟が生まれ、最後にはベルリン―モスクワ―北京の枢軸が生まれる恐れがあるわけである（カレルギー、1970、383-384頁）。

カレルギーの指摘は、冷戦時代における中立と統合との関係について示唆を与えた。中立化されたドイツが西ヨーロッパから切り離され、ドイツとポーランド間の国境問題（オーデル・ナイセ国境線）をめぐって、ドイツとソ連が接近する危険性が指摘されているのである。カレルギーは、「このような危険をなくすには、ヨーロッパに連邦国家を急速につくる以外に方法はない」として、「共同の政府機関、共同の議会、共同の連邦裁判所、共通の通貨、共通の対外政策、共通の防衛政策、および共通の経済政策を有する一つの連邦国家をつくる」ことを回想録のなかで主張している（カレルギー、1970、383-384頁）。

ドイツの潜在的脅威への警戒は、戦後も長く続いた。そしてその解決策として、西ヨーロッパの統合が続けられ、その必要性が繰り返し問われた。西ドイツの西ヨーロッパへの統合は、EDC構想が失敗した後、欧州経済共同体（EEC）、欧州原子力共同体（EURATOM）の設立により、また、1967年にECSC、EEC、EURATOMの3組織が統合して欧州共同体（EC）が成立したことにより、より強固に進められた。西ヨーロッパでは、国民国家の枠を超えた地域統合が進んだのである。(7)

4　冷戦の終焉と「ヨーロッパのなかのドイツ」

（1）ゴルバチョフとドイツの中立化構想

ドイツの中立化が、冷戦の末期に、再び、ソ連によって提案された。ベルリンの壁の崩壊と、「東欧革命」による政治変動のなかで、ペレストロイカを主導したゴルバチョフが、ドイツの中立化を求めたのである。すでに、ゴルバ

チョフは，国家財政の再建の目的からも，東ヨーロッパからのソ連の軍事的撤退，すなわちブレジネフ・ドクトリン（制限主権論）の放棄と，東ヨーロッパの「フィンランド化」を視野に入れたソ連の安全保障圏の再編を進めていた。ゴルバチョフの外交は，ソ連，東ヨーロッパ，東ドイツに再編の余波をもたらし，1990年には，東西ドイツの統一が政治日程に上り始めたのである。統一されるドイツが NATO に帰属できるかどうかが，西ドイツ外交の最大関心事になった。

1989年11月9日，ベルリンの壁が崩壊し，ヨーロッパの国際秩序は流動化の様相を呈した。争点は，ドイツの統一，ヨーロッパの統合，そしてドイツ中立化の危険性であった。

すでにベルリンの壁の崩壊の5カ月前に，イギリスでは次のような論調が登場していた。西ドイツはもはや西側の政策を支持する気はなく，中立や一方的な軍縮を望んでおり，西側の同盟を脅かし，アメリカをヨーロッパから撤退させるというソ連の長期的な目標を支援している（グレースナー，1993，225頁）。ドイツの脅威に対する潜在的な不信感は，依然として，西ヨーロッパに残されていた。

他方，東ドイツとソ連は，ドイツ問題の解決のための構想として，ドイツの中立化を検討し始めた。東ドイツのモドロウ政権は，ドイツの中立化を提案し，ゴルバチョフもこの構想を支持した。1990年2月1日，ハンス・モドロウは次のような声明を発表した。「ドイツ統一の過程は，ヨーロッパ共通の家構想やヨーロッパの国家連合構想との密接な関係を持っている。……両ドイツ国家による国家連合の段階で，第三国との軍事同盟などを段階的に解消することにより軍事的中立を実現し，これをヨーロッパ共通の家建設の出発点とすべきである」（モドロウ，1994，221頁）。東ドイツとソ連の構想では，全欧安保協力会議（CSCE）に示される全ヨーロッパ的組織を中心に冷戦の克服がめざされた。この枠組みのなかで，東西ドイツを，段階的に中立化させていくことが求められたのである。

アメリカは，1989年12月，ドイツ統一問題について，民族自決権の原則を尊重すること，さらには東西ドイツの統一は，NATO の枠組みと，EC の統合過程を尊重することを指摘した。アメリカも，イギリスも，ドイツ中立化の可能性を排除することを望んだ。

第Ⅴ部　欧州からのまなざしと東アジア統合

　1990年2月9日，アメリカのベーカー国務長官は，ゴルバチョフとの会談のなかで，ドイツの中立化に反対する立場を示した。ゴルバチョフは次のように振り返っている。

　　われわれの立場が別れた重要な点は，統一ドイツの軍事的・政治的地位に関する問題だった。ベーカーはドイツを「中立化」させるよりも NATO 内にとどめておくメリットを私に説明しようと試みた。彼の論拠はおおむね次の点に帰着した。アメリカ軍をドイツ内に駐留させ，ドイツを NATO のメンバーに加えておくことは，アメリカと西側にドイツの内外政策に対するある程度の制御機能をあたえる。ドイツが中立化して，NATO の同盟関係のシステム外に出れば，またしてもヨーロッパに不安定状態をもたらす「発電機」となるおそれがある（ゴルバチョフ，1996，191頁）。

　アメリカの方針は，ドイツの中立化を阻止するために，統一ドイツを NATO に帰属させることであった。

（2）ヨーロッパ統合とドイツ統一

　ドイツの中立化を阻止する方法は，NATO だけではなかった。フランスは，ヨーロッパの統合にその役割を見ていた。ヨーロッパ大陸において NATO の役割が強化されることについて慎重であったフランスは，NATO よりも，むしろヨーロッパ統合のなかに，ドイツの中立化を阻止する役割を見ていた。フランスの国家主義を重視するド・ゴール主義は，しばしば NATO の方針と対立していた。ミッテラン仏大統領は，1989年12月，ゴルバチョフと会談し，ヨーロッパ統合を通じて，ドイツを制御することを主張した（Adomeit, 1998, pp. 459-461）。

　ミッテランはドイツの中立化について次のような見解であった。「ドイツが中立化する危険がある。ドイツの中立化はソ連が不断に努力してきた目標であった。これに関しては『ノー』と言うだけで十分であろう」（グレースナー，1993，237頁）。フランスは，ドイツの中立化を，ヨーロッパの統合を通じて押さえ込もうとした。

　統一ドイツの中立化を阻止し，ドイツをヨーロッパ統合のなかで管理するこ

とをめざしたフランスは，1989年12月8日，ストラスブールで開催されたEC首脳会議において，ヨーロッパ統合にドイツを制度的に拘束することを求めた。さらにストラスブールにおいて，ドイツの統一は，ヨーロッパ統合のなかで，言い換えれば，「ヨーロッパのなかのドイツ」として実現していくことが求められた。これを受けて，1990年4月28日，ダブリンで開催された特別ヨーロッパ理事会では，政治統合が議題に上ったのである。これは，ECにおいて，1989年4月の「ドロール報告」から重点的に検討されてきた経済・通貨統合への道に，政治統合の原則が補足されることを意味していた。すでに1990年1月，EC委員長ドロールは，ドイツの統一を支持することを表明していた。統一ドイツをヨーロッパ統合に組み込み，ヨーロッパの統合に，さらに政治統合の原則を付与することがめざされたのである。1992年2月，ECの政治統合と経済・通貨統合の実現をめざしたマーストリヒト条約が，EC加盟12カ国間において調印された。これにより，「ヨーロッパのなかのドイツ」として，統一ドイツが「統合」を継続していく枠組みが整ったのである。

(3) NATOとドイツ統一

ヨーロッパの統合問題と同時に，統一ドイツのNATO帰属問題が1990年のヨーロッパ国際政治の争点であった。1990年5月，東西ドイツとアメリカ，イギリス，フランス，ソ連から構成された2＋4交渉が開催された。2＋4交渉は，9月にモスクワで「ドイツに関する最終規定条約」を調印するまで，ドイツ統一に関する事項を審議した。西側同盟は，ドイツの中立化を排除することをめざし，2＋4交渉に参加した。すでに，1990年3月には，自由選挙の結果，東ドイツにはデメジエル政権が誕生していた。デメジエル政権は西ドイツのコール政権と共同歩調をとり，それにより，2＋4交渉において，ドイツの中立化を主張し続けたのは，ソ連だけとなった。ワルシャワ条約機構（WTO）のなかでもドイツの中立化を望まない声が大きくなっていた。

ゴルバチョフは次のように回想している。

　5月初めにパリで開かれることになった「2＋4」会談に出席するシェワルナゼへの指示は，5月3日に政治局で討議された。われわれの立場に関しては全員が一致していた。統一ドイツの「中立」を主張すること，最悪の場

合でも——NATOとWTOの両ブロックに入ることを固持することが、外相に指示された。だがこの意見はわれわれの一票だけであった（ゴルバチョフ，1996，198頁）。

　1990年7月，コーカサスのスタブロポリにおいて，コールとゴルバチョフ，すなわち独ソ首脳は個別に会談を実施した。この会談において，統一ドイツのNATOへの帰属が決定された。ゴルバチョフは，統一ドイツの軍事力の削減提案（37万人）と，ドイツからの経済支援を受け入れることで，ドイツの軍事的中立化を断念したのである。
　ドイツの中立化は歴史的に拒絶された。そして冷戦後のドイツの外交はこの時点で確定した。すなわちそれは，東西ドイツの統一（東ドイツの消滅），ドイツとヨーロッパの統合（「ヨーロッパのなかのドイツ」），ドイツと西側同盟との軍事的な連結（NATO帰属）である。統一されたドイツはNATOの一員として行動し，ヨーロッパ近隣諸国の脅威とならないよう，「ヨーロッパのなかのドイツ」として自己制御する，そしてそのために，ヨーロッパの統合を推進する，という論理である。
　西ヨーロッパの統合政策は，冷戦の終焉を受けて再活性化した。1993年，マーストリヒト条約の発効により，ECは欧州連合（EU）となり，統合の深化が刻印づけられた。さらには，EUへの旧社会主義諸国の加盟（2004，2007年）により，統合の拡大が進み，西ヨーロッパの統合はヨーロッパの統合となった。冷戦の終焉と，ドイツの中立化の拒否，これらすべてのことが，西ヨーロッパの統合を，ヨーロッパの統合へと変えたのである。
　冷戦の終焉の過程で，ゴルバチョフがドイツの中立化を要求した。しかし，ドイツはこれに反対し，西側との共同のなかでドイツ統一を進めた。すなわち，NATOに帰属し，さらにはヨーロッパ統合と連結する形で，ドイツの統一は選択され，ドイツの中立化は歴史的に拒否されたのである。

5　西ヨーロッパと東アジアの国際政治

（1）東アジアの多様性

　ドイツはヨーロッパの中心に位置し，ドイツの動向により，ヨーロッパの国

際政治は，大きな影響を受けてきた。そのドイツが，西ヨーロッパへ統合されたことは，第1に，ドイツに西ヨーロッパ型の民主主義の伝統が定着したこと，第2に，歴史的な「過去の克服」に資する「独仏和解」が進展したこと，第3に，ドイツと東ヨーロッパとのかかわりがヨーロッパ統合によって制御され，EUの東方拡大がドイツの東方拡大（歴史的なドイツの「東方植民運動（Drang nach Osten）」）ではなく，西ヨーロッパの制度的な東方拡大となったこと，によって重要である。

　帰結として，ヨーロッパは，ドイツを発火点とした大戦争という，20世紀に繰り返された危機を克服することができた。

　西ヨーロッパにおける統合は，東アジアにおける統合にどのような教訓をもたらすのであろうか。ドイツは西ヨーロッパとの統合を通じて，民主主義の基礎を強化した。しかし，東アジアにおいては，体制の異なる国が多く確認される。権威主義や，民主主義，政党の配置，多くの点において，多様性が顕著である。境界をめぐる対立も，ヨーロッパと比較して東アジアでは海洋で発生することが多い。「東アジア」という空間をめぐる地理的認識もさまざまであり，日本，中国，韓国，北朝鮮，東南アジア諸国連合（ASEAN）に加えて，インド，オーストラリア，ニュージーランド，ロシアの位置づけが議論される。朝鮮半島と，中国はふたつの陣営に分断されたまま固定化し，「アジアの冷戦」は，「ヨーロッパの冷戦」とは異なる展開を示している。西ヨーロッパの統合を後押ししたアメリカは，東アジアにおいては港湾都市を押さえ，東アジアの港湾都市とアメリカとを線でつないだ。

　このように東アジアの空間においては，西ヨーロッパの経験は，単純にはあてはまらない。西ヨーロッパがめざした統合は，「上から（政治決定）」のイニシアティブにより進められ，またヨーロッパ域内とヨーロッパ域外との明瞭な区別があることに特徴がある。東アジアにおいては，むしろ，統合は「下から（市民交流）」進んでいる。また，「開かれた地域主義」と呼ばれるように，多様性を前提とし，境界を曖昧にしていることに特徴がある。

　また，東アジアにおける統合の進展は，東アジアにおける経済発展から生み出された富を，公正に分配することが期待され，求められる。これを実現するためには，東アジアにおける経済統合へ向けた共通の政策形成，共通の経済圏，共通の金融政策（場合によっては共通の通貨の創出）が求められる。しかし，東

アジアにおける経済発展は不均等であり，急激に成長が進む地域から成長が緩慢な地域まで，その差は著しい。(8)

これらの点により，西ヨーロッパでの経験を，そのまま東アジアにもちこむことは困難であることが推測される。むしろ，東アジアにおける統合は，東アジアに特有な方式で進めることが重要であろう。それは，対話型の統合であり，域外の参加者も自由に入退出が可能な場，すなわち「開かれた地域主義」である。また，ASEAN地域フォーラム（ARF）に代表される協調的な安全保障体制の確立である。

東アジアにおいては海洋を舞台とした交易が歴史的に活発であり，儒教思想や漢字文化に見られる共通の土台もあり，また，情報技術革命（IT革命）の過程で，東アジア特有の「公共空間」も生まれつつある。このことは，東アジアにおいては，西ヨーロッパにおいて進められたような，「上から」の統合ではなく，「下から」の統合の可能性があることを示している。

（2）東アジアの安全保障問題

東アジアには多くの安全保障上の不安定要因がある。そのひとつが，朝鮮半島の統一問題である。この問題は，現在，アメリカ，日本，中国，ロシア，韓国，北朝鮮による六者協議の場において解決策が模索されている。これは，1990年のドイツ統一交渉をめぐって開催された2＋4交渉に相当する。朝鮮半島においては，ドイツの歴史的経験が分析され，韓国の金大中政権の推進した「太陽政策」もそのひとつであった。ドイツにおける統一は，2＋4交渉に示される関連諸国による協議の場が必要であった。朝鮮半島の問題においても，分断国家の信頼醸成のために，六者協議は今後とも重要な役割を担っていくものと考えられる。

また，ドイツの統一は，2＋4交渉と同時に，ヨーロッパ統合と連動する形で進められた。「統一」と「統合」が連動していたのである。ドイツは自ら「ヨーロッパのなかのドイツ」としての役割を認識し，「統合」のなかで「統一」を進めたのである。(9) 朝鮮半島の問題の解決にあたっても，仮に南北の統一が政治日程に上がってくるのならば，そこでも「統一」と「統合」の連動が必要となろう。南北統一に関連する安全保障上の不測要因を制御することのできる平和の共同体が東アジアに必要となるのである。

第15章　戦後ドイツと地域統合

　ドイツはヨーロッパ大陸において中心部を占めている。そのうえ，政治力と経済力を兼ね備えた大国である。そのドイツが中立化ではなく，ヨーロッパ近隣諸国との経済的，資源的，軍事的な統合を選択したことは，ヨーロッパにおける人的交流，経済交流，文化交流を促進した。ドイツはヨーロッパの平和と安定に貢献し，冷戦の克服により，西ヨーロッパの統合は，今日，EU の東への拡大を通じて，ヨーロッパの統合へと向かっていったのである。

◉注
（1）　マーシャル・プランの複雑な構造と西ヨーロッパの統合との関係については，Dinan, Desmond (2005), *Ever Closer Union*, Basingstoke : Palgrave Macmillan, pp. 18-37. マーシャル・プランとソ連との関係については，岩田賢司（1992）「ソ連のヨーロッパ政策」石井修編『1940年代ヨーロッパの政治と冷戦』ミネルヴァ書房，49-110頁，アメリカの「自由」に関する「帝国」論は，アルフレード・ヴァラダン（2000）『自由の帝国』伊藤剛・村島雄一郎・都留康子訳，NTT出版。
（2）　東ヨーロッパ諸国における冷戦とスターリン・ノートの問題については，羽場久美子（2008）「拡大 EU のフロンティア——ポスト冷戦秩序の再構築・規範と現実」山内進編『フロンティアのヨーロッパ』国際書院，75-110頁。戦後ソ連の「原子力政策」とドイツ東部との関係についての指摘は，下斗米伸夫（2004）『アジア冷戦史』中公新書，30頁。ソ連外務省の外交政策の展開については，横手慎二（1993）「冷戦期のソ連外務省」『法学研究』第66巻第12号，191-212頁。清水聡（1999）「『スターリン・ノート』とドイツ統一問題」『政治学研究論集』第10号，19-35頁。
（3）　クラウス・ラレスは，アメリカとソ連の強いイデオロギー志向を「伝道活動（a strong missionary drive）」と表現し，その内容を「自国の国内システムと類似のシステムを建設することを，独占的・排他的に世界規模へと拡大させる衝動」と説明している。またラレスは，1945～89/90年のヨーロッパ国際関係を特徴づけた４つの潮流——①冷戦，②ヨーロッパ統合運動，③トランス・アトランティック関係（西ヨーロッパ＝アメリカ関係），④東ヨーロッパ諸国に対するソ連の権威的支配——を提示している。ここでラレスはイギリスが①と③，フラン

スが②と③に外交政策上の強い連関性をもっていたのに対して，4つの潮流のすべてに適合・関連していたのはドイツだけであったと指摘している。Larres, Klaus (2001), "International and security relations within Europe," in Mary Fulbrook (ed.), *Europe since 1945*, New York : Oxford University Press, pp. 187-195.

（4） スターリン・ノートに関しては，それがソ連の真剣な提案であったとする解釈（肯定派）と，ソ連による「マネーヴァー（策略）」であったとする解釈（否定派）がある。双方の論争は激しく，冷戦後の今日も論争は続いている。代表的な肯定派の研究として，パウル・ゼーテ（1960）『ボンとモスクワの間』朝広正利訳，岩波書店。アダム・B・ウラムはスターリン・ノートについて，スターリンが「高い代価を支払う気になっていた」と論じている。アダム・B・ウラム（1974）『膨張と共存』鈴木博信訳，サイマル出版会，687-691頁，Steininger (1985), Loth (1994, pp. 182-184)．また，否定派の研究として，Graml, Hermann (1981), "Die Legende von der verpaßten Gelegenheit," *Vierteljahrshefte für Zeitgeschichte*, vol. 29, p. 340, Wettig, Gerhard (1993), "Die Deutschland-Note vom 10. März 1952 auf der Basis der diplomatischen Akten des russischen Außenministeriums," *Deutschland-Archiv*, vol. 26, pp. 786-805.

（5） スターリン・ノートの全文については，Bundesministerium für gesamtdeutsche Fragen (Hrsg.) (1954), *Die Bemühungen der Bundesrepublik um Wiederherstellung der Einheit Deutschlands durch gesamtdeutsche Wahlen*, Bonn : Ludw. Leopold, pp. 83-86.

（6） 冷戦史のなかでも冷戦中期に関する重要な研究として，青野利彦（2009）「1963年デタントの限界——キューバ・ミサイル危機後の米ソ交渉と同盟政治」『一橋法学』第8巻第2号，橋口豊（2008）「デタントのなかのEC 1969—79年」遠藤乾編『ヨーロッパ統合史』名古屋大学出版会。

（7） 冷戦史研究ならびにヨーロッパ統合史に関する近年の研究動向は，田中孝彦（2003）「序論 冷戦史の再検討」『国際政治』第134号，1-8頁，益田実（2008）『戦後イギリス外交と対ヨーロッパ政策』ミネルヴァ書房，小川浩之（2008）『イギリス帝国からヨーロッパ統合へ』名古屋大学出版会，齋藤嘉臣（2006）『冷戦変容とイギリス外交』ミネルヴァ書房，芝崎祐典（2005）「ヨーロッパ統合とイギリス外交」木畑洋一編『ヨーロッパ統合と国際関係』日本経済評論社。

（8） とくに中国の政治の展開については，三宅康之（2006）『中国・改革解放の政治経済学』ミネルヴァ書房。

（9） 統一後のドイツが抱えこんだ課題は「内的統一（innere Einheit）」をめぐる問

題である。なお,「内的統一」とは,東西ドイツ国民間の経済的精神的一体感を意味する。すなわち,東西ドイツ国民間の政治感覚の相違,旧東ドイツ地域と旧西ドイツ地域との間の経済格差を背景としたドイツ国内の分裂状況を克服する模索である。詳しくは,Reißig, Rolf (2000), *Die gespaltene Vereinigungsgesellschaft*, Berlin : K. Dietz.

◉参考文献──────

コンラート・アデナウアー（1967）『アデナウアー回顧録Ⅰ』佐瀬昌盛訳,河出書房新社。

オッド・アルネ・ウェスタッド（2010）『グローバル冷戦史』佐々木雄太監訳,小川浩之ほか訳,名古屋大学出版会。

クーデンホーフ・カレルギー（1970）『クーデンホーフ・カレルギー全集7』鹿島守之助訳,鹿島研究所出版会。

ゲルト・ヨアヒム・グレースナー（1993）『ドイツ統一過程の研究』中村登志哉・中村ゆかり訳,青木書店。

ミハイル・ゴルバチョフ（1996）『ゴルバチョフ回想録　下巻』工藤精一郎・鈴木康雄訳,新潮社。

清水聡（2001）「ドイツ統一とヨーロッパ統合」『国家のゆくえ』芦書房,217-235頁。

清水聡（2009）「『スターリン・ノート』と冷戦　1950—1952年──ドイツ統一問題をめぐるドイツ社会主義統一党（SED）の動向」『ロシア・東欧研究』第37号, 58-68頁。

清水聡（2010）「〈書評論文〉ヨーロッパと冷戦史　1945—1955年」『国際政治』第159号,162-174頁。

妹尾哲志（2011）『戦後西ドイツ外交の分水嶺』晃洋書房。

ホルスト・テルチク（1992）『歴史を変えた329日』三輪晴啓・宗宮好和監訳,日本放送出版協会。

羽場久美子（2004）『拡大ヨーロッパの挑戦』中公新書。

羽場久美子・小森田秋夫・田中素香編（2006）『ヨーロッパの東方拡大』岩波書店。

ハンス・モドロウ（1994）『モドロウ回想録』宮川彰監訳,八朔社。

ジャン・モネ（1985）『ECメモワール』黒木壽時編・訳,共同通信社。

森井裕一（2008）『現代ドイツの外交と政治』信山社。

山本健（2010）『同盟外交の力学』勁草書房。

ゲア・ルンデスタッド（2005）『ヨーロッパの統合とアメリカの戦略』河田潤一訳,NTT出版。

Adomeit, Hannes (1998), *Imperial overstretch*, Baden-Baden : Nomos Verlagsgesellschaft.

Steininger, Rolf (1985), *Eine Chance zur Wiedervereinigung?* Bonn : Verlag Neue Gesellschaft.

Loth, Wilfried (1994), *Stalins ungeliebtes Kind*, Berlin : Rowohlt.

索　引
(＊印は人名)

ア　行

＊アイゼンハワー，ドワイト　280
アイデンティティ　10, 220, 221
　　アジア・——　25, 55, 58
　　生活・文化——　156
　　ナショナル・——　150, 151, 262, 268-270, 272, 273
　　東アジア・——　138, 266, 273
　　ヨーロッパ・——　263, 269, 271, 272
　　ヨーロッパ・——宣言　263, 273
　　ASEAN——　11, 265, 266, 273
アジア
　　——共同大学院大学　57
　　——人意識　270
　　——の時代　45
　　——版ヘルシンキ会議　136
　　——非伝統的安全保障機構　158
アジア太平洋　38, 48, 133, 134, 144
アジア・バロメーター（AB）　267, 270, 275
アジアン・バロメーター（ABS）　267, 275
＊アデナウアー，コンラート　199, 217, 280
アメリカ
　　——との対等な関係　53
　　——抜きの地域統合　132
　　——の関与　49-51
　　——の衰退　42
アラブの春　223, 225
アンガン・マディソンの経済統計　40
安全共同体　114
安全保障
　　協調的——　138
　　共通の——　138
安全保障共同体　13, 17, 138, 200, 205, 209

多元的——　11-13, 25, 201
＊イーデン，アンソニー　283
＊李承晩（イ・スンマン）　133
「一超，数強」　179
＊李明博（イ・ミョンバク）　144, 171, 224
移民の受け入れ　248, 255
＊ウェーバー，マックス　15
ウェストファリア・システム（体制）　13, 148
＊ウォルツ，ケネス　10
ウランバートル鉄道　242
越境的課題（問題）　82, 85
エネルギー　58, 142
＊エリツィン，ボリス　185
欧州安全保障戦略（ソラナ・ペーパー）　203
欧州憲法条約　37, 65, 66
欧州人権裁判所　248
欧州人権条約　249
欧州通貨危機　54
オーデル・ナイセ国境線　286
＊オバマ，バラク　143, 210, 219, 220, 225-228
オブザーバー　189
＊小渕恵三　139
オユロルゴイ（OT）金・銅鉱床　237
オルターナティブ体制論　138

カ　行

外国人労働者受け入れ　251
拡大のメカニズム　28
価値
　　——の統合　38, 39
　　——や規範の法的な表現　93
韓国　167, 250, 252, 256
関税同盟　7, 119
環太平洋連帯構想　134

297

＊カント，イマヌエル　197
カンボジアとタイの武力衝突　117
議会主権　62
北大西洋　133
議長国制度　121
機能主義
　　――的アプローチ　155
　　新――　5, 23, 69
＊金正日（キム・ジョンイル）　139, 140, 224
＊金大中（キム・デジュン）　136, 266, 292
＊金泳三（キム・ヨンサム）　136, 168
9.11 同時多発テロ　187, 190, 207
協議の習慣　193
競争政策　41
共同管理　67
共同体（制度）　82, 86
共同保有　67
共和主義（価値）リベラリズム　13
極東経済圏　37
ギリシャの金融危機　42, 218
＊キリノ，エルピディオ　133
＊クーデンホーフ・カレルギー，リヒャルト　285
＊クリントン，ビル　50
グルジア戦争　229
グローバル化へのオルターナティブ　132
グローバル・パワー　77
軍事同盟　86
経済共同体　137
経済統合　7, 17
血統主義大国　249
原子力発電　58
広域経済制度　126
合意プロセス　94
合同軍事演習　189
＊コール，ヘルムート　289
国益レジーム　256
国際権力構造　179
国際組織　82
国際レジーム　14

国民国家　37, 134, 148
コソヴォ事件　214
国家連合　37
コミュノタリズム　255
＊ゴルバチョフ，ミハイル　278
コンストラクティビズム　9, 21
コンセンサス　123, 128

　　　　　　サ　行

在留特別許可制度　256
サブ地域レベル　184
3 カ国協力パートナーシップ　209
三者間協力事務局　209
サンマロ英仏共同宣言　203
市場主義経済国家　238
市場の脱政治化　73
自治の原則　36
自発的履行　88
市民権享有　246
市民指向　120
＊シモニア，ナダリ　226
社会交流論　5
社会統合　9, 17
社会文化共同体　265
＊シャングリラ・ダイアローグ　159, 191
上海協定　184
上海五国（上海ファイブ）　184
自由主義的合理主義　20
周辺事態　181
＊シューマッハー，エルンスト　283
＊シューマン，ロベール　199, 279
シューマン・プラン　199, 206, 279
主権　194, 196
　　――ディスコース　62, 63
　　――制限的な仕組み　88
　　――的権利の行使　88
授権条項　236
出生地主義　249
＊蔣介石　133
商業リベラリズム　13

新安全保障観　182, 183, 185
シンガポール　26, 116, 167, 250, 251, 254, 265
シンクタンク　55, 57
人権原理　253
人権レジーム　248, 255, 256
人身売買　253
新北方外交　144
信頼醸成（措置）　83, 125, 183, 206
＊スターリン, ヨシフ　283
スターリン・ノート　278, 282-284
スピル・オーバー　5, 17, 69, 70, 74
　　政治的――　74
　　地理的――　75
政策　94
　　――形成過程　95
　　――の実施と監視の過程　95
　　――の実施プロセス　94
　　短期的――　91
　　長期的――　91
　　分野横断的な――課題　88
政治統合　14, 17
正統性　89
制度
　　――主義　21
　　――と行為者　19
　　――の動態的潜在力　95
　　――リベラリズム　13
政府間主義　20, 37, 71, 76
　　リベラルな――　20
勢力均衡　→バランス・オブ・パワー
石油危機　247
ゼノフォビア　43, 255
繊維協定　240, 244
＊銭其深　178
戦争責任　85
全方位外交　139
戦略的鉱床　241
戦略的調整的アプローチ　156
ソーシャル・ヨーロッパ　56

タ行

滞在不許可（更新拒否）　249
第三国出身移民　249
第三の隣国　239
タイ　117, 124, 125, 221, 250
大東亜共栄圏　86, 168
太平洋同盟　133
大メコンサブ地域プラン　155
太陽政策　292
台湾　167, 180, 181, 250
多極構造　179
タバントルゴイ（TT）石炭鉱床　237, 241
単一の欧州国家　64
地域（リージョン）　137, 165
　　――の台頭　131
　　――への埋め込み　27
地域化（リージョナル, リージョナライゼーション）　43, 132, 147, 148
　　下からの――　91
地域間
　　――協力　38, 48
　　――組織　48
地域史　162, 169
地域主義　36, 39-41
　　アジアの――　44
　　新しい――　115
　　国家形成と――　37
　　国家主権と――　37
　　下からの――　91
　　相互補完的な――　92
　　デファクトな――　55
　　東アジア――　136
　　開かれた――　291
　　歴史的――　36
地域的の安全保障制度　177
地域統合　245, 246
地域覇権主義　137
地域反テロ機構　188
秩序

グローバル（世界大の）——　92
＊チャーチル，ウィンストン　217
「中国の勃興，インドの成長」　53
中ロ共同声明　186
中ロ戦略的パートナーシップ　186
中ロ善隣友好協力条約　186
朝鮮戦争　278, 280
朝鮮半島の統一問題　292
＊全斗煥（チョン・ドゥファン）　134
2プラス4交渉　289, 292
2-レベル・ゲーム　20
テロリズム　185
＊ド・ゴール，シャルル　264
ド・ゴール主義　288
ドイツ
　　——とヨーロッパの統合　290
　　——の中立化構想　278, 282, 288
　　——のヨーロッパ化　264
　　東西——の統一　290
ドイツ条約　281, 283
＊ドイッチュ，カール　5, 6, 9, 10, 12, 138, 200
統一
　　——と統合の連動（ヨーロッパ，アジア）　292
　　多様性のなかの——　123
東欧革命　286
透明性　89
＊ドーガン，マッティ　268
独仏友好協力条約（エリゼ条約）　200
独仏和解　279, 291
トランスナショナル現象　149, 150
トロイの木馬（イギリス）　264
＊ドロール，ジャック　289

　　　　　　ナ　行
内政不干渉　116, 123, 194
ナショナリズム　42, 45, 216, 222, 246, 283
　　——の衰退　268
ナショナル・ヒストリー　162
＊成田龍一　170

南沙諸島　178, 179, 180
南東欧の民主主義と和解のためのセンター　162
二重の封じ込め　280
日米安保共同宣言　180
日米中安全保障対話フォーラム　159
日米同盟　41
日韓パートナーシップ宣言　139
日中韓三カ国協力ビジョン2020　209
日中韓3カ国サミット　209
日中韓三カ国プロセス　99
日本・モンゴル官民合同協議会　239, 243
日本・モンゴル国交樹立　238
農村花嫁　252, 256
＊盧泰愚（ノ・テウ）　135
＊盧武鉉（ノ・ムヒョン）　136, 140
ノン・レジーム　16, 18

　　　　　　ハ　行
＊ハース，エルンスト　5
ハイパーガミー　253
ハイ・ポリティックス　75
＊朴正煕（パク・チョンヒ）　133
＊鳩山由紀夫　53
＊バラッサ，ベラ　5, 55, 56
バランス・オブ・パワー　213, 230, 278
＊韓昇洲（ハン・スンジュ）　140
汎ヨーロッパ運動　285
ピーボディ社　243
ビエンチャン行動計画　266
東アジア共同体構想　38, 44, 51, 53, 81, 82, 90, 132, 136, 140, 208, 215
　　——基本原則（加盟国による基本原則の重大な違反）　94
　　——憲章（草）案　81, 93, 99
東アジア史　171
東アジア文化圏　168
東ヨーロッパのフィンランド化　287
非関税障壁撤廃　51
庇護申請者　248

索引

非正規雇用者　42
非伝統的安全保障問題　190
「ひとつの声，ひとつのアイデンティティ，ひとつの共同体」（ASEAN）　123
人の（自由）移動　245, 246
*フィッシャー，ヨシュカ　63
フィリピン　116, 183, 221, 250, 251, 254
*フクヤマ，フランシス　220
不戦共同体　37, 39, 264
不戦の誓い　116
負の歴史の遺産　85
不平等条約　50
普遍的言説　92
プラグマティズム
　　アジア的――　251
　　国益，私益中心の――　249
プレアビヘア寺院　117
プレヴァン・プラン　281
*プレヴァン，ルネ　281
ブレジネフ・ドクトリン（制限主権論）　287
分断国家　280
ペータースベルク任務　202, 203
ヘルシンキ最終議定書　143
ベルリンの壁　287
ベルリン・プラス合意　207, 208
防衛協力の指針　181
防衛白書　180
法
　　――の積極的役割　92
　　――の秩序構築的な役割　88
　　――のもつ秩序構築的な機能　92
法制度化　81
法の支配　93
補完性原則　36, 37, 39, 67
北東アジア　18, 135, 136, 141-143
　　――経済中心（ハブ）推進委員会　141
　　――時代委員会　142
　　――バランサー論　136, 142
　　――における安定と協力のメカニズム　192

――平和協議体　135, 136
ボゴール宣言　3
*ホッブズ，トマス　43
北方外交　135
ボトムアップ式アプローチ　157
ポピュリスト政党　43
香港　167, 250, 251
本人-代理人関係　15

マ　行

マーシャル・プラン　278
マーストリヒト条約　65, 68, 76, 252, 289
マクロ地域　81
*マハティール，ビン・モハマド　187
マルティ・レベル・ガバナンス　23
マレーシア　116, 250
*ミシュコヴァ，ディアナ　171
*ミッテラン，フランソワ　288
ミドルパワー外交　136
南シナ海　125
　　――における関係諸国の行動に関する宣言　191
　　――ワークショップ　177, 178
『未来をひらく歴史』　169
*ミルウォード，アラン　71, 72
民主化　40
民主主義　39
　　――の平和　10-12
　　――の目減り　72
メイド
　　――虐待　254
　　フィリピン人――　253
メガリージョナリズム（大陸規模の地域統合）　10
メコン河経済圏　37
*メドヴェージェフ，ドミートリー　144, 219, 226, 229
*メルケル，アンゲラ　223
*モドロウ，ハンス　287
*モネ，ジャン　64, 216, 279, 280

301

＊モラフチーク，アンドリュー　20, 71
モンゴル国（モンゴル人民共和国）　236, 237
　——人民革命党　237
　——民主党　237
　——FTA　235

ヤ 行

ヤーン・フォワード　240
柔らかいバランシング　138
融合的安全保障共同体　201
融合モデル　23
ユーロバロメーター　263, 268, 271, 272, 275
ユーロリージョン　201
輸入数量割当　240
ヨーロッパ化　70, 268
ヨーロッパの外国人人口　247
ヨーロッパのなかのドイツ　286, 289, 290
予防外交　183, 184
四社連合（伊藤忠商事，住友商事，丸紅，双日）　242

ラ・ワ行

＊ラセット，ブルース　11
リヴァイアサン（ホッブズ）　43
リーマン・ショック　35, 42, 220, 272
＊李成市（リ・スンシ）　167
＊リップマン，ウォルター　282
理念の統合　39
レアアース　42
例外なき関税障壁撤廃　54, 56
冷戦の超克　143
歴史認識問題　85
『歴史の終焉』　220
歴史の負の遺産の克服　92
レジーム　16
連邦主義　37, 63-65, 198
ローマ条約　247
六者協議　142, 191, 206, 292
　第4回——　192
湾岸危機　179

＊ワン・ジエンウェイ　186

A to Z

ABM（ミサイル弾迎ミサイル）制限条約　185, 190
ACSA（物品役務相互融通協定）　181
AMF（アジア通貨基金）　158, 187
APEC（アジア太平洋経済協力〔会議〕）　3, 8, 38, 46, 86, 126, 135, 208
ARF（ASEAN地域フォーラム）　86, 125, 136, 177, 183, 186, 190, 191, 292
　——安全保障政策会議（ASPC）　190
　——会期間「信頼醸成」作業部会　183
　——概念文献　183
ASEAN（東南アジア諸国連合）　38, 73, 113, 215, 254, 265
　——外相会議　178
　——拡大外相会議　126
　——協和宣言　265
　——経済共同体（AEC）　119
　——憲章　90, 121, 123, 124, 266
　——国防相会議（ADMM）　125
　——司法裁判所　123
　——事務局　123
　——社会文化共同体（ASCC）　119
　——自由貿易地域（AFTA）　8, 10, 118
　——常駐代表　122
　——シンボルの制定　123
　——政治安全保障共同体（APSC）　119
　——設立　121, 125
　——大学ネットワーク（AUN）　265
　——統合イニシアティブ（IAI）　118
　——トロイカ　122
　——方式　22
中国・——会議　190
ASEAN＋3（APT）　3, 28, 38, 49, 74, 86, 90, 126, 139, 261
ASEAN＋6　126
ASEAN-Way　87
　——の法制度化　90

索 引

ASEAN 共同体　87, 119, 120, 266, 273
　──憲章　87, 88
　第2──　265
ASEM（欧州会合）　45, 46
ASPAC（アジア太平洋協議会）　134
AU（アフリカ連合）　66
CAP（共通農業政策）　56, 57
CE（欧州評議会）　198
CFSP（共通外交安全保障政策）　202, 203
CIS（独立国家共同体）　218, 219, 228-230
CSCA（全アジア安全保障協力会議）　136
CSCAP（アジア太平洋安全保障協力協議会）　180
CSCE（全欧安全保障協力会議）　124, 132, 142, 143, 202, 206, 211
　北東アジア版のミニ──　136
EAEC（東アジア経済協議体）　45, 139
EAEG（東アジア経済集団）　187, 266
EAS（東アジア首脳会議）　3, 25, 86, 126, 140, 141, 143, 209-211
EASG（東アジア・スタディ・グループ）　140
EAVG（東アジア・ビジョン・グループ）　140, 266
EC（欧州共同体）　154, 263, 264, 286
ECFA（両岸経済協力枠組議）　155
ECSC（欧州石炭鉄鋼共同体）　199, 217, 277-279
EDC（欧州防衛共同体）　124, 200, 278, 281, 285
EEA（欧州経済地域）　126
EEC（欧州経済共同体）　263, 264, 286
EFTA（欧州自由貿易地域）　28, 115, 126
EPA（経済連携協定）　7, 45, 86, 153, 274
ESDP（欧州安全保障・防衛政策）　203
EU（欧州連合）　4, 36, 88, 200, 202-204, 207, 211, 222, 263, 290
　──懐疑論　63-65, 68
　──市民権　252, 264
EURATOM（欧州原子力共同体）　115, 216, 217, 286
FPDA（5カ国防衛協定）　125
FTA（自由貿易協定）　7, 45, 150, 153, 235, 274
FTAプラス　119, 127
FTAA（北米自由貿易地域）　27
FTAAP（アジア太平洋自由貿易圏）　4
GATT（関税および貿易に関する一般協定）　22, 69, 119, 235
GCC（湾岸協力会議）　10, 26
GSP（一般特恵関税制度）プラス　241
ICJ（国際司法裁判所）　117
IMF（国際通貨基金）　140
MD（ミサイル防衛）　181, 221
MERCOSUR（南米南部共同市場）　36, 137
NAFTA（北米自由貿易協定）　36, 46, 137
NATO（北大西洋条約機構）　133, 199, 200, 202, 203, 207, 221, 226-229
NEASED（北東アジア多国間安保対話）　136
NICs（新興工業国）　45
NIEs（新興工業経済地域）　45, 46, 134
　東アジア──　137
NPT（核拡散防止条約）　142, 143, 206
NSCM（国家安全保障委員会）　243
OSCE（全欧安全保障協力機構）　124, 202, 206
PBEC（太平洋経済協議会）　134
PECC（太平洋経済協力会議）　134
RTA（地域貿易協定）　235
SEATO（東南アジア条約機構）　125
SCO（上海協力機構）　48, 185-190, 193
　──憲章　188
TAC（東南アジア友好協力条約）　116, 127, 191
TPP（環太平洋戦略的経済連携〔パートナーシップ〕協定）　38, 44, 54-57, 143
WEU（西欧同盟）　124, 202, 203, 285
WTO（世界貿易機関）　22, 235
WTO（ワルシャワ条約機構）　278

執筆者紹介 (所属，執筆分担，執筆順，＊は編者)

＊山本 吉宣(やまもと よしのぶ)　(東京大学名誉教授，青山学院大学名誉教授，第1章)

＊羽場 久美子(はば くみこ)　(青山学院大学国際政治経済学部教授，ハーバード大学客員研究員，東アジア共同体評議会副議長，第2章)

＊押村 高(おしむら たかし)　(青山学院大学国際政治経済学部教授，第3章)

中村 民雄(なかむら たみお)　(早稲田大学法学学術院教授，第4章)

山影 進(やまかげ すすむ)　(青山学院大学国際政治経済学部教授，第5章)

李 鍾元(リー ジョンウォン)　(早稲田大学大学院アジア太平洋研究科教授，第6章)

天児 慧(あまこ さとし)　(早稲田大学大学院アジア太平洋研究科教授，第7章)

柴 宣弘(しば のぶひろ)　(東京大学名誉教授，第8章)

高木 誠一郎(たかぎ せいいちろう)　(財団法人日本国際問題研究所研究顧問，第9章)

森井 裕一(もりい ゆういち)　(東京大学大学院総合文化研究科准教授，第10章)

袴田 茂樹(はかまだ しげき)　(新潟県立大学政策研究センター教授，第11章)

岩田 伸人(いわた のぶと)　(青山学院大学経営学部教授，第12章)

宮島 喬(みやじま たかし)　(お茶の水女子大学名誉教授，第13章)

吉野 良子(よしの りょうこ)　(共愛学園前橋国際大学国際社会学部兼任講師，第14章)

清水 聡(しみず そう)　(法政大学社会学部兼任講師，明治大学政治経済学部兼任講師，玉川大学経営学部非常勤講師，第15章)

《編著者紹介》

山本　吉宣（やまもと・よしのぶ）

　　1974年　ミシガン大学大学院博士課程修了，Ph.D（政治学）。
　　現　在　東京大学名誉教授，青山学院大学名誉教授。
　　主　著　『国際的相互依存』東京大学出版会，1989年。
　　　　　　『「帝国」の国際政治学』東信堂，2006年。
　　　　　　『国際レジームとガバナンス』有斐閣，2008年。

羽場　久美子（はば・くみこ）

　　1981年　津田塾大学大学院国際関係学研究科博士課程修了。
　　1987年　学術博士（国際関係学）。
　　現　在　青山学院大学国際政治経済学部教授，ハーバード大学客員研究員，
　　　　　　東アジア共同体評議会副議長。
　　主　著　『拡大ヨーロッパの挑戦』中央公論新社，2004年。
　　　　　　『ヨーロッパの東方拡大』（共編著）岩波書店，2006年。
　　　　　　『グローバル時代のアジア地域統合』岩波書店，2012年。

押村　高（おしむら・たかし）

　　1984年　早稲田大学大学院政治学研究科博士課程修了，博士（政治学）。
　　現　在　青山学院大学国際政治経済学部教授。
　　主　著　『国際正義の論理』講談社，2008年。
　　　　　　『国際政治思想』勁草書房，2010年。
　　　　　　『世界政治を読み解く』（共編著）ミネルヴァ書房，2011年。

青山学院大学総合研究所叢書
国際政治から考える東アジア共同体

2012年4月30日　初版第1刷発行　　　　　　　　　検印廃止

定価はカバーに
表示しています

編著者	山本吉宣 羽場久美子 押村　高
発行者	杉田啓三
印刷者	坂本喜杏

発行所　株式会社　ミネルヴァ書房
607-8494 京都市山科区日ノ岡堤谷町1
電話代表 (075)581-5191番
振替口座 01020-0-8076番

© 山本・羽場・押村, 2012　　冨山房インターナショナル・兼文堂

ISBN 978-4-623-06316-1
Printed in Japan

西口清勝・夏　剛 編著	
東アジア共同体の構築	A5判・344頁 本体 4200円

伊藤之雄・川田　稔 編著	
20世紀日本と東アジアの形成	A5判・344頁 本体 5500円

大芝　亮・山内　進 編著	
衝突と和解のヨーロッパ	A5判・338頁 本体 4500円

竹内俊隆 編著	
現代国際関係入門	A5判・312頁 本体 3500円

野林　健・長尾　悟 編著	
国際政治経済を学ぶ	A5判・308頁 本体 3000円

── 世界政治叢書 ──

押村　高・中山俊宏 編著	
世界政治を読み解く	A5判・348頁 本体 4000円

畠山圭一・加藤普章 編著	
アメリカ・カナダ	A5判・316頁 本体 2800円

津田由美子・吉武信彦 編著	
北欧・南欧・ベネルクス	A5判・324頁 本体 3500円

羽場久美子・溝端佐登史 編著	
ロシア・拡大EU	A5判・368頁 本体 3500円

菊池　努・畑　惠子 編著	
ラテンアメリカ・オセアニア	A5判・296頁 本体 3500円

山影　進・広瀬崇子 編著	
南部アジア	A5判・322頁 本体 3200円

新川敏光・大西　裕 編著	
日本・韓国	A5判・324頁 本体 3000円

── ミネルヴァ書房 ──

http://www.minervashobo.co.jp/